크게 꿈꾸라!

DREAM
BIG

드림 빅

© 2020 Bob Goff
Originally published in English as Dream Big by HarperCollins Christian Publishing, Inc., Nashville, TN, USA.
All rights reserved.

This Korean translation edition © 2024 by BLESSED, Seoul, Republic of Korea
Published by arrangement with HarperCollins Christian Publishing, Inc. through rMaeng2, Seoul, Republic of Korea.

이 한국어판의 저작권은 알맹2를 통하여 HarperCollins Christian Publishing, Inc.와 독점 계약한 블레시드에 있습니다.
저작권법에 의하여 한국 내에서 보호받는 저작물이므로 무단 전재와 무단 복제를 금합니다.

드림 빅 - 크게 꿈꾸라!

1판 1쇄 발행　2024년 6월 28일

지은이　밥 고프
옮긴이　에제르
펴낸곳　블레시드
주　소　서울시 은평구 연서로 29
전　화　02-6949-0125
팩　스　0504-235-8213
이메일　blessed70924@gmail.com
등록번호　제25100-2017-000097호

ISBN　979-11-982805-0-3　03230

* 이 책 내용의 전부 또는 일부를 이용하려면 반드시 저작권자와 블레시드의 서면 동의를 받아야 합니다.
* 잘못되거나 파손된 책은 구입하신 곳에서 바꾸어 드립니다.
* 책값은 뒤표지에 있습니다.

크게 꿈꾸라!

DREAM BIG

드림 빅

이 책을 내 삶의 중심에 있는 모든 사람에게 바친다. 스위트 마리아, 린지, 존, 리처드, 애슐리, 애덤 그리고 그들이 사랑하는 모든 사람에게도 바친다. 내가 꿈을 추구하도록 영감을 준 사람들, 나 혼자서는 결코 생각해 낼 수 없었을 지속적인 포부를 향해 나아갈 수 있도록 이끌어준 사람들에게 감사의 말을 전한다.

이 글을 읽는 당신이 진정한 자신의 모습을 찾아 계속 변화하기를 간절히 바란다. 찰스 디킨스는 "뒤표지와 앞표지가 단연 최고인 책들이 있다"란 유명한 말을 했다. 나도 그런 책을 몇 권 읽어봤다. 아마 당신도 읽어 봤을 것이다. 하지만 이 책은 내용이 읽을 가치가 있다는 것을 알게 될 것이다. 표지 디자인에 만족하지 말라. 우리 삶에서 모든 좋은 일들이 일어나는 곳은 중간이다. 이 책을 읽으면서 깊이 생각해보고, 당신을 향한 어떤 메시지가 담겨 있는지 찾아보라. 온 하늘이 당신이 아름다운 삶을 온전히 살아가게 되기를 기대하고 있다.

CONTENTS

프롤로그 단 한 번뿐인 특별한 삶으로 무엇을 할 것인가? ········ 008

Part 1 / 큰 꿈을 꾸기 위한 준비

Chapter 01 혼자 가지 말라 ····················· 018
Chapter 02 온도계 ························· 024
Chapter 03 만년설 아래로 들어가라 ············· 030
Chapter 04 당신은 누구인가? ················· 039
Chapter 05 당신은 어디에 있는가? ·············· 045
Chapter 06 당신은 무엇을 원하는가? ············ 051
Chapter 07 지프를 쫓아라 ···················· 058
Chapter 08 '새로운' 부분으로 이동하기 ·········· 067
Chapter 09 몽유병 ························ 075
Chapter 10 하루 100통의 전화 ················ 083
Chapter 11 해달 ························· 091
Chapter 12 피날레 ························ 100
Chapter 13 비교는 멍청한 짓이다 ·············· 111

Part 2 / 비현실적인 기대치 설정하기

Chapter 14 잎을 모으라 ····················· 120
Chapter 15 평가하기 ······················· 128
Chapter 16 드럼보다는 스틱을 먼저 잡아라 ······ 139

Part 3 / 기회를 탐색하라

Chapter 17 달을 창문에 머물게 하라 ············ 148
Chapter 18 백악관 전화번호는 (202)456-1414다 ··· 155

Part 4 / 길을 정리하라

Chapter 19 인질 협상 · 164
Chapter 20 4분의 1 변화를 주라 · · · · · · · · · · · · · · · · · 171
Chapter 21 포기하는 사람이 돼라 · · · · · · · · · · · · · · · · 179

Part 5 / 행동으로 옮겨라

Chapter 22 위험의 경계에서 산다는 것 · · · · · · · · · · · · 190
Chapter 23 10:34~10:35 · 198
Chapter 24 하루 천 개의 단어 · · · · · · · · · · · · · · · · · · · 208

Part 6 / 좌절을 예상하라

Chapter 25 베스파를 선택하라 · · · · · · · · · · · · · · · · · · 216
Chapter 26 세 가지 대실패 · 226

Part 7 / 믿음을 유지하고 비행기를 착륙시키라

Chapter 27 밧줄을 점검하라 · 236
Chapter 28 지면 효과 · 244
Chapter 29 마음의 문제들 · 252

| 에필로그
〈드림 빅〉 프레임워크: 성찰 질문과 실행 아이디어
감사의 말

프롤로그 PROLOGUE

단 한 번뿐인 특별한 삶으로 무엇을 할 것인가?

나는 페퍼다인 로스쿨Pepperdine Law School에서 10년이 넘게 겸임 교수로 학생들을 가르치고 있다. 이곳은 총명하고 야심 찬 법대생들로 가득하지만, 그들 중 상당수는 인생의 방향을 잃고 방황하는 경우가 많다. 나는 또한 샌 퀜틴 주립교도소에서도 수업을 가르치는데, 이곳에서 수업을 듣는 이들은 중범죄자들로 모두 자신들의 잘못으로 자유라는 값비싼 대가를 치르는 사람들이다. 두 그룹의 학생들에게 많은 것을 배우고 있지만, 이들 사이의 대조적인 모습도 간과할 수는 없다. '깨어짐brokenness'은 우리가 의지만 있다면 우리의 삶을 더욱 정제할 진정성이 있다. 그래서 아이러니하게도 실형을 선고받은 이들이 모든 기회를 가진 듯한 법대생들보다 종종 더 자유로운 삶을 사는 것처럼 보이기도 한다. 그들의 깨어짐은 궁극적으로 그들에게 개인적인 자유를 누리게 해 주었는데, 심지어 감옥 안에서도 가능하게 했다.

왜 어떤 사람들은 삶에서 성취한 것이 많고 어떤 사람들은 그렇지 못한지 궁금해한 적이 있는가? 어떤 사람들은 불우한 환경에서도 항상 행복해하고 성취감을 느끼며 자기 인식이 뛰어난 것처럼 보인다. 반면에 또 어떤 사람들은 신탁 기금과 훌륭한 외모, 무궁무진한 기회를 가지고 태어났지만 슬픔과 자아도취에 빠져 무의미한 삶을 살고 있다. 어떤 일이 일어났을 때, 왜 어떤 사람들은 변화를 이루고 어떤 사람들은 기회를 놓치는 것일까? 승승장구하는 사람들이 있는가 하면 고통과 슬픔과 괴로움의 고리에 갇혀 있는 사람들이 있고, 풍부하고 활기찬 믿음을 가진 사람들이 있는가 하면 그러한 믿음을 동경은 하지만 삶과의 조화를 이루지 못해 고군분투하는 사람들이 있다.

요컨대 왜 어떤 사람들은 영감받은 삶을 살고 어떤 사람들은 그렇지 못한 것일까? 왜 어떤 사람들은 인생을 즐기며 살고 어떤 사람들은 힘겹게 사는 것일까? 왜 어떤 사람들은 평범한 인생의 세 배를 사는 것 같고 어떤 사람들은 절반만 사는 것 같을까? 이러한 질문들은 대부분의 사람들이 인생의 어느 시점에서 스스로에게 한 번쯤은 던지는 질문이다. 당신은 이 중 어디에 속한다고 생각하는가? 숨기거나 속이거나 얼버무리지 말고 그냥 정직하게 답해 보라. 앞으로 나아갈 방향을 계획하려면 현재의 위치를 먼저 파악하는 것이 대단히 중요하기 때문이다.

사실 어떤 지도도 하나님이 우리를 인도하시려는 곳으로 안내해 주지 못한다. 우리가 대부분의 시간을 길에서 벗어나 이동하고 있기 때문이다. 그러나 예수님께서 그의 제자들에게 말씀하신 크고 의미 있는 삶을 살기 위한 단서들은 세상에 많이 있다. 예수님은 그들에게 계획을 찾으라고 말씀하시는 대신에 더 큰 목적을 향해 나아갈 수 있도록 방향을 제시해 주셨다. 이후에 소개될 내용을 통해 당신의 목적이 어디에 있는지 파악하고 그것을 이루기 위한 계획을 세워 보았으면 좋겠다.

내가 쓴 몇 권의 책 중에서 어떤 이야기는 당신을 웃게 했고 어떤 이야기는 당신을 울게 했다. 이번 책의 이야기는 당신을 깊이 생각하게 했으면 좋겠다. 당신의 목적이 어디에 있는지 찾아보고 그 목적에 도달하기 위한 과정을 계획해 보자.

***

　대학을 졸업하고 혼자 생활하던 시절, 집 안에는 따로 보관할 공간이 마땅치 않았던 물건들을 한 데 모아둔 옷장이 하나 있었다. 당연히 그 옷장은 금세 거대하고 무질서하며 쉽게 접근할 수 없는 쓰레기 더미가 되어버렸다. 그 안에 있는 모든 물건은 분명 한 때는 구입해야 할 만큼 중요하고 보관해 둘 만큼 가치 있는 것들이었는데, 정리가 되어 있지 않아서 더 이상 접근조차 할 수 없게 되었다. 결국 개별적으로는 가치 있는 수많은 물건들이 손이 닿지 않아, 총체적으로는 가치 없는 물건들로 전락하게 되었다.
　우리의 삶도 크게 다르지 않다. 우리는 삶 속에서 경험과 감정, 지식, 자아 인식을 모은다. 고통과 승리, 실망, 지혜도 마찬가지다. 그러나 이 모든 것들을 정리해 둘 적절한 선반이 없다면, 이러한 것들에 접근할 수도 없고 이러한 것들에서 배우게 된 것들을 활용해 앞으로 나아갈 수도 없다. 이런 모든 경험과 깨달음의 순간들은 당신의 포부를 향한 다음 단계를 결정하는 데 필요한 것들이다. 자조적인 이야기는 접어 두자. 당신에게 필요한 것은 이미 경험한 것들에 쉽게 접근할 수 있는 좋은 선반 세트와 깨달음을 통해 얻게 된 것들을 적극적으로 삶에 반영하려는 성찰 의지다.
　연필이 발명되고 나서 지우개가 발명되기까지 220년이 걸렸다. 나는 지우개가 발명되어 정말 다행이라고 생각한다. 살면서 쓴 것보다 지운 것이 훨씬 더 많기 때문이다. 우리의 삶도 이럴 수 있다. 우리가 우리 자신에 대해 쓴 것과 우리가 진정으로 믿는 하나님이 우리에 대해 생각하시는 것 중 어떤 것을 간직하고 어떤 것을 지울지 결정할 수 있다. 우리 삶의 저자는 우리뿐만 아니라 고등학교 졸업 앨범에 서명해 주었던 사람들처럼 우리의 여정에 참여한 다른 사람들도 있다. 그들이 남긴 말 중 일부는 진실하고 아름답고 오래도록 기억에 남는다. 하지만 어떤 말들은 그렇지 않다. 내 졸업 앨범에는 적어도 열 명 이상의 사람들이 '절대 변하지 마'라고 적어 놓았다. 이것은 내가 받은 최악의 조언이었다. 우리는 끊임없이 변화해야 한다. 더 친절하고, 더 겸손하고, 더 충실한 이전의 모습으로 변화해야 한다. 이러한 변화와 성장은 우리가 삶에서 거짓과 진실을 구별해낼 때 일어난다. 좋은 소식을 하나 전하자면 다음 버전의 당신은 이전 버전의 당신이 이루지 못했던 포부를 추구하게 될 것이다.

우리가 누구이며 하나님께서 우리를 어떻게 보시는지 이해하는 것은 우리가 그 일을 위해 쏟게 될 모든 시간과 에너지만큼 충분한 가치가 있다. 비결은 우리의 삶에서 모든 방해 요소와 잘못된 말, 오해를 제거하고 무엇이 진실인지 파악하는 것이다. 우리가 우리 자신과 다른 사람들이 쓴 모든 말을 살펴보고 진실이 아니거나 더 이상 중요하지 않은 것을 버리고 나면, 추구할 가치가 있는 열망을 선택하는 데 필요한 명확성을 찾게 될 것이다. 남은 것은 당신의 가장 진실하고 아름다우며 지속 가능한 포부일 것이다. 이 책은 바로 그것에 관한 것이다.

나의 믿음은 나의 세계관을 형성했고 나의 포부에도 큰 영향을 미쳤다. 나는 하나님뿐 아니라 내가 만나는 사람들을 아무 조건 없이 사랑하는 것을 내 처음이자 마지막 포부로 정했다. 아직 목표에 도달하지는 못했지만 그 목표를 향해 나아가는 중이다. 당신도 마찬가지일 것이다.

인간관계도 큰 역할을 한다. 어떤 사람들은 쉽게 친해질 수 있는데, 만약 당신이 위대한 일을 성취하고 싶다면 이런 사람들을 찾아 삶을 함께할 수 있도록 노력해야 한다. 또한 사랑으로 다가가기 어려운 사람들도 찾아보아야 한다. 그들을 프로젝트로 생각하지 말고 친구로 생각하라. 그래야 성장할 수 있다. 이렇게 하면 반드시 목적 있고 의미 있는 삶을 살게 될 것이다. 물론 때때로 복잡해질 수도 있고 실패할 수도 있겠지만 목적은 점점 더 분명해질 것이다. 몇몇 사람들과 친밀한 관계를 맺고 당신을 불편하게 하는 사람들과도 가까이 지내면, 예수님께서 항상 노력할 가치가 있다고 말씀하셨던 포부를 이루게 될 것이기 때문이다.

당신이나 나의 그 어떤 노력도 하나님과 우리 주변의 사람들을 사랑하는 것보다 중요하지는 않겠지만, 포부는 이보다 훨씬 더 광범위하고 다양할 수 있다. 나는 그러한 것들도 이야기하고 싶다.

포부를 성취하는 것은 쉽지 않을 것이며 대가도 만만치 않을 것이다. 그러나 포기하지 말길 바란다. 도중에 좌절을 겪게 될까 봐 걱정되는가? 물론 실패도 있을 수 있다. 당신은 당신이고 삶은 삶이기 때문이다. 그래도 계속해서 전진해야 한다. 우리는 분쟁이 난무한 나라의 지도자들을 한자리에 모았으나 회의가 급습당한 적이 있었다. 매춘업소에 갇힌 아이들을 구출하려다가 구금당하거나 수감되기도 했으며, 심지어 어떤 나라에서는 추방당한 적도 있었다. 전쟁 지역에 학교를 세우려다가 실패한 적도 있었는가 하면, 운영이 어려울 것 같았는데 예상과 달리 성공한 적도 있었다. 직면하게 될 어려움이 두려워 주저하지 말라. 그 일을 시작하게 된 이유를 기억하라. 당신의 포부와 삶의 목적을 명확히 하라. 우리의 삶은 영원을 위한 훈련 과정이다. 만약 포부에 두 개의 손잡이가 있다면 그것은 사랑과 희망일 것이다. 이보다 강력한 힘은 세상에 없다. 삶의 대부분은 사랑과 희망을 붙잡고 절대 놓지 않는 것과 관련이 있다.

성경의 저자 중 한 사람인 바울은 "유일하게 중요한 것은 사랑으로 표현되는 믿음뿐이다"라고 말했다. 나도 그 말에 동의한다. 믿음을 종종 자신이 옳다고 믿는 모든 교리와 혼동하기 쉽다. 그러나 진정한 믿음은 믿는 것을 행하는 것이다. 다른 사람들을 위해 큰 희망을 품기는 쉽다. 그것은 아름답고 옳은 일이며 우리는 계속 그러한 일들을 많이 해야 한다. 이 책은 또한 우리 자신을 위한 몇 가지 희망도 다루고 있으며, 자신감과 전략으로 우리가 가장 중요하게 생각하는 포부를 세상에 내놓는 방법도 다루고 있다.

당신이 누구이며, 왜 그렇게 생각하고, 왜 그런 행동을 하는지 자기반성의 시간을 따로 보내는 것은 인생에서 아직 이루지 못한 일을 성취하려면 반드시 해야 할 일이다. 나는 당신이 쾌락주의에 빠져서 모든 것을 자기중심으로 생각하라고 옹호하는 것이 아니다. 모든 것을 자기중심으로 생각하는 것보다 더 허무한 것은 없다. 이 책은 자기 계발이 아닌 자아 발견을 주제로 한 책으로, 단순히 꿈을 꾸는 것을 주제로 한 책이 아니다. 꿈만 꾸는 것은 너무 쉽다. 우리 집 개도 자면서 꼬리를 흔든다. 나는 당신이 자신의 존재와 하나님께 받은 목적을 완전히 깨달아 당신의 가장 크고 가치 있는 포부를 완전히 깨우게 되기를 바란다.

그런데 이 모든 것을 하려면 새로운 사고방식을 개발하는 일이 필요하다. 그러려면 뇌에 새로운 홈을 파서 포부를 추구해야 한다. 그것들을 그저 접시 위의 완두콩 뭉치처럼 이리저리 밀어내면 되는 것이 아니다. 뇌에 새로운 홈을 파는 것은 커다란 풍선을 불어넣는 것과 같다. 때때로 포부를 생각하다 보면 머리가 어지러워질 때가 있을 것이다. 그럴 때는 휴식을 취하라. 휴식은 거룩한 것이다. 필요한 만큼 충분히 쉬되, 완전히 깨어나 다시 일하러 돌아가야 할 때를 잊지 말라. 만약 당신이 아직 실행하지 못한 포부를 좇고자 한다면, 파고 있던 홈을 더욱 깊게 파서 그랜드 캐니언 급으로 만들어야 한다. 이렇게 하려면 노력이 필요하지만 어쨌든 해야 한다.

이 말을 꼭 전하고 싶다. 하나님은 당신을 매우 기뻐하고 계신다. 정말이다. 그분께 물어보았다. 그분은 당신의 지난 실패들에 찡그리지 않으시고, 오히려 당신과 함께할 밝은 미래를 생각하며 미소 짓고 계신다. 당신이 포부를 추구하는 동안 천국은 당신에게 열광하면서 당신이 그곳에 도착할 때만을 기다린다는 것을 알고 안심하라. 그래도 아직은 이 땅에서의 시간이 남아 있으니 잘 활용해야 한다. 영원을 가장 큰 포부로 삼는 것은 멋진 일이지만, 이 열망을 이 땅에서의 짧은 시간과 앞으로의 삶을 더 잘 이해하는 데 활용하는 건 어떨까 싶다.

당신이 이 책을 선택해 주어 정말 기쁘다. 이 책은 지난 수십 년간 내가 살고자 했던 삶을 반영하고 있다. 나는 몇 번의 성공과 많은 실패를 겪었다. 두 가지 모두 이 책에서 이야기하겠다. 내게 그 모든 일들이 일어난 이유와 그때 내가 얻은 교훈을 최선을 다해 설명하려고 노력했다. 당신이 이 책을 읽는 동안 즐거운 시간을 보내길 바라지만, 페이지마다 과정과 여정이 담겨 있다는 것을 알아주었으면 한다. 만약 우리가 가진 것이 결국 말뿐이라면 그게 우리에게 무슨 도움이 되겠는가? 우리에게는 길이 필요하기에, 이 책이 당신이 포부를 향해 나아가는 데 도움이 되길 바란다. 또한 이 책에서 더 깊은 목적을 발견하게 되기를 바란다. 물론 함께 즐겁게 시간을 보낼 것이다. 하지만 주의가 산만해져 즐거운 시간을 보내는 것만이 전부라고 생각하지는 말았으면 좋겠다. 우리는 세상에 놀라운 것들을 선보이는 사람들이 되길 원하며, 그것을 실현하는 데 필요한 모든 일을 기꺼이 할 의지가 있으니 말이다.

이를 위해 책 뒷부분에는 꿈을 향해 나아가는 데 생각해 봐야 할 몇 가지 질문과 취할 수 있는 몇 가지 행동이 담긴 섹션을 준비했다. 책을 읽는 동안 손에 펜을 들고 있기를 바란다. 책에서 소개하는 과정을 기록할 수 있도록 노트도 준비해 두면 좋다. 이 책의 내용은 내가 진행하는 <드림 빅Dream Big>이라는 라이브 워크숍의 내용을 바탕으로 하고 있다. 이 워크숍에는 미국과 중동 국가의 지도자, 그래미상 수상 음악가, 대형 교회 목사, 전업주부, 억만장자, 가난한 대학생 등 다양한 사람들이 참석해 왔다. 나는 이들을 포함해 수천 명의 사람들이 우리가 앞으로 이 책에서 논의하게 될 아이디어와 원칙을 따라 자신들의 포부를 향해 나아가는 것을 지켜보았다. 이 책은 그 수천 명의 사람들이 스스로 깨닫게 된 것, 즉 가장 아름답고 지속적인 포부를 발견하고 그것을 세상에 펼칠 수 있는 방법이 있다는 것을 보여주기 위한 나의 시도다. 하나님께서 당신이 그만한 가치가 있다고 말씀하셨으니 절대로 그 이하의 것에 안주하지 말라.

Part 1

큰 꿈을 꾸기 위한 준비

Chapter 01
혼자 가지 말라

당신이 꿈을 진지하게 생각한다면,
당신을 사랑하는 사람들과 함께하라.

거기에 그녀가 있었다. 마리아. 우리가 서로 몰랐기에 그녀는 아직 '스위트 마리아'는 아니었다. 그녀는 분명 다정했지만, 그때의 나는 그녀를 그렇게 부를 기회가 없었다. 35년 전에 방 건너편에 있는 마리아를 처음 보았을 때 나는 한눈에 반하고 말았다. 그녀를 만날 수 있다면 달리는 차에서도 뛰어내렸을 것이다. 시간이 좀 걸리긴 했지만, 그녀도 내가 자신을 좋아한다는 것을 알아차렸다. 아마도 그 직후에 내가 미래에 있을 우리 아이들의 이름을 적은 명단을 보여주었기 때문일 것이다. 결국 마리아는 마지못해 내 이름을 알게 되었다. 내가 생각하기에 적어도 한두 번 이상 내 이름을 부른 적이 있는데, 대개는 나와 선을 긋기 위해서였다. "초대해 줘서 고마워요, 밥. 하지만 시간이 안 돼요." 혹은 "미안해요, 밥. 하지만 난 그 해에 바빠요." 혹은 "밥, 우리 집 마당에 있는 판다 곰 인형 한 쌍은 당신 거예요?"와 같은 말들이었던 걸로 기억한다. 내 생각에 나는 자꾸 접해야 좋아지는 사람인 것 같다.

시간이 흐른 후 마리아도 나를 좋아하기 시작했다. 이 일이 일어났을 때, 그것은 마치 '오즈의 마법사'에서 모든 것이 처음으로 흑백에서 컬러로 바뀌는 장면 같았다. 나는 마리아를 추구하는 과정에서 아무리 크거나 불가능해 보이더라도 포부를 품고 그것을 추구하는 것의 중요성을 배웠다. 나는 내가 무엇을 원하는지, 왜 그것을 원하는지 알고 있었고, 그것에 대해 어떻게 할 것인지 결정했다. 우리가 원하는 것을 두고 이러한 결정을 내릴 때 스위치의 조용한 전환이 일어나는데, 이때가 바로 포부를 단순히 생각하는 단계에서 실제로 무언가를 실행하는 단계로 옮겨가는 시점이다.

나는 마리아를 암벽 등반에 초대해서 확신을 주었다. 마리아를 밧줄 끝에 묶었는데, 등반을 시작하기 전에 나를 올려다보던 그녀는 자신감 있게 밧줄을 잡은 내 모습을 유심히 쳐다보고 있었다. 나중에 마리아가 말하기를, 그 모습을 보면서 자신의 인생을 내게 맡겨도 되겠단 생각이 들었다고 했다. 포부를 추구하는 데도 이에 못지않게 큰 신뢰가 필요하다. 하나님께서 당신을 지켜주시니 위험을 감수해 보라. 그것은 그만한 가치가 있는 일이다.

결국 스위트 마리아는 승낙했고, 우리는 명단에 어울리는 몇 명의 아이들을 낳았다. 35년이 지난 지금 나는 이제 뭐든 능숙하게 잘 해내는 편인데, 그것은 모두 스위트 마리아가 더 잘하고 있어서다. 그녀가 잘하는 많은 것 중 한 가지는 자신을 잘 알고 자신만의 독특한 재능과 능력, 열망에서 기쁨을 찾는 것이다. 그녀는 자신의 능력과 포부를 다른 사람의 것과 비교하지 않는다. 그녀는 하나님께서 그분이 창조하신 것들을 비교하지 않으신다는 것을 안다. 또한 그녀 자신이 무엇을 원하는지, 왜 그것을 원하는지 그리고 그것을 어떻게 할 것인지도 알고 있다. 이러한 명확성을 가지는 것은 흔치 않으며 아름답고 거침이 없다. 당신도 삶에서 이러한 것을 목표로 삼는다면 큰 기쁨을 찾을 수 있을 것이다.

스위트 마리아와 나는 극명하게 다르다. 나는 새로운 사람들을 만나는 것을 좋아하고 방에 사람이 많이 모일수록 좋아한다. 반면에 마리아는 방에 나 혼자만 있어도 사람이 많다고 느끼며, 가족과 함께 충분한 시간을 보내는 데서 그녀의 목적을 찾는다. 그녀를 볼 수 있는 사람은 많지 않다. 마치 유니콘을 보는 것과 같다. 그녀는 단순한 관심은 필요로 하지도 원하지도 않는다.

마리아는 한때 베스트셀러 책도 썼다. 하지만 북 투어를 가거나 출간 기념회를 열거나 수천 명의 친구들을 초대하는 대신, 가족을 위해 중간 크기의 피자를 주문하고 집에서 가족과 함께 루트 비어 플로트를 만들었다. 그녀가 삶을 사는 방식은 우리의 목적이 다른 사람의 검증으로 찾을 수 있는 것이 아니라는 것을 매일 상기시켜 준다. 그것은 친숙함이나 인정 혹은 인기를 통해 찾을 수 있는 것도 아니며, 우리 내면의 훨씬 더 깊은 곳에서 발견된다. 마리아는 오로지 가족과 소수의 친구들을 위해 헌신적인 삶을 산다. 그녀는 우리가 사는 복잡한 세상을 더 잘 이해할 수 있도록 도와주며, 내가 양말 속에 바지 한쪽 밑단을 집어넣은 채 집을 나서는 일이 없도록 매일 아침의 준비도 도와준다.

인정한다. 레드불의 후원을 받는 것처럼 행동하는 남자와 함께 산다는 건 힘든 일이다. 나는 동네 커피 가판대에서 '고피'라는 음료를 주로 마시는데,

에너지 음료 2샷에 에스프레소 3샷을 섞은 것이다. 어쩌면 나는 일찍 죽을지도 모르지만, 죽을 때까지 완전히 깨어 있을 것이다. 스위트 마리아는 내가 풍선이고 그녀가 끈이라고 말하는 것을 좋아하는데, 이것은 올바른 상호 의존성을 아름답게 표현한 것이다. 포부를 성취하고 싶다면 인생에서 끈 없는 풍선 같은 상태는 되지 말아야 한다. 우리는 하나님 안에 닻을 내리고 서로에게 묶여 있어야 한다.

다르다는 것은 항상 쉬운 것이 아니다. 아마 당신도 자신이 친구나 가족과 다르다고 느꼈을 것이다. 그것은 바람직한 현상이며 우리가 앞으로 나아가려면 하나님께서 우리를 창조하신 모습에 적응해야 한다. 우리가 누구인지 목적을 가지고 편안하게 받아들이려면, 우리는 자신과 주변 사람들에게 믿을 수 없을 정도로 진실해야 한다. 이것은 스위트 마리아가 매일을 살아가는 방식이기도 하다. 만약 그녀가 유령이 틱택Tic Tacs(이탈리아 제과업체 페레로에서 처음 만든 작고 단단한 박하향 사탕-역자 주)을 쌌다고 말하면 나는 그 말을 믿을 것이다. 당신은 이 책에서 내 생각을 읽는 것처럼 느끼겠지만, 실제로는 내가 마리아에게서 배운 것을 읽고 있는 것이다.

나는 항상 낙관주의자여서 마리아와 나는 가끔 상황을 다르게 볼 때가 있다. 최근에 스위트 마리아가 아침 식사 시간에 위층에서 내게 문자를 보냈다. 그녀는 주방에 나를 기다리는 '소름 끼치는 것들creeps'이 있다고 했다. 나는 '크레이프crepes'일 거라고 추측하고 싶었지만 일단은 행운을 빌었다. 누가 있는지 보려고 주방에 갔더니 마리아가 일기예보를 보고 있었다. 대화는 다음과 같이 시작되었다.

마리아(고개를 저으며): "오늘은 비가 올 거예요."

나(반짝이는 눈동자와 미소로): "정말 멋지지 않아? 아득하게 들리는군."

마리아(낮은 소리로 투덜거리면서): "밥, 그냥 좀 안 좋다고 말해줘요. 네?"

마리아(잠시 멈칫하고 고개를 들어): "내가 방금 큰 소리로 말했나요?"

  여러 면에서 서로 다르지만, 우리는 공통된 믿음과 강한 모험심이 있다. 나는 여행하고, 많은 사람들과 대화를 나누고, 전쟁 지역에 학교를 세우는 데서 자아를 발견한다. 마리아는 가족을 사랑하고 보살피며, 가족을 위한 평화로운 공간을 만들고, 가족 모두가 돌아갈 수 있는 곳을 제공하는 더 어려운 일에서 자아를 발견한다. 그러나 우리가 우리의 강점을 발견할 수 있었던 것은 다름에도 '불구하고'가 아니라 다름 '덕분'이었다. 우리는 이러한 차이점들을 이용해 추구할 가치가 있는 것과 버려야 할 것을 분류했다.

  우리 아이들과 그들이 사랑하는 사람들은 나의 스승이자 조언자로, 내가 잘 이해하지 못하는 많은 것들을 명확히 이해하고자 찾게 되는 사람들이다. 그들은 내 삶에서 지속되어야 할 것들과 그렇지 않아야 할 것들을 분류하는 데 도움을 준다. 포부를 확인하기 위한 여정을 시작할 때 주변에 이러한 사람들이 있는지 찾아보라. 노력할 가치가 있을 것이다.

  한번은 나보다 현명한 누군가가 '만약 하나님께서 당신의 모든 기도에 응답하신다면 그 응답은 당신 외에 다른 사람의 삶도 변화시키는 것인가?'라고 물은 적이 있다. 나는 마리아의 기도가 수많은 사람들의 삶을 변화시키는 것을 보아 왔다. 당신과 나를 위한 마리아의 기도는 우리가 모든 계획을 내려놓고 우리의 지속적인 포부가 무엇인지 깨달아 우리의 삶이 되어야 했던 로켓 우주선을 다시 만드는 것이다. 이를 위해 그녀는 우리가 쉽게 얻을 수 있는 것들을 실제로 가치 있는 것들과 바꾸길 원할 것이다. 그것은 당신의 삶에서 모든 것을 변화시킬 수 있는 힘을 가진 분별력이다.

Chapter 02
온도계

누구나 실수할 수 있다.

　내가 유치원에 다녔을 때는 낮잠 시간이 따로 있었다. 우리는 대충 수업에 신경을 쓰다가 한두 시간이 지나면 모두 바닥에 깔린 매트 위에 몸을 웅크리곤 했다. 생각해 보면 우리 인생의 모든 연령과 삶의 단계마다 이 낮잠 시간을 유지하려는 강력한 욕구가 있는 것 같다. 반에서 가장 큰 영광은 '기상 요정'이 되는 것이었다. 기상 요정이 된 아이는 성별을 알 수 없는 요정의 날개를 메고 손에 지팡이를 들고 있다가, 잠든 아이들을 깨울 시간이 되면 한 명 한 명씩 깨우곤 했다. 이것이 내가 기억하는 나의 첫 번째 포부였다. 난 요정의 날개를 원했고 지팡이도 가지고 싶었다. 그것들을 정말 간절히 원했다. 다른 사람들에게 그런 힘을 행사하고 싶었다. 기억을 더듬어 보라. 당신의 첫 번째 포부는 무엇이었는가? 기회를 잡기까지 얼마나 걸렸는가? 기회가 주어졌을 때 당신은 어떻게 대처했는가?

　몇 주 동안 집에 있는 거울 앞에서 초조하게 기다리며 연습한 끝에 드디어 나의 날이 왔다. 나는 날개를 메고, 지팡이를 들고, 가장 친한 친구를 깨우려고 교실을 가로질러 달려갔다. 하지만 불행히도 친구에게 다가가는 데 너무 흥분한 나머지, 잠들어 있던 다른 친구의 코에 걸려 넘어지면서 그의 코를 부러뜨리고 말았다. 알고 보니 이것은 기상 요정의 자격을 즉시 상실할 만큼 충분히 큰 위반 행위였다. 이카로스Icaros처럼 태양에 너무 가까이 날아가는 바람에 날개를 잃은 것이다. 나의 포부는 실패가 되었다.

실패는 언제든 일어난다. 나는 범퍼 스티커를 붙이거나 후드티를 입었어야 했다. 당신도 이것이 진리임을 알고 있을 것이다. 이전에 있었던 일이 앞으로 다시 일어날 수 있기 때문이다. 우리는 큰 도전을 하기도 하고, 바라던 것을 얻기도 하고, 기쁨과 기대감으로 달려 나가기도 하고, 갑자기 모든 것이 틀어져 버리기도 한다. 때로는 쉽게 이루어지지 않는 것, 이것이 포부가 작동하는 방식이다. 그러나 그럴 때도 낙심하거나 좌절하지 않는 것이 중요하다. 당신이 그다음에 하게 될 일이 당신이 누구인지에 대해 말해 주기 때문이다.

&

나는 중학교 때 착하지만 혼란스러운 아이였다. 어렸을 때 아버지가 담배를 피우셨기에 당연히 나도 피울 수 있다고 생각했다. 당시에는 담배를 우체국의 담배 자판기에서 팔았다. 그래서 우표 뭉치를 사러 가는 길에 폐공기증을 얻을 수도 있었다. 어느 날 방과 후에 나는 말보로 하드 팩 한 갑을 사러 우체국에 갔다. 소프트 팩이 초보자용이긴 했지만, 하드 팩이 뚜껑부터 시작해 이것저것 모든 것이 있어서 제임스 딘처럼 멋지게 보일 것 같아서였다. 당시에 담배 회사들은 수십억 달러의 소송을 당한 적이 없었고 사람들은 담배를 피우면 죽을 수도 있다는 사실을 몰랐기 때문에, 담배 한 갑을 사는 데는 25센트 동전 두 개밖에 들지 않았다. 심지어 말보로 맨들도 당시에는 그 사실을 몰랐다.

두 번째 동전을 넣고 레버를 막 당기는데, 보이 스카우트 단장이 내 뒤로 다가왔다. 정말로 민망한 순간이었다. 담배는 엄마를 위한 것이라고 말하고 싶었지만, 단장은 나의 엄마를 알고 있었고 엄마가 담배를 피우지 않는다는 사실도 알고 있었다. 그래서 나는 최대한 예의 바르게 행동하며 담배는 누나를 위한 것이라고 말했다.

우리 중 몇몇은 어려서부터 자신이나 다른 사람을 두고 거짓말을 하기 시작한다. 거짓말을 하는 데는 여러 가지 이유가 있겠지만, 주로 자신이 누구이며 어떻게 삶의 큰 줄기에 적응해야 하는지 확신이 없어서 그러는 것이다. 우리는 불안감과 인정받고 싶은 마음에 절망적인 상황에서 어리석은 행동을 하기도 한다. 잘 알지 못하는 사람들의 인정을 받으려고 담배를 피우거나, 욕설을 하거나, 복장이나 행동을 바꾸어 자신이 아닌 다른 사람처럼 보이고 싶어 하기도 한다. 우리는 누구나 실수할 수 있다. 어떤 실수는 계획적이며 기이할 정도로 자기 파괴적인 의도가 있다. 또 어떤 실수는 단순히 주변에서 일어나는 상황을 이해하지 못해서 발생하기도 한다. 이러한 실수들은 모두 우리의 인간성을 일깨워주고, 우리가 모든 것을 다 알고 있지 않다는 사실에 솔직해지도록 돕는다. 예를 들어보겠다.

나는 평소에는 꽤 건강하고 낙천적인 사람이다. 나에게 유리잔은 그저 반만 차 있는 것이 아니라 항상 넘쳐서 더 큰 잔이 필요하다. 하지만 병에 걸리면 모든 게 엉망이 된다. 슬프고 우울해지며 약해진다. 병에 대한 반응이 어리석음을 뛰어넘어 거의 임상 수준이다. 단순한 감기에 걸려도 항암 치료를 받는 것처럼 행동한다. 더 심각한 것은 내 상태가 어떤지 끊임없이 확인하려 한다는 것이다. 새로운 통증이 생겼는지, 상태가 나아지는지 아니면 나빠지는지, 내가 괜찮을지, 지금은 어떤지, 내가 유언장을 갱신했는지, 지금은 좋아졌는지 아니면 나빠졌는지 등을 계속 확인하려고 한다. 냉장고 문을 열어두고선 마치 그 불빛을 향해 걸어가고 있다고 생각한다.

  한번은 우리 아이들이 어렸을 때 내가 독감에 걸린 적이 있었다. 다른 사람이라면 별문제가 아니겠지만 나에게는 죽음의 징조처럼 느껴졌다. 어느 날 밤 우리 가족 모두가 잠자리에 들었을 때, 이 죽음의 천사 독감이 정말 심하게 찾아왔다. 나는 심연으로 빠져들면서 나의 죽음을 계속 추적하고 싶었다(또한 스위트 마리아에게서 최대한 많은 동정심을 얻기 위해 이것을 이용하고 싶었다). 그녀에게 내가 얼마나 끔찍한 기분이 드는지 몇 분마다 소식을 업데이트해 주었다. 3분에서 5분마다 업데이트하는 것이 딱 적당할 것 같았다. 한밤중이 되어 말로 표현하기 어려울 정도로 상태가 나빠지는 것을 느끼면서, 나는 내가 얼마나 고통스러운지 추가적인 증거를 확보해야겠다고 생각했다. 그래서 캐비닛 안에 있는 체온계를 찾으려고 의약품을 보관하는 화장실로 갔다.

  여러 해 동안 모아두었던 대부분이 비어있는 약병과 유아용품을 뒤지다가 체온계를 발견하고 혀 밑으로 넣었다. 마리아에게 세 자릿수의 체온을 보여주어 내가 얼마나 영웅적으로 삶에 매달려 있는지 알려주고 싶었다. 내가 어렸을 때 어머니께서는 체온계를 혀 밑으로 깊숙이 넣지 않으면 정확한 수치가 나오지 않는다고 말씀하곤 하셨다. 그래서 체온계를 가능한 한 최대한 깊숙이 넣었다.

열이 얼마나 높은지 보려고 입에서 체온계를 꺼내어 몇 번이나 확인했다. 제대로 측정되는지 확실하게 알 수가 없었다. 하지만 내가 살 수 있는 시간이 얼마 남지 않았다고 생각하니 그 부분은 놀랍지 않았다. 체온계를 다시 입안에 넣고 몇 분을 더 기다린 후 다시 확인해 보았다. 체온계에 나의 높은 열을 측정할 만큼 충분한 수은이 없는 것 같단 생각이 들었다. 어두워서 숫자가 잘 보이지 않아서 스위트 마리아를 깨워 도움을 청했다. 체온계를 그녀에게 건네기 위해 천천히 입에서 빼면서 물었다. "여보, 그런데 왜 이 체온계의 끝에는 큰 손잡이가 있는 거지?" 마리아는 한참 동안 나를 바라보더니 웃음과 공포가 섞인 표정을 지었다.

마리아는 체온계를 사용할 때 그것이 사라지는 것을 방지하려고 동그란 부분이 있는 것이라고 말해 주었다. "사라진다고?" 나는 체온계를 입에서 꺼내면서 무슨 뜻인지 천천히 생각해 보았다. 내가 사용한 것은 아이들의 항문 체온계였다.

&

예전에는 하나님께 쓰임 받고 포부를 이루려면 우리가 항상 정신을 차려야 한다고 생각했는데 이제는 그렇게 생각하지 않는다. 놀라운 사실은 나처럼 자신의 체온조차 제대로 측정할 줄 모르는 사람도 하나님께서는 여전히 사용하실 방법을 찾으신다는 것이다. 만약 당신이 원한다면 그분은 당신도 사용하실 것이다. 어떤 일은 우리의 실수를 통해 일어나는데, 이것은 우리에게 새롭게 시작할 기회를 준다. 우리는 모두 때때로 실수할 것이다. 작은 일을 크게 만들어버릴 때도 있을 것이다. 그러나 하나님은 우리를 무한히 인내하신다. 때로는 작은 실수를 할 때도 있고 큰 실수를 할 때도 있을 것이다. 나는 여전히 체온을 재는 것과 같은 단순한 일에서도 실수를 하고 있지만, 그래도 하나님은 여전히 나를 그분의 것이라고 부르신다. 그분은 당신에게도 똑같이 하실 것이다. 포부에 대해 알아볼 때 이 점을 분명히 해야 한다. 그렇지 않으면 과거의 실패가 당신의 밝은 미래를 가로막을 것이다.

  우리는 모두 좌절을 겪은 적이 있다. 어쩌면 당신은 이루기 어려운 꿈을 추구하다가 중간에 막힌 적이 있을 것이다. 몇몇 꿈들은 시작도 전에 물거품이 된 적도 있을 것이다. 이런 일이 일어나면 어떻게 하겠는가? 이 책은 완벽한 해답으로 가득하지는 않지만 몇 가지 질문을 통해 당신이 생각을 재정립할 방법을 제시해 줄 것이다. 그러니 그동안에는 시작하기 전에 완벽하지 않다고 해서 기분 나빠하지 말라.

Chapter 03
만년설 아래로 들어가라

중요한 질문들을 계속 던지라.

캘리포니아의 높은 사막에 '고프스Goffs'라는 도시가 있다. 농담이 아니다. 그곳은 서부 지역의 전형적인 작은 도시 중 하나였는데, 한때는 번화했지만 사람들이 더 크고 더 나은 고속도로를 건설해 다른 곳으로 이동하기 시작하면서 사라지게 된 작은 공동체다. 최근에 매물로 나와서 내가 도로 표지판 두 개를 포함해 전체 도시를 7,500달러에 사겠다고 제안했다. 답변을 기다리는 중인데, 지금까지는 귀뚜라미 소리만 들려왔다(그곳에 사는 것은 귀뚜라미뿐이다). 그곳을 얻게 되면 나는 나 자신을 시장으로 선출할 것이다. 큰 집회와 퍼레이드를 열 것이며, 범퍼 스티커도 만들고 병 로켓도 발사할 것이다. 스위트 마리아는 안 온다고 했으니 나는 그곳에서 투표하는 유일한 사람이 될 것이다. 비만 충분히 많이 와주면 압승으로 끝날 것이고, 채드라는 사람이 나타나서 노닥거리지 않는 한 행잉 채드hanging chads(펀치형 투표용지에서 완전히 떨어지지 않고 매달려 있는 천공 조각-역자 주)는 없을 것이다.

일단 내가 고프스 시장으로 취임하면 모든 규칙을 정할 것이다. 단순 과속은 허용하지 않겠지만 무언가 중요한 목표를 향해 나아가고 있다면 독려할 것이다. 아름답고 지속적인 포부를 추구하는 사람들의 진전을 방해하는 정지 표지판이 있다면 없애버릴 것이기에, 그들이 정지 표지판 앞에서 멈추는 일은 없을 것이다. 사람들은 교통 체증에는 굴복할 수 있지만 어려움에는 굴복하지 않을 것이다. 그래도 재건 작업은 항상 있을 것이다. 몇 가지 생각과 관념을 철거할 것이고, 일부는 제한적인 믿음limiting beliefs을 극복하기 위해 대대적인 개조가 필요할 것이다. 마을은 자신이 무엇을 믿고 있으며 왜 그것을 믿는지 근원을 깊이 파악하려는 배짱과 투지가 가득 찬 사람들로 가득할 것이다. 곳곳에 표지판과 안전모, 빅걸프 컵, 성공과 실패가 있을 것이다. 이것들은 점수표가 아니라 단지 사람들이 열심히 일하고 있다는 증거일 뿐이다.

나는 한때 많은 수리가 필요한 빅토리아 시대의 오래된 대 주택을 소유한 적이 있었다. 집을 구입할 때 약간의 조사를 해보니 그 집은 한때 와이엇 어프Wyatt Earp가 소유했던 집이었다. 멋지지 않은가? 그는 분명 OK 목장 사건 이후 샌디에이고로 이사했을 것이다. 그런데 이 집의 문제는 연식이 아니라 접근성이었다. 안으로 들어갈 수 있는 유일한 방법은 계단을 많이 오르는 것뿐이었다. 이는 오직 일부 사람들만 들어갈 수 있다는 것을 의미했다. 오직 걷는 데 문제와 제약이 없는 사람들만 가능하단 얘기였다. 하지만 우리가 바란 건 누구나 이 집에 들어오는 것이었기에, 모든 계단을 경사로로 교체하여 원하는 사람은 누구나 들어올 수 있게 했다. 이 책의 목적도 마찬가지다. 일련의 단계를 밟기 위한 것이 아니라 당신의 포부를 확대하기 위한 것이다. 나는 모두가 여기에 참여했으면 좋겠고 당신도 참여했으면 좋겠다. 단, 당신이 원한다면 말이다.

정보를 하나 주자면 이 책을 너무 단순하거나 복잡하게 생각하지 말길 바란다. 대부분의 내용은 우리 중 대부분이 있는 중간 지점을 기준으로 했으니 말이다. 여기에서는 당신이 꿈꾸는 곳에 당신의 이름을 넣을 수 있다. 다만 나에게는 고프스라고 불리는 곳이 그곳이다.

당신은 누구인가? 당신은 어디에 있는가? 당신은 무엇을 원하는가?

나는 20년 동안 비행기를 조종해 왔다. 그럼에도 착륙할 때면 여전히 관제탑에는 나를 학생 조종사라고 말한다. 가장 큰 이유는 내가 여전히 학생 조종사이기 때문이고, 내가 깨닫게 된 것은 관제탑 사람들이 내가 학생 조종사라고 하면 교신할 때 더욱 친절하기 때문이다. 학생 조종사와의 교신을 끊어버리는 사람은 없을 것이다. 그렇지 않은가? 몇몇 사람은 그러기도 하는데, 그런 사람들과 교신하게 되면 기분이 정말 우울해진다. 당신이 이제까지 이뤄본 적 없었던 포부를 이루고자 한다면 모든 일에 스스로를 학생이라고 규정하고 시작해 보라. 학생 연인, 학생 남편, 학생 직원 등으로 말이다. 무슨 뜻인지 이해했을 것이다. 우리는 모두 사랑과 수용에서 아마추어다. 프로가 되어 허쉬 키세스Hershey's Kisses나 홀마크 채널the Hallmark Channel의 후원을 받는 사람은 아무도 없다. 귀찮게 하지는 말되, 존경하는 사람들에게 많은 질문을 하라. 당신이 아직 학생이며 배우고 싶어 한다는 사실을 알려주라. 물론 어떤 사람들은 당신을 무시할 수도 있겠지만 걱정할 필요는 없다. 그건 그들이 불안하거나 주의가 산만해서 그런 것이다. 대부분의 사람들은 당신을 돕고자 할 것이며, 친절한 사람들은 언제나 도움을 주려 할 것이다.

모든 것을 다 아는 것처럼 행동하지 말라. 그런 사람에게 자신의 여분 시간을 주고 싶어 하는 사람은 없다. 대신에 겸손하고, 자기 인식을 하고, 진실에 대해선 엄격한 태도를 취하라. 예수님은 자신의 결점을 인정하는 사람들을 문제 삼으신 적이 절대 없으셨다. 그러나 전문가인 양 모든 것을 아는 것처럼 주장하지만 사실은 허풍 떠는 초보자에 불과한 이들은 용납하지 않으셨다. 일단 당신이 실제로 어디에 있으며 하나님의 도우심이 얼마나 필요한지 절실히 깨닫게 되면, 그분께서는 당신과 함께 일할 사람을 준비하시고 당신의 길에 도움이 될 그 사람을 보내주실 것이다. 당신이 할 일은 그들을 찾는 것이다.

해마다 우리 가족은 캐나다 브리티시 컬럼비아주의 한 교외에 지은 오두막에서 일 년 중 일부를 생활하는데, 수상비행기를 타고 오가야 하는 나로서는 조종사가 되는 것이 여러모로 유용하다. 그런데 나는 항공 교통 관제사와 교신하는 것만 제외하고 비행의 모든 것을 좋아한다. 평소에는 사람들과 대화하는 것을 좋아하는데, 어쩌면 내가 잘못할까 봐 그런 건지도 모르지만 관제사와 대화하려고 비행기에서 교신하는 것은 항상 두렵다. 그들은 너무 빠르게 이야기하면서 자신들이 하는 말을 상대방이 알 것이라고 기대한다. 내가 잘못 들은 걸 수도 있겠지만, 한번은 관제사가 피자를 주문하는 것 같은 소리를 들은 적이 있었다. 또한 내가 잘못 교신해서 서스캐처원

Saskatchewan 쪽으로 회항하게 될까 봐 두려워 아무 말도 하지 못한 적이 있는데, 이런 상황도 문제가 될 수 있다.

나는 어쩌면 이 문제가 관제탑에 근무하는 관제사를 내가 한 번도 만난 적이 없어서인 건지도 모른다고 판단하게 되었다. 그래서 지역 공항에 전화를 걸어 관제사를 만나기로 약속을 잡았다. 관제 센터에 도착해 계단을 몇 층 올라가 영화 세트장처럼 보이는 곳에 들어섰다. 여러 사람이 스크린 앞에 앉아 있었는데, 각 스크린에는 실제 사람이 탑승한 비행기들을 나타내는 수십 개의 점들이 표시되어 있었다. 관제사들은 각각의 조종사에게 드물게 교신했는데, 말을 걸더라도 가능한 모든 지시를 내리려고 하지는 않았다. 각 관제사는 몇 개의 점만 담당했으며 그들의 목표는 간단했다. 각 비행기가 목적지에 도착할 수 있도록 돕고 도중에 다른 비행기와 충돌하지 않도록 하는 것이었다.

관제사 중 한 명이 나를 한쪽으로 데리고 가서 말했다. "밥, 무전으로 의사소통하는 것이 때로는 어렵고, 혼란스럽고, 조금은 위협적으로 느껴질 수 있다는 것을 알아요. 누구나 종종 그렇게 느끼죠. 그럴 때는 그냥 이렇게 해 보세요. 당신이 누구인지, 어디에 있는지, 무엇을 원하는지만 말해 보세요. 그런 다음 잘 들어 보세요." 많은 사람들이 내가 관제탑과 소통하면서 느꼈던 것처럼 하나님과 대화하거나 자신의 포부를 발견하는 데 불안한 마음이 있다. 그들은 아직 불확실한 상태이며, 다른 사람과의 충돌이나 갈등을 원하지 않지만 목표를 달성하려면 약간의 도움이 필요하다.

분명히 말하지만 포부를 인식하고 추구하려면 많은 용기와 명확성이 필요하다. 자기반성도 필요하다. 위의 세 가지 질문을 중심으로 생각을 정리하면 과거에 이루지 못했던 것을 미래에 성취하는 데 도움이 될 것이다.

당신 안에 있는 더 깊은 열망을 인정하는 것에서부터 시작하라. 굳이 추측하자면 그것이 바로 당신이 여기 있는 이유다. 당신은 그것을 느낄 수 있다. 내가 굳이 정의하지 않아도 당신은 내가 무슨 말을 하는지 정확히 알고 있을 것이다. 그것은 당신의 내면에서 꿈틀거리는 '삶을 넘어서는 그 무엇'이며 당신을 두려움을 불러일으키는 대담한 꿈으로 끌어당긴다. 그것은 한때는 원했으나 지금은 흥미를 잃게 된 직장을 두고 고민에 빠지게 되었을 때 당신을 괴롭힌다. 그것은 대학 졸업을 앞둔 늦은 밤의 대화에 불을 지피기도 한다. 그것은 자녀가 떠난 빈집의 부모들이 카페나 부엌 식탁 주변을 맴돌 때도 느껴진다. 그것은 보드룸(회의실)과 베드룸(침실), 서브웨이(지하철)와 서핑 가게, 갤리선과 갤러리 등 어디에나 있다(작가가 라임을 활용함-역자 주). 그것은 장거리 여행 중 조수석에서, 조용한 기도 속에 나오는 말에서, 팝송 가사에서도 찾을 수 있다. 그것들은 모두 의미 있는 인생을 찾고자 하는 우리의 표현이다.

나는 이러한 추구함이 세 가지 큰 질문인 '당신은 누구인가?', '당신은 어디에 있는가?', '당신은 무엇을 원하는가?'의 답을 찾는 조합이라고 믿는다. 이 질문들은 몇 개의 간단한 단어로 이루어졌지만, 실제로는 우리가 스스로에게 던져볼 수 있는 가장 아름답고 어려우며 혼란스러운 질문들이다. 이것은 정체성과 열망, 목적, 거부감, 삶의 경험, 투쟁, 두려움, 희망, 열망이 하나로 합쳐진 혼합물일 수 있다. 가장 아름답고 지속적인 포부, 즉 진정으로 추구할 가치가 있는 포부를 발견하고 실현하려면 이러한 질문에 더욱 귀 기울여야 한다.

그런데 나는 이 모든 것을 알아낸 사람을 한 번도 만난 적이 없다. 설령 누군가가 알아냈다고 나에게 말했다고 하더라도 말이다. 사실 그들이 그렇게 말했다면 나는 오히려 그것을 그들이 계속해서 찾아봐야 할 증거로 받아들였을 것이다. 어쩌면 천국 이전의 삶은 탐색을 위해 만들어진 것일지도 모르겠다. 우리의 포부는 최종 목적지나 완전한 확실성을 위한 노력이 아니라, 어쩌면 오븐 속 파이 냄새와 같은 것일 수도 있다. 그 냄새를 따라 들어가, 계속 시도하고, 찾고, 발견하라는 알림이자 초대일 것이다.

어쩌면 당신은 자신의 포부를 알고 있거나 꽤 잘 알고 있지만 두려움 때문에 어떤 행동도 하지 못했을 수도 있다. 많은 사람들이 바로 이 지점에 있다. 아마도 당신은 여러 해 동안 실행하지 못한 꿈을 안고 살아왔을 것이다. 그 꿈들을 낡은 티셔츠처럼 걸치고 있으면서도 이상한 룸메이트인 양 피하며 살아왔을 것이다. 이것은 우리의 훌륭한 아이디어들에도 항상 일어나는 일이다. 우리는 그 아이디어들에 너무 가깝거나 오랫동안 무시해 왔기 때문에 그것들이 더 이상 무엇인지 정확히 인식하지 못하게 된다. 그러다가 그것들을 손에 넣었다고 생각하는 순간 변한다. 이럴 때는 당황해하지 말고 새로운 포부의 현재 상황을 파악하라. 번거롭게 느껴질 수 있지만 좋은 일이다. 우리는 새로운 창조물이 되어야 하는데, 모든 것이 그대로라면 우리에게는 새로운 것이 아무것도 없을 것이기 때문이다.

나는 당신의 입장을 이해한다. 그래서 이 책을 썼다. 당신이 막힌 상황에서 벗어나도록 도와주기 위해서다. 나는 당신이 모든 포부를 나열한 후에 좋아 보이지만 그렇지 않은 것들, 완전히 무시해도 되는 것들 그리고 모든 것을 쏟아부을 가치가 있는 것들을 구분하도록 도와주고 싶다. 그리고 이런 것들을 파악하게 되면, 스타벅스 용어로 말하자면, 나는 당신이 단순히 '톨Tall'이나 '그란데Grande'가 아니라 '벤티Venti' 크기의 포부를 선택하길 바란다.

내가 제안하는 것은 처방전이 아니라 길이다. 내가 평생을 걸어온 길이다. 사실 여전히 걷고 있기는 하지만, 수천 명의 다른 사람들도 이 길을 택하는 것을 보았다. 이 방법이 꽤 효과가 있다고 생각하지만, 분명히 말해두자면 이 책에서 내가 제안하는 방법을 따른다고 해서 모든 문제가 해결되는 것은 아니다. 탈모 부위를 채워 주거나, 스키니 진을 입게 해 주거나, 보조개를 만들어 주거나, 억만장자가 되게 해 주지는 않을 것이다. 그러나 당신이 기꺼이 노력한다면 당신이 갈망하는 삶으로 인도해 줄 것이다. 그것은 의지와 기대감으로 가득 찬 목적이 있는 삶이다. 과거에 집착하거나 미래를 두려워하기보단 진정으로 원하는 것들에 크게 눈 뜬 삶이다. 목적과 유산과 성취로 이어지는 삶이다. 혼란스러움과 두려움, 낙담, 실의에서 벗어나 전진하는 삶이다. 당신의 시간을 할애할 가치가 있는 것과 그렇지 않은 것을 분류할 수 있는 삶이다.

이 페이지를 통해 우리가 서로의 눈을 바라보면서 단순히 우리를 차지하고 즐겁게 하고 무감각하게 만드는 일은 더 이상 하지 말자고 말할 수 있겠는가? 지금이 바로 꿈과 믿음, 포부를 열정적으로 추구할 때다. 단지 시간 문제일 뿐이다. 당신도 알고, 나도 알고, 우리를 사랑하는 사람들도 모두 안다. 미루고 무시하고 빈둥거리던 일을 멈추고, 다음 주에는 별로 중요하지 않을 일이 되고 다음 생에서는 더욱 그렇게 될 일들로 자신을 산만하게 하는 일을 그만두자. 대신에 우리의 노력과 감정의 무게를 우리보다 오래 지속될 포부에 쏟아붓고 나머지는 모두 뒤에 남겨두자.

우리가 시작하게 될 이번 여정에서 나는 당신의 가이드가 아니라 셰르파 Sherpa다. 이유를 말해 주겠다. 가이드는 등반가에게 어떤 산에 오를지 알려준다. 그들은 필요한 모든 장비를 준비하고, 음식을 구하고, 텐트를 사고, 등반가에게 어떤 경로로 가야 할지 알려주면서 밟아야 할 모든 과정을 지시한다. 반면에 셰르파는 등반가가 올라갈 산을 스스로 선택하게 하고, 그들이 좀 더 빠르게 이동할 수 있도록 밧줄을 미리 놓아두는 데 대부분의 시간을 보낸다. 더 중요한 것은, 셰르파는 등반가에게 정상에 오르는 데 가져갈 필요가 없는 것들을 미리 알려준다는 것이다. 과욕을 부리는 등반가를 본 적이 있다면 내가 무슨 말을 하는지 이해할 것이다. 그들의 배낭에는 필요 없는 물건들이 너무 많아서, 멀리 가지도 목적지에 도착하지도 못할 것이다. 당신도 마찬가지다. 포부의 정상에 오르려면 그동안 쌓아둔 것의 상당 부분을 내려놓아야 할 것이다.

신발 끈을 묶고, 배낭을 메고, 출발해 보자!

Chapter 04
당신은 누구인가?

이해하지 못하는 것은 고칠 수 없다.

　몇 년 전, 내가 사랑하는 한 사람이 뇌졸중을 앓았다. 뇌졸중은 종종 신체적 한계를 야기할 뿐 아니라 피해자들이 가장 소중히 여기는 기억을 빼앗기도 하는 잔인한 의학적 문제다. 의사는 뇌가 어떻게 스스로 다시 결합해 뇌졸중으로 파괴된 경로와 회로를 재생하려고 시도하는지 설명해 주었다. 그리고 그녀의 뇌가 다시 연결될 때, 기억을 되살리는 데 도움이 되도록 병실의 벽에 사진을 걸어 놓을 것을 권했다. 그녀는 벽에 걸린 사진을 오랫동안 열심히 쳐다보더니 그중 한 장을 손으로 가리켰다. 그리고 사진을 차례로 기억해 냈다. "저 사람은 제 남편입니다.", "이 아이는 제 딸입니다.", "이것은 우리 집 개입니다." 시간이 걸렸지만, 마침내 그녀는 한 장의 사진을 제외하고 모든 사진을 기억해 냈다. 그것은 그녀 자신의 사진이었다.

　우리는 다른 사람들을 모두 이해했다고 생각하기 쉽다. 하지만 정작 우리 자신을 두고선 어떠한가? 어쩌면 당신은 꿈을 찾고 추구하는 이 과정을 시작하면서 자신의 실제 모습은 보지 못한 채 다른 사람들만 바라보고 있었다는 사실을 깨달았을 것이다. 어쩌면 당신의 삶에 크고 많은 변화가 생겨 한때 잘 알았던 자신과 거리감을 느꼈을 수도 있고, 더 이상 자신을 인식하지 못할 수도 있다. 잘 들으라. 이 상황을 무시하지 말고 진지하게 다루라.

 당신이 예전에 그토록 좋아했던 자신이 경력을 쌓는 일이나 빨래를 개는 일, 학교에서 아이를 픽업하는 일에 파묻혀 있는가? 과거가 너무 시끄럽게 외쳐서 미래가 당신의 이름을 불러도 들리지 않는가? 다른 사람의 기대에 부응하려고 너무 많은 시간과 에너지를 쏟아부은 나머지, 정작 자신이 진정으로 원하는 것이 무엇인지 잊어버리진 않았는가? 아니, 어쩌면 당신은 진정한 자신을 만나는 데 필요한 시간과 공간을 아직 한 번도 가져본 적이 없었을 수도 있다.

 자신에게 이런 소개를 하는 것은 어려울 수도 있고 때로는 조금 두려울 수도 있다. 그러나 머릿속 생각에 속지 말라. 시작을 미루거나 시도를 그만두지 말라. 포부를 향해 나아가고자 한다면 이것은 필수적인 작업이다. 자기 인식에는 엄청난 힘이 있기 때문이다. 이것을 간과하거나 과소평가하지 말라. 자신의 삶을 되돌아보는 데 시간을 보내는 것은 사치가 아니다. 사실 그렇게 하지 않는 것이 어리석은 일이다. 삶의 이면을 들여다보는 데 도움을 줄 상담사가 필요하다면 두어 명을 만나 보라. 업무에 휴식이 필요하다면 잠시 휴식을 취하라. 당신이 어떤 사람이 될지 결정하기 전에 당신이 누구인지 알아야 한다. 그래야 당신이 원하는 것을 얻는 데 투자하게 될 시간과 희생의 가치를 판단할 수 있다.

 내 친구 중에는 '나는 스키틀즈 봉지 속의 카멜레온보다 더 혼란스러워'

라는 문구가 적힌 티셔츠를 입고 다니는 사람이 있다. 모두가 생각하거나 기대하는 사람이 되려고 하면 지칠 수 있다. 당신이 누구인지 다른 사람들이 결정하도록 더 이상 내버려두지 않을 것임을 자신과 주변 사람들에게 알리고 혼란에서 벗어나라. 당신을 정의하실 수 있는 분은 오직 하나님뿐이시다. 그리고 좋은 소식을 말해 주자면 당신은 오직 그분의 것이다.

오해하지 않길 바란다. 나는 당신이 이 여정을 자기중심적으로 만들어야 한다고 말하는 게 아니다. 만약 그렇게 한다면 당신의 삶과 세상은 매우 빠르게 축소할 것이다. 내가 말하고 싶은 것은, 당신이 진정 누구이며 무엇이 당신의 동력이 되는지 알아내는 것은 노력할 만한 가치가 있다는 것이다. 살아 있다는 것은 좋으면서도 힘든 일이다. 그 일에 참여하라. 다음 주나 '언젠가'가 아니라 오늘 하라. 지금 당장 하라. 인생을 이해하는 데 우리에게 주어진 시간은 눈 깜짝할 사이다. 좀 더 수월한 시기가 오기를 기다리며 더 이상 세월을 낭비하지 말라. 그런 시간은 오지 않을 것이다.

&

어느 날 캐나다에 지은 우리 오두막의 잔디밭에 헬리콥터 한 대가 착륙했다. 우리가 사는 곳은 정말 외진 곳으로 방문객이 흔치 않았기에, 나는 헬리콥터에 기계적인 문제가 생긴 것은 아닐까 하는 생각이 들었다. 한 남자가 헬리콥터에서 뛰어내리더니 나에게 달려와 내 양 볼에 키스를 했다. "제 이름은 데니이고, 프랑스 사람입니다." 그가 말했다. 프랑스 사람이 확실하다고 나는 속으로 생각했다.

데니는 근처의 산에서 비행하다가 보여주고 싶은 거대한 얼음 동굴을 발견했다고 말했다. 나는 이 부두에서 25년간 살아왔기에 이곳을 꽤 잘 안다. 그래서 데니에게 내가 모르는 동굴이 있을 가능성은 희박하다고 말했다. 그러나 4분 뒤, 나는 이 새로운 친구와 빙하를 향해 날아가고 있었다. 아들 리치가 어떻게 되는지 보려고 자신이 발견한 총알을 모닥불에 던졌을 때 했던 말처럼, 뭐가 문제가 되겠는가?

우리는 착륙했고, 데니는 나를 빙하의 작은 구멍으로 안내했다. 그는 '이거야'라고 말하는 것처럼 구멍을 가리키며 몇 번이나 머리를 끄덕였다. 작은 구멍의 크기를 가늠한 후, 나는 내 몸이 들어갈 수 있는지 확인하려고 허리를 내려다보았다. 새로운 친구와 함께 빙하 위에 서 있으면서 작은 구멍으로 빙하 아래로 기어들어 가는 것이 정말 나쁜 생각이라는 것을 깨달았다. 그렇지만 자연스레 얼른 시작하고 싶은 마음이 간절해졌다. 구멍을 지나서 들어가니 몸을 구부리고 움직일 수 있을 정도로 길이 열렸고, 조금 더 지나서는 걸어서 지날 수 있을 만큼 더 넓어졌다. 아니나 다를까, 백 피트(약 30미터) 높이의 푸른 만년설 아래에는 내가 볼 수 있는 것보다 더 멀리 뻗어 있는 거대한 동굴이 있었다.

내가 왜 이런 이야기를 하고 있다고 생각하는가? 우리에게 좋은 예시이기 때문이다. 크든 작든 우리를 움직이는 대부분의 것들은 대개 표면보다 훨씬 아래에 그 기원을 두고 있다. 어쩌면 당신은 아직 이러한 곳들을 알지 못하거나 시간을 내어 탐험해 본 적이 없었을 수도 있다. '당신은 누구인가?'라는 질문에 답하려면 표면에서 눈사람을 만드는 즐거움을 멈추고 만년설 아래로 들어가야 한다. 그래야만 우리의 행동 이면에서 실제로 무슨 일이 일어나는지 파악할 수 있다.

만약 우리가 행동의 이면에 있는 핵심 동기가 무엇인지 알 수 있다면, 그 동기가 어디에서 왔는지 파악하고 앞으로 나아가는 데 필요한 조치를 취할 수 있다. 그 주변을 빙빙 도는 것이 아니라 그것을 통과함으로써 말이다. 큰 아이디어에 접근하는 것은 때로는 이상하고 모호한 작업이 될 수 있으며, 작은 구멍을 통해 진전을 이룰 때가 많다. 그러나 성취할 가치가 있는 몇 가지 포부를 향해 과감하게 나아가려면 이 작업은 반드시 필요하다.

관계나 믿음, 경력의 표면 아래에 무엇이 있는지 발견하는 데 시간을 들이지 않는다면, 우리는 최선의 것을 추구하기보다는 이용 가능하고 쉽게 접근 가능한 것만 계속 추구하게 될 것이다. 만년설 아래로 내려가려면 스스로에게 '내가 왜 그렇게 했을까?'란 질문을 던져야 한다. 이를 위한 시간과 장소를 만들라. 만약 당신이 투석 치료가 필요한 사람이라면 회의가 있다고 해서 약속을 놓치지는 않을 것이다. 내 말을 믿으라. 당신은 방해받지 않는 시간이 필요하다. 그 시간을 확보하는 데 필요한 모든 일을 하라.

친구 중 한 명은 내 제안을 진지하게 받아들여, 실제로 매주 투석 센터 외부 주차장에 차를 주차하고 자기 삶의 표면적인 부분을 움직이는 내면에 있는 것들을 성찰하며 시간을 보낸다. 그녀는 자신의 삶이 이 시간에 달려있다는 것을 알기에 이 시간을 놓칠 수 없는 약속처럼 여긴다.

기대하지 않는 삶은 그저 반복되는 삶이다. 반면에 끊임없이 기대하며 사는 삶은 기꺼이 많은 자기 성찰을 하려는 삶이다. 이해하는 데 시간을 들이지 않으면 고칠 수 없다. 당신이 표면 아래로 여행을 떠날 의향이 있다면 그곳에서 꽤 멋진 것들을 발견하게 될 것이다. 어려운 것도 있을 것이다. 두려운 것도 있을 것이다. 회피하고 싶은 것도 분명히 있을 것이다. 그러나 적어도 당신은 진정한 자신을 이해하게 될 것이다. 단순히 불안감의 증상이 아니라 그 근본적인 원인을 다루게 될 것이다. 인지된 장애물뿐만 아니라 삶의 실제 장애물과 마주하게 될 것이다. 좀 더 깊이 들어가면 진정한 자신이 누구인지 알게 되는데 왜 표면적인 수준의 버전에 만족하려 하는가? 자신을 알지 못한 채 더 이상 시간을 낭비하지 말라. 당신은 그만한 가치가 있다. 단순히 내가 이렇게 말한다고 해서 믿지 말고, 하나님이 그렇게 말씀하고 계시니 믿으라.

Chapter 05
당신은 어디에 있는가?

자신의 위치에 솔직해지려면
용기가 필요하다.

　우리가 태양을 중심으로 시속 2만 5천 마일(약 11만 킬로미터)의 속도로 우주를 질주하고 있다는 사실을 알았는가? 지구도 자전축을 중심으로 시속 천 마일(약 1,670킬로미터) 이상의 속도로 회전하고 있다. 당신의 뇌는 당신의 눈이 지금 보는 것을 13밀리초 안에 처리할 수 있다. 자신이 너무 느리게 움직이거나 많은 일을 하고 있지 않다고 생각한 적이 있다면 그것은 오산이다. 만약 스스로를 카우치 포테이토couch potato라고 부른 적이 있다면 다시 생각해 보라. 당신이 누구든지 상관없이 당신은 움직이고 있다. 우리는 모두 계속 움직이고 있다.
　나는 여러 방에 들어설 때마다 하루에도 수십 번씩 혼자서 하는 바보 같은 게임이 하나 있다. 그것은 북쪽이 어딘지 알아맞히는 게임이다. 당신도 지금 시도해 보라. 숫자를 셋까지 세고, 진정한 북쪽이라고 생각하는 방향으로 팔을 뻗어 보라. 엘리베이터나 대기실, 교실, 경찰 앞에 막 차를 세운 상태거나 치과 의자에 앉아 있을 때도 상관없다. 준비되었는가? 시작해 보라. 나는 주머니에 나침반을 가지고 다니지만, 당신은 휴대 전화에 있는 나침반 앱으로 확인하면 실제 위치와 얼마나 멀리 떨어졌는지 확인할 수 있을 것이다. 여기서 요점은 아무도 그것을 정확히 맞히지 못한다는 것이다. 지구가 움직이는 속도 때문에 약간 방향을 틀고 몇 도 정도 벗어나기 쉽다.

이것은 나의 다음 질문인 '당신은 어디에 있는가?'로 이어진다.

언뜻 보기에 이 질문은 대답하기에 좀 더 쉽게 느껴질 것이다. 우리는 맥도날드에서 줄을 서 있거나, 교통 체증에 시달리고 있거나, 기말고사를 위해 벼락치기 공부를 하거나, 승진을 위해 고민하거나, 인간관계에 갇혀 있거나, 책을 읽는 중일 것이기 때문이다. 그러나 내가 원하는 것은 당신이 지리적 위치를 생각하는 것이 아니라 현재 삶의 상황에 초점을 맞추어 생각하는 것이다. 당신이 실제로 어디에 있는지 알아내는 것은 당신이 실제로 누구인지 발견하는 데 큰 역할을 한다.

- 일에 에너지를 모두 빼앗기고 있지만, 그 일마저 없으면 집세나 주택담보대출을 어떻게 갚아야 할지 모르겠는 상태인가? 지금 당신이 있는 곳이다.
- 해로운 인간관계에 있지만 너무 지쳤거나 상호의존도가 높은 상태에 머물러 있는가? 지금 당신이 있는 곳이다.
- 배우자나 친구, 공동체에서 받은 축복을 생각하면 마음이 벅차오르는가? 지금 당신이 있는 곳이다.
- 여전히 큰 비전을 이루기에는 충분한 능력이 없다고 생각하는가? 지금 당신이 있는

곳이다.

- 잘못된 일이나 틀어진 관계 때문에 화가 나 있는가? 지금 당신이 있는 곳이다.

인생은 유쾌하게 멋질 수도 있고 지독하게 어려울 수도 있다. 이 책이 끝날 때까지 굳이 비밀로 두지 않겠다. 포부를 빠르게 달성하고 싶다면 당신이 현재 어디에 있는지 현실을 직시해야 한다. 경주에 참여하려면 출발선이 필요하다. 여정의 시작을 확고히 할 유일한 방법은 잔인한 정직함이다. 만약 당신이 심각한 상황에 처해 있다면 그것을 인정하라. 냄새가 지독해요, 불공평해요, 정말 혼란스럽네요 등 있는 그대로 말하라. 필요하다면 베개에 대고 소리를 지르거나 벽에 펀치를 날려라. 다만 어떻게 된 건지 그 이유를 꼭 알아내라. (벽을 정말로 치진 마라. 모두를 놀라게 하고, 손이 부러지고, 많은 건식 벽체(석고와 종이로 만들어진 판자 형태의 건축 자재-역자 주)를 교체해야 할 테니 말이다. 상담사를 부르는 편이 모두에게 더 좋을 것이다.)

  당신이 나처럼 긍정 중독자라 할지라도 자신의 기분이 얼마나 우울한지 정직해지는 것이 하나님을 실망하시게 하는 일이라고 생각하지 말라. 당신의 정직함은 다른 사람들을 실망하게 하는 것이 아니라 하나님께 더 다가가는 것이다. 삶에서 어느 지점에 있는지 명확히 알아가는 동안 낙관적인 태도를 유지하도록 지혜롭게 대처하라. 그러면서 자신의 내면과 주변에서 일어나는 일들의 상황 파악을 더 잘하라. 다시 말해 당신이 어디에 있는지 알아내라.

  '당신은 어디에 있는가?'란 질문은 성경에서 볼 수 있는 하나님이 그가 만드신 우리와 같은 사람들과 하신 첫 번째 소통 방법이었다. 상황이 이상해

지자 아담과 하와는 자신이 누구였는지 잊고 숨어버렸다. 하나님께서 "네가 어디에 있느냐?"라고 물으셨을 때, 그분께서 원하셨던 건 당연히 문자 그대로의 답이 아니었다. 하나님은 우리가 인지하지 못하거나 인정하지 않더라도 모든 것을 알고 계신다. 그분이 물으신 것은 경도와 위도가 아니라 그들의 마음 상태였다. 하나님께서는 아담과 하와가 자신들이 지금 어디에 있는지 아는 지를 알고 싶어 하셨다. 그들은 덤불 속에 숨어 있었지만 실제로는 수치심이라는 곳에 있었다. 과거에 얽매여서는 안 된다. 그것은 당신을 속이고, 당신의 주의를 산만하게 하고, 당신의 시선을 끌려고 애쓰다가, 당신이 보고 있단 사실에 비웃을 것이다. 수치심은 한 가지 목표를 가졌으며 그 목표는 오직 하나다. 당신에게서 아름다운 미래를 숨기고 당신을 어두운 과거 속에 묶어두는 것이다.

모든 사람은 어딘가에 있다. 이것은 당연한 말처럼 들리고 어떤 면에서는 그렇긴 하다. 하지만 삶에서 자신이 정말로 어디에 있는지 아는 사람이 과연 몇 명이나 될까? 그것을 알아내는 것이 정말로 어디에 있는지 아는 것이다. 아이러니한 점은 대부분의 사람들이 이미 더 깊은 답을 알고 있지만 그것을 소리 내어 말하는 것을 두려워한다는 것이다. 예를 들어 '나는 중독에 빠졌어요', '결혼 생활이 지루해요', '나는 나를 과소평가하고 쉬운 길을 택하고 있어요', '들킬까 봐 걱정이에요' 등이다. 나의 경우에는 '나는 너무 빨리 가고 너무 많은 것을 하다 보니 친구나 가족과 공유할 수 있는 더 중요한 것들을 놓치고 있다'는 것이다.

자, 이제 당신의 차례다. 당신은 어디에 있는가? 용기를 내라. 당신이 어디에 있는지 알아내고, 인식하고, 글로 적거나 큰 소리로 말해 보라. 친구를 스타벅스에 데려가서 그들이 계산하게 하고, 3분 동안 진심 어린 대화를 나눠 보아라. 누군가에게 혹은 당신이 신뢰하는 소수의 사람들에게 당신이 실제로 어디에 있는지 말하라. 적절한 말을 찾을 수 없다면 적어 둔 메모를 그들에게 전달하라. 사람들에게 우리가 실제로 어디에 있는지 알려서 그들이 그곳에서 우리를 만날 수 있게 해야 한다. 하나님께도 말씀드리되, 부디 솔직하게 말하라. 당신의 삶을 실제 상황과 다르게 보이도록 그린 스크린(화면 합성을 위해 사용되는 배경 막-역자 주)을 사용하거나 상황을 포장하지 말라. 하나님께서는 이미 알고 계신다. 그분은 동산에서 기다리고 계시며 당신이 자신에게 그리고 하나님께 솔직해지기를 원하신다. 게다가 그분은 당신의 목소리를 듣는 것을 좋아하신다. 목소리를 사용해서 그분에게 말해 보아라. 우리가 어디에 있는지 알게 되면, 그분은 우리를 거기서부터 이끌어 주실 수 있다.

마지막으로, 이러한 정직함 때문에 낙담하지 않기를 바란다. 어딘가에 있으면서 다른 곳에 있고 싶어 하는 것은 괜찮다. 나에게도 자주 일어나는 일이다. 지금 내가 있는 곳도 그런 곳이다. 어제 있던 곳이기도 하다. 다만 이곳은 내일 내가 있을 곳은 아니다. 쉽게 말해 나는 불확실한 상황 속에서 방황하는 것이 아니라 하나님과 함께 문제를 해결해 나가고 있다.

무엇을 기다리는가? 이제 시작해 보자. 우리는 모두 같은 여정을 다양한 버전으로 함께하고 있으니 많은 동료를 얻게 될 것이다. 가까이 앉아 있다가 도착하면, 내릴 때는 다 같이 큰 웃음을 짓게 될 것이다.

우리가 어디에 있는지 알지 못하면 포부를 향해 나아갈 수 없다. 당신이 안식처로 느꼈던 곳은 이제 출발선이 되었다. 당신에게 정직함과 용기가 있다면 당신이 갇혀 있던 곳에서 자유롭게 될 것이다. 오늘 당신이 있는 곳은 단지 당신의 배가 출항할 항구일 뿐이다. 줄을 끊어라. 당신의 포부가 깃든, 당신이 향해야 할 곳은 지평선이다.

Chapter 06
당신은 무엇을 원하는가?

단순히 사용 가능한 것을
진정으로 지속 가능한 것과 바꾸라.

중학교 때 부모님과 함께 하와이로 여행을 간 적이 있다. 파란 하늘, 수정처럼 맑은 물, 하얀 모래사장, 초콜릿으로 덮인 마카다미아, 무지개색 시럽이 들어간 빙수까지. 나는 즉시 그곳에 반해 버렸다. 열세 살 때 나의 포부는 언젠가 하와이 바다 위에 작은 집 하나를 마련하는 것이었다. 충분히 가능할 것 같았다. 그렇지 않은가? 내 말은, 해변에 있는 집을 짓는 데 얼마나 많은 푸카 껍질이 들겠느냐는 뜻이었다. 하지만 슬프게도 어른이 되면서 하와이의 그런 작은 집 하나가 얼마나 비싼지 알게 되었다. 백 달러 지폐로 가득 찬 배보다 조금 더 비싼 가격이었다.

우리의 꿈은 어린아이 같은 순수함에서 탄생하지만 성장하면서 포부를 실현하는 데 방해가 되는 더 많은 정보를 발견하게 된다. 물 위의 그 작은 곳이 실제로 얼마인지 알게 되었을 때, 나는 이 꿈을 포기해야 할지 고민했다. 이것은 우리 각자가 어느 시점에서 결정해야 하는 문제다. 우리는 포부를 품고 있다가 좌절과 현실과 실패가 가져다주는 역풍을 맞닥뜨리게 되는데, 그때가 바로 우리의 포부가 여전히 그만한 가치가 있는지 결정해야 하는 때다.

알고 보니 하와이 바다에서 한 블록 떨어진 곳에 서핑 룸 하나를 얻으려 해도 수백만 달러가 필요했다. 당시에 나는 10달러도 없었다. 꿈이 현실의 벽에 부딪혔을 때 우리는 무엇을 할 것인지 결정해야 한다. 만약 현관문이 잠겨 있다면 그곳에서 떠나버리거나 살짝 열려 있는 창문을 찾아 기어들어 가면 된다. 몇 가지 포부는 발견하는 데 시간이 걸리거나 약간의 창의력이 필요할 것이다. 그러나 포기하지 말라. 목적지에 도달할 새로운 방법을 알아낸 다음, 때가 되었을 때 준비되어 있을 수 있도록 필요한 일들을 하라.

하와이 제도에 있는 작은 집은 내 평생에 닿을 수 없는 꿈이겠지만, 작은 보트는 그렇지 않았다. 하와이에는 선착장이 많지 않으며, 몇 안 되는 선착장도 보트를 정박할 공간은 많지 않다. 하지만 일단 이용 자격이 주어지게 되면 한 달에 200달러면 작은 보트를 정박할 공간을 빌릴 수 있다는 사실을 알게 되었다. 그래서 나는 호놀룰루에 있는 한 선착장의 대기자 명단에 이름을 등록했다. 꽤 긴 대기자 명단이었다. 지금까지 20년이 넘게 대기해 왔다. 어떻게 되었을 것 같은가? 이제 대기자 명단 꼭대기의 두 사람만 사라지면 나는 하와이 바다 위에 나만의 작은 공간을 가지게 될 것이다. 당신의 포부는 당신이 기꺼이 그것에 쏟는 모든 노력만큼의 가치가 있다. 인내심을 가지고, 창의력을 발휘하여, 시간을 두고 기다려보라. 집까진 사지 못하더라도 대기자 명단에 이름이라도 올려보라.

자, 그래서 당신은 무엇을 원하는가? 내가 묻고 싶은 건, 당신이 정말로, 진심으로, 진짜로 원하는 것이 무엇이냐는 거다. 모두 털어놓아 보라. 그것을 말하는 것은 맹장을 제거하는 것처럼 어려운 일도 아니며, 말하는 것은 그다지 어렵지 않아 거즈도 덜 필요할 것이다. 시작 목록을 작성해 보라. 나중에 다시 검토해 보고 더 집중해 의도를 담아 발전시킬 것이다. 포르쉐 컨버터블을 원하면서 세계 평화를 원한다고 말하지 말라. 그냥 솔직하게 말해 보라. 지금 어디에 있든 간에 최대한 큰 소리로 "나는 포르쉐를 원해!"라고 외쳐보라. 미스코리아 대회에 도전하는 것이 아니기에 당신이 세계 기아 종식을 원한다고 말해도 그것을 이루지 않는 이상 왕관과 꽃다발을 받을 일은 없을 것이다. 고상한 척하지 말라. 진실하게 행동하라. 그것이 올해 당신이 하게 될 가장 고상한 일이 될 것이다. 나를 믿어보라. 당신이 진정으로 원하는 것이 무엇인지 깨닫게 될 때 천국은 기쁨으로 춤출 것이다.

잠시 후에 더 자세히 살펴보면 모든 것을 일종의 순서를 따라 정리할 기회가 있을 것이다. 우선은 여기서부터 시작하라. 당신은 인생에서 무엇을 원하는가? 만약 나와 같다면 사랑과 기쁨, 행복, 의미, 목적, 더욱 용기 있는 믿음을 원할 것이다. 이런 것들을 찾는 비결은 당신이 이미 가진 포부가 무엇인지 발견하는 것이다.

짐작할 수 있겠는가? 당신은 이미 수년 동안 자신도 모르게 조용히 삶을 관리해 왔다. 당신은 무엇이 효과적이고 무엇이 효과가 없는지 알고 있다. 무엇이 당신을 밝게 하고 무엇이 당신을 화나게 하는지 알고 있다. 무엇이 지속되고 무엇이 사라지는지 알고 있다. 지금까지 무엇을 생각해 왔는지 파악해야 다음에 무엇을 해야 할지 알 수 있다. 당신이 이미 배운 것을 믿으

라. 그것이 당신의 셰르파가 되게 하라.

다시 한번 말하지만, 우리의 포부를 이끄는 가장 큰 동력은 강력한 목적의식이다. 휴가나 새 신발, 컨버터블이 중요한 게 아니다. 이것들은 우리가 한동안 원할 수 있고 잠시 즐길 수 있는 것들이다. 하지만 그것들은 단기적인 목표일 뿐이다. 이러한 것들을 포부와 혼동하지 말라. 최고의 포부는 장기적인 목표다. 당신이 원하는 포부를 찾았다면, 왜 그것을 원하는지 그리고 그것을 얻는 데 필요한 모든 일을 할 만큼 충분히 간절한 의지가 있는지 생각해 보라.

우리는 모두 의미를 찾고 있지만 그것은 종종 산만함과 상처, 실망감의 울타리 뒤에 감춰져 있다. 이런 요소들이 당신에게 어떤 영향을 미치는지 생각해 보라. 단순히 존재하는 것만으로는 대부분의 사람들이 만족하지 못하므로, 우리는 궁극적으로 방향성 결여에서 벗어나려고 산만해지는 요소들을 추구하게 된다. 하지만 어느 시점에서는 그런 산만함조차도 충분하지 않게 된다. 아니면 다른 누군가가 우리의 일을 망침으로써 우리는 상처를 입고 다시 길을 잃게 된다. 해결책은 쉽지는 않지만 간단하다. 우리가 안주했던 것을 우리가 갈망하는 것으로 바꿔야 한다. 우리의 시간과 노력을 들여 추구할 가치가 있는 합당한 포부를 찾아야 한다.

어떤 사람들은 그들의 믿음을 더 깊이 표현하는 데서 커다란 목적을 발견할 것이다. 또 어떤 사람들은 부나 명성, 모험의 축적이 될 수도 있다. 만약 단기적인 목표를 이루고자 한다면 당신이 원하는 대로 무엇이든 하라. 그러나 장기적인 관점에서 목적에 충실한 삶을 살고 싶다면, 당신이 어떤 사람이 되고 싶은지 파악해서 그것이 당신이 하는 일에 영향을 미치도록 하는 것이 더 나은 접근 방식이다. 그냥 할 수 있는 일에 안주하지 말고 당신이 무엇을 하도록 만들어졌는지 깨달아 그 일을 많이 하라.

당신의 포부를 파악하고 이를 향해 노력하는 과정에서 스스로에게 너무 가혹하게 대하지 말라. 만년설 아래로 들어가는 것은 힘든 일이다. 그곳은 춥고 외로울 수 있다. 현실을 직시하는 것도 힘든 일이다. 만약 그게 쉬웠다면 이미 수십 번은 왔다 갔다 했을 것이다. 피노키오에게 물어보라. 그의 포부는 나무가 아닌 진짜 사람이 되는 것이었다. 그것은 하룻밤 사이에 일어난 일도, 몇 번의 좌절과 수많은 나무 부스러기 없이 일어난 일도 아니었다. 포부를 두고 거짓말해서 코를 키우기보다는 현실을 직시하고 당신의 믿음이 폭발하는 것을 지켜보아라.

오래전에 한 친구가 '깎는 것'과 '조각하는 것'의 차이점을 설명해 주었다. 하나는 단지 시간을 보내는 것이고, 다른 하나는 목적이 명확하다. 계속 조각하라. 과정에 참여하고 억누르지 말라. 콘도그와 서프보드, 무도회 데이트를 원한다면 계속 원하라. 이런 것들을 원하는 것이 본질적으로 잘못된 것은 절대 아니다. 다만 그것이 당신의 유일한 포부가 되지 않도록 주의하라. 예수님의 포부 목록에 무엇이 있었는지 살펴보고 몇 가지를 당신의 목록에 추가해 보라. 그분의 목록은 그리 길지 않았지만 세상을 영원히 바꾸어 놓았다. 그분은 가치 있는 포부를 선택하는 데 달인이셨다.

내 이야기를 들어보라. 하나님의 포부는 당신이었다. 그분이 창조하신 다른 모든 사람도 마찬가지였다. 그분은 영원을 염두에 두고 우리를 창조하셨지만, 우리의 일상에도 놀라운 의도를 지닌 감동적인 삶으로 가득 채우셨다. 무엇이 당신의 관심을 사로잡았고 무엇이 당신의 주의를 산만하게 했는지 생각해 보라. 당신의 매일을 수많은 작고 의도적인 사랑의 행동으로 채워 보라. 당신이 이미 가진 포부, 즉 예수님께서도 보여주셨던 포부에 주목하고, 그것을 당신의 목록 상위권에 올려두라.

하나님께서는 우리가 서로 잘 어울려 살면서 그분을 반영하도록 만드셨으며, 우리가 각자의 도구 상자에 있는 그분이 주신 기술로 독특한 열망을 추구할 때 엄청난 기쁨을 느끼신다. 콘도그를 어떻게 생각하시는지 하나님의 입장은 잘 모르겠다. 하지만 그분이 우리를 더 광대하고 표현력이 풍부하며, 더 사랑스럽고 이타적인 삶을 살도록 초대하고 계신다는 것은 안다. 하나님은 우리가 원하는 것에 그분의 성품을 반영하기를 원하시며, 그분의 이러한 열망을 방해하는 다른 모든 것을 압도하기를 원하신다. 나는 하나님이 우리에게 다른 사람의 생각이나 열망, 꿈을 모방하라고 요구하지 않으신다고 확신한다. 물론 다른 사람들의 삶에서 영감을 얻고 그것이 명확성을 얻는 데 도움이 된다면 비평할 수도 있겠지만, 스위트 마리아가 항상 내게 말하듯이(나중에 논의하겠지만), 시선은 자신의 시험지에만 고정하라.

자, 다시 한번 묻겠다. 당신은 무엇을 원하는가? 예수님은 사람들에게 항상 그들이 원하는 것이 무엇인지 물으셨다. 그분은 삶의 문제를 해결하고자 고민하는 사람들과 문제가 없었다. 다만 사람들이 속이는 것을 좋아하지 않으셨다. 만약 당신이 인위적이거나 부정직한 행동을 하고 싶은 유혹을 느낀다면 불안감을 극복할 새로운 방법을 찾아보라. 필요하다면 혀를 깨물거나, 금붕어를 삼키거나, 눈썹을 밀어도 좋다. 다만 그 주기를 깨뜨리라. 예수님을 바라보라. 그분은 대부분의 시간을 배 오른편에서 아무것도 잡지 못한 채 있었던 제자들에게 둘러싸여 계셨다. 때때로 그들은 기껏해야 피상적으로 보였을 열망이 있었다. 그러나 예수님은 그들에게 친절하셨고, 직설적이셨으나 결코 악의를 품지 않으셨다. 당신이 그분께 진심이고 진실하다면 그분은 당신이 실수를 해도 자신을 당황스럽게 했다고 비난하지 않으실 것이다. 그분은 당신을 사랑하시기 때문에 안아 주실 것이다.

맹인이 예수님께 부르짖어 고침을 받았던 성경 구절을 기억하는가? 예수님의 제자들은 맹인에게 조용히 하라고 권하며 도움을 주려고 했지만, 맹인은 더 큰 소리로 외쳤다. 만약 사람들이 당신의 포부를 조용히 시키려고 한다면 당신도 그렇게 해야 할 것이다. 자신에게 속삭이는 것을 그만두고 세상을 향해 외쳐 보라. 예수님께서는 매일 우리에게 던지시는 그 질문을 맹인에게도 하셨다. "네게 무엇을 하여 주기를 원하느냐?" 그에 대한 눈먼 맹인의 대답은 꽤 분명했을 것이다. 그러나 에덴동산에서 아담과 하와와 함께 계셨던 하나님처럼, 예수님께서도 그 대답을 들으실 필요는 없으셨을 거라고 생각한다. 예수님께서는 맹인이 자신의 포부를 분명히 알고 자신이 가장 원하는 것이 무엇인지 확실히 아는지 확인하고 싶으셨을 것이다. 그분은 당신에게도 같은 것을 원하신다.

이야기가 흥미롭게 전개되는 부분은 맹인이 예수님께 자신의 가장 깊은 열망을 털어놓을 때다. "주여, 보기를 원하나이다." 그가 두 팔을 뻗어 애원하듯 말하는 모습을 상상할 수 있다. 예수님은 당신에게도 같은 것을 원하신다. 당신의 믿음과 관계, 그분이 당신을 특별하게 만드신 목적을 더 명확하게 알기를 바라신다. 그분은 당신이 진정으로 보길 원하신다. 예수님께서 더 넓은 시야를 가질 수 있도록 그분의 어깨 위로 올라오라고 초대하셨을 때, 단순히 더 두꺼운 안경만을 원하는 어리석은 행동은 하지 말라.

Chapter 07
지프를 쫓아라

예수님께 손을 흔드는 것과 예수님을 따르는 것은
큰 차이가 있다.

여덟 살 때, 식탁 앞에 앉아 있었을 때의 일이었다. 친구들과 함께 놀고, 자전거를 타고 동네 거리를 누비고, 개울가에서 상상 놀이도 즐기느라 힘들었던 하루였다. 위플볼Wiffle ball(위플볼을 사용해서 야구처럼 즐기는 게임-역자주)도 한두 번 했던 것 같은데, 잘하지는 못했다. 이 모든 이야기의 핵심은, 내가 어린이들의 활발한 활동으로 하루를 보낸 후 배가 고파 죽을 지경이었다는 얘기다. 그래서 식탁 앞에 앉아 있다가 어머니가 부엌에서 접시를 가져오시는 것을 보면서 기대에 찬 마음으로 포크와 나이프부터 움켜쥐었다. 접시 위에는 내가 곧 먹어 치우게 될 음식이 가득 담겨 있었다. 식사가 차려지자, 나는 음식을 먹으려고 거침없이 달려들었다.

그러자 어머니는 이마를 찡그리시면서 "천만에요You are welcome"라고 말씀하시며 고개를 가로저으셨다.

"오, 감사합니다. 죄송해요, 잊고 있었어요."

자라는 동안 이런 일은 나에게 드문 일이 아니었다. 나는 신호를 놓치는 경향이 있어서 이런 매너 문제가 종종 걸림돌이 되었다. '천만에요'란 말은 항상 찡그린 얼굴과 함께 전달되었는데, 이는 나의 실수와 예의 부족을 약간의 부끄러움과 함께 상기시키려는 의도였다. 이런 작은 문제들이 평생을 따라다니는 것은 웃긴 일이다. 왜냐하면 나는 자라면서 원치 않는 '천만에요'란 말을 듣지 않으려고 항상 사람들에게 먼저 감사 인사를 전하려고 노력했기 때문이다.

처음 우간다로 여행을 떠나기 전, 나는 그 나라의 모든 관습을 익히며 거울 앞에서 예의 바르게 행동하는 법을 연습했다. 영국 전통이 깊이 자리 잡은 우간다는 매우 격식 있고 예의 바른 나라로 예절이 중요하다. 바른 예절을 교육받으며 고생했던 지난 수년간의 노력이 드디어 결실을 보게 되는 건가 싶었다.

엔테베 공항에 착륙해 비행기에서 내려 지상에 발을 내딛기 몇 분 전에, 한 우간다 사람이 나를 보고 "천만에요You are welcome"라고 말했다. 당황한 나는 "음, 감사합니다"라고 대답했다. 5분 후, 내가 또다시 무언가 실수를 했는지 또 다른 우간다 사람이 "천만에요"라고 말했다. '대체 뭐가 문제인 거지?' 나는 속으로 약간의 좌절감을 느꼈다. "감사합니다." 대체 내가 무엇을 잘못한 건지 궁금해하며 더듬더듬 말했다. 세 번째로 우간다 사람이 "천만에요"라고 말했을 때, 나는 스와힐리어로 나 자신에게 조용히 욕을 해 주고 싶은 충동이 들었다. 하지만 언어를 몰라서 욕하지 않을 수 있었다.

그러다가 한 가지 사실을 깨달았다. 그들의 말을 마음속으로 천천히 음미하며 생각해 보니, 그들은 내 부모님이 수년 동안 해 오셨던 일을 하는 것이 아니라는 것을 알게 되었다. 그들은 정말로 "당신을 환영합니다"라고 말하고 있었다. 그러니까 여기에 온 것을 환영한다는 말이었다. 이것은 시정을 요구하는 말이 아니라 초대의 말이었다. 여담이지만, 포부를 성취하고 싶다면 기억해 둘 팁이 하나 있다. 사람들을 고치려고 너무 애쓰지 말고, 대신에 그들을 환영하고 받아들이라. 어떠한 관점이나 의도 없이 그들을 사랑하라. 당신 자신을 사랑하는 데서 시작하라.

받았던 모든 환영의 말을 다시 한번 되새긴 후, 몇몇 동료들과 함께 지프를 타고 공항에서 멀지 않은 마을로 이동했다. 우간다에 처음 왔으니 우간다 아이들을 만나 함께 축구를 하면서 그들의 희망이 무언지 듣고 싶었다. 마을에 도착했고 아이들은 우리를 실망시키지 않았다. 전쟁으로 폐허가 된 나라에서 많은 어려움을 겪고 있지만 그들은 낙천적이었고, 넘치는 웃음에 밝은 눈망울, 매력적인 미소로 가득 차 있었다. 그러나 그들은 도움이 정말 많이 필요했다. 나는 내가 무언가 지속적인 것을 추구하고 있다는 것을 알게 되었다. 결국 이 여행은 우간다를 돕고자 하는 내 25년 포부의 시작이 되었다. 오랜 시간이 지났지만 나는 여전히 배우고 있다.

아이들과 놀면서 내 마음속에 새로운 꿈이 자라나고 있음을 깨닫게 된 오후가 지나, 우리는 다시 지프에 올라탔다. 손을 흔들며 작별 인사를 했는데, 우리가 출발하자 십여 명의 아이들이 지프의 뒤를 쫓아오기 시작했다. 나는 계속 손을 흔들었고 우리는 모두 미소를 지으며 웃어 주었다. 그러자 뛰는 아이들의 무리가 점점 늘어나기 시작했다. 어느새 스무 명이나 되는 아이들이 우리 뒤를 쫓아오고 있었다. 한 손으로 손을 흔드는 것만으로는 부족하단 생각이 들어 양손을 최대한 빠르게 흔들었다. 어느새 서른 명의 아이들이 쫓아오기 시작했다. 나는 손 흔드는 것을 좋아하고 작별 인사를 싫어하지만, 몇 분이 지나자 팔이 지치기 시작했다. 지프를 쫓아오는 아이들의 무리가 마흔 명으로 늘어나면서, 나는 운전사에게 어떻게 된 일인지 물었다. 그는 웃으며 북미에서는 손을 흔드는 동작이 인사나 작별 인사를 의미하지만, 우간다에서는 '나를 따라오세요'란 의미라고 알려 주었다.

그 순간 내가 깨달은 것은 이것이 바로 내가 삶의 대부분에서 예수님께 해온 일이었다는 사실이었다. 포부를 두고도 마찬가지였다. 나는 따르도록 초대받은 일에 그저 손을 흔들고 있었던 것이었다.

예수님께서 당신을 삶이라는 모험에 초대하신 것은 당신이 그분의 포부를 이룰 수 있도록, 즉 완전히 살아 있고 온전히 그분의 사람이 되도록 하기 위함이다. 예수님께서는 또한 당신이 믿음과 재능을 일치시키고 그분을 좇기를 원하신다. 당신을 지지하시며 당신이 직면하는 모든 문제를 그분이 해결하실 수 있다는 사실을 알고 두려움에 맞서기를 원하신다. 하지만 이 모든 것이 그렇게 간단한 일은 아니다. 우리는 종종 교회에서 봉사하는 일이나 매일의 신앙생활을 건너뛴 것에 죄책감을 느껴서 믿음을 삶과 구분하곤 한다.

가장 아름답고 지속적인 포부를 발견하고 실천하기 위한 이 길에서 당신은 삶을 이끌어가기 위한 믿음을 활성화해야 한다. 그분께 모든 것을 드려야 한다. 예수님께서 당신 삶의 문을 두드리시는 이유는 방 전체를 원하시기 때문이다. 단순히 뚫린 구멍이나 문 틈새를 통해 당신이 그분을 안전하게 바라보기를 원하시는 것이 아니다.

&

미국 중서부 지역을 여행하다가 새벽 1시가 조금 넘어 호텔에 도착한 적이 있었다. 긴 하루였고 겨우 깨어 있는 상태였다. 호텔 직원도 나와 같은 상황이었던 것 같았다. 왜냐하면 그가 내 예약을 검색하고 방 카드키를 주기까지 오랜 시간이 걸렸기 때문이다. 나는 기다리는 동안 잠시나마 잠을 잘 수 있지 않을까 싶은 생각에 로비의 안락의자에 몸을 웅크리고 있었다.

마침내 카드키를 받고 방문 앞에 도착했을 때, 나는 방 안으로 미끄러지듯 들어가며 가방을 침대 위에 던졌다. 전등 스위치를 찾으려고 이리저리 더듬거리다가 불을 켰는데, 놀랍게도 방에 한 여자가 있는 것을 발견하게 되었다. 그녀는 "여긴 내 방이에요!"라고 소리쳤다. 나는 카드키를 확인하고 문 쪽으로 물러서면서 "여기는 내 방입니다!"라고 말했다. 그리고 가방을 집어 들고 최대한 빠르게 그 방에서 빠져나왔다. 마치 요셉이 된 것 같았다.

그때쯤 나는 완전히 깨어 있었고 카운터 직원이 저지른 실수에 꽤 화가 났다고만 말해 두겠다. 나는 불만을 억누르며 카운터로 걸어가 그에게 카드키를 돌려주며 침대에서 자는 사람이 없는 방을 줄 수 있는지 물었다. 그는 흐릿한 눈으로 올려다보며 "아, 미안해요"라고 말하더니 새로운 카드키를 조용히 건네주고선 다시 휴대 전화 게임을 시작했다. 불안한 마음에 이른 아침이 되어서야 두 번째 방에 도착했는데, 감사하게도 그 방은 혼자 사용할 수 있었다. 요즘은 호텔 방에 들어갈 때마다 조금 더 긴장하게 된다. 아마 당신도 그렇게 될 것이다. 나는 방에 들어가기 전에 섬광 수류탄을 먼저 던지고 "폭발한다!"라고 외치고 싶은 유혹을 받곤 한다. 좋든 나쁘든 우리의 경험은 우리를 형성하거나 우리에게 상처를 입힌다.

요점은 이렇다. 나의 포부를 돌이켜 생각해 보면, 예수님께 방 전체를 내어드렸다고 말하면서도 실제로 내가 한 일은 단지 서랍 몇 개를 비우거나 옷장에 약간의 공간을 비워 그분이 내 삶에 약간의 아이디어를 내실 수 있도록 한 것뿐이었다. 간단하지만 어려운 사실은, 예수님은 우리를 포함해 방 전체와 그 안에 있는 모든 것을 원하신다는 것이다. 하지만 많은 사람들이 수집광처럼 살고 있어서 우리가 원하더라도 그분께 드릴 수 있는 공간이 부족하다. 이미 가득 찬 삶으로 가치 있는 포부의 진전을 이루기는 어렵다.

좋은 것이든 나쁜 것이든 방을 가득 채운 것이 무엇인지 잠시 생각해 보라. 직업이나 볼링, 플라이 낚시 같은 활동이나 걱정이나 분노, 좌절, 기쁨, 공감 같은 경험에 따른 사고방식 등을 말이다. 이 중 일부는 선하고 아름답고 오래 지속되지만, 다른 것들은 당신의 삶에 침입자다. 예수님께서는 당신이 그분을 모시려고 방을 정리하는 동안 문밖에 서서 두드리시는 것으로 만족하지 않으실 것이다. 하나님께서도 우리가 예수님을 유명 인사처럼 한 구석에 조용히 앉아 계시도록 초대하는 것을 원하지 않으신다. 그분은 우리의 관리인이나 집사, 뮤즈나 룸메이트가 아니시다. 예수님은 왕국을 세우려고 오신 왕이시지만, 우리의 물질 위나 우리의 모든 활동을 둘러싸고 왕국을 세우려 하지는 않으실 것이다. 방이 가득 차도 그분을 초대할 수는 있지만, 그분은 단순히 가구를 재배치하거나 우리에게 룸서비스를 제공하는 차원이 아닌 대대적인 개조 작업을 하실 가능성이 높다는 것을 예상해야 한다. 만약 방이 이미 가득 차 있다면, 예수님께서는 방이 비어있을 때 우리 삶에 더 완전히 들어오시려고 기다리실 것이다.

예수님은 우리가 수련회에 가서 달빛 아래 기도를 드리거나, 모든 사람에게 내 방이 그분의 것이라고 말하거나, 올바른 언어를 사용하거나, 주일마다 교회 예배에 참석하거나, 그분을 위해 선한 일을 많이 했다고 해서 그 방이 예수님의 것임을 알 수 있다고 말씀하지 않으셨다. 예수님께서는 사람들이 방의 안팎에서 일어나는 일로 그 방이 누구의 것인지 알게 될 것이라고 하셨다. 쉽게 말해 그분은 당신의 침대를 정리하고 베개 위에 박하잎을 올려놓기보단 당신이 수집한 많은 것을 쓰레기통에 넣고 불을 붙이실 가능성이 더 높다는 뜻이다. 문에 걸 수 있는 방해 금지 표지판은 없다. 당신의 삶을 예수님으로 채우고 사랑과 은혜로 이끈다면 올바른 위치에 있게 될 것이다. 당신이 사랑으로 믿음을 표현한다면 올바른 신앙생활을 하고 있는 것이다. 당신이 그분을 신뢰한다면 필요한 휴식을 얻게 될 것이다.

우리는 때때로 예수님을 따르는 일을 그분이 지시하셨던 것보다 훨씬 더 복잡하게 만드는 경향이 있다. 해결책은 더 복잡하거나 쉬운 믿음이 아니라 더 단순하고 의도적인 믿음이다. 복잡한 신학이 나쁜 것은 아니다. 다만 예수님께서는 그러한 신학이 자신을 따르도록 초대하신 교육 받지 못한 평범한 사람들에게 필요한 전제 조건이나 자격 요건이라고 말씀하지 않으셨다. 당신이 확실히 믿는 것을 두고 많은 것을 배우되, 예수님께 자신을 교육받은 '교사'라고 자칭하며 손 흔드는 사람은 되지 말라. 믿음과 포부를 연결하는 데 어려운 단어들을 사용할 필요는 없다. 당신의 믿음이 하나님께서 우리가 관심을 가져야 한다고 말씀하신 몇 가지 것들에 기반을 두고 있다면, 그것만으로도 당신이 앞으로 나아갈 길에 초점을 맞추고 명확하게 유지하는 데 충분할 것이다.

믿음으로 방을 모두 비우고 '만약 내 삶에 한 가지를 다시 추가해야 한다면 무엇을 추가할 것인가?'라고 자문해 본다고 가정해 보자. 이것은 교회 학교에서 "예수님?"이라고 대답해야 할 것 같은 순간 중 하나처럼 들릴 것이다. 일반적으로 안전한 선택이긴 하지만, 항상 가장 정직한 대답은 아니다. 그러나 방에서 내가 다른 모든 것을 완전히 제거했다면 내 삶에 가장 먼저 추가할 것은 예수님이시다. 예수님께서 시간을 보내신 적 없는 모든 장식적이고 인위적인 종교 규칙과 논쟁을 말하는 것이 아니다. 사실 나는 사람들 사이에서 명확성과 화합을 주기보단 거리감을 만드는 종교적인 이야기와 복잡한 단어들은 모두 잃어버리고 싶다.

내 삶에 다시 추가하고 싶은 두 번째 것을 선택하는 것도 역시 쉽다. 나는 가족과 친구들을 추가할 것이다. 이미 함께 여행한 경험이 있는 사람들 없이는 멀리 여행할 수 없기 때문이다. 포부를 추구하느라 가족과 친구들을 놓치거나 관계를 망치지 말라. 인생에서 가장 큰 보상은 아름답고, 사랑스럽고, 진실하고, 깨지기 쉬운 관계를 발전시킨 소수의 사람들에게서 발견될 것이다. 예수님은 낚시하던 제자들을 처음 만나셨을 때 조금 더 깊은 곳으로 들어가라고 말씀하셨다. 제자들은 그것이 어리석은 아이디어라고 생각했지만, 그러나 알다시피 그들은 어쨌든 순종했다. 관계에서 더 깊은 곳으로 나아가라. 어려울 수 있다는 것은 알고 있다. 그래도 그렇게 하라. 얕은 물에서는 볼 수 없었던 포부가 깊은 물에서는 명확히 드러날 것이다.

세 번째로 추가하고 싶은 것은 내 삶에 기쁨과 목적, 성취감을 더해 주는 것들이다. 단지 직업에 관해서만 이야기하는 것이 아니다. 많은 사람들에게 직업은 집세를 내기 위한 수단이다. 직업이 있어 사랑하는 이들을 부양하는 것은 영광스러운 일이다. 문제는 우리 중 일부는 가족을 부양하기 위한 돈을 버는 데 너무 많은 시간을 보내느라 정작 가족을 제대로 부양하지 못하고 있다는 것이다. 당신의 가족이 원하는 건 당신이지, 당신의 수입 잠재력이 아니다. 당신의 삶에 큰 의미를 더해 주었던 사람들, 기발한 아이디어들, 흥미로운 경험들을 잘 생각해 보고 이러한 것들을 다시 추가하라. 의미 있고 목적 있는 일, 더 깊고 진실한 관계를 유지했던 때가 기억난다면 그때로 다시 돌아가라. 그것들을 다시 삶에 추가하라.

여기, 우리 대부분에게 더 어려운 질문이 하나 있다. 살면서 모은 모든 것들을 방에서 치운 후에 다시 추가할 일곱 번째, 여덟 번째 또는 열 번째 항목은 무엇인가 하는 것이다. 솔직히 나는 일곱 번째 항목을 위한 공간이 있는지 잘 모르겠다. 이상하게 느껴질 수 있지만, 인생에서 중요한 부분을 구성하는 것은 몇 가지뿐이라는 것이 밝혀졌다. 당신도 마찬가지일 것이다. 열세 번째 항목이나 당신의 레이더에 전혀 감지되지 않는 항목을 거론하며 그것이 어디에 있는지 알아야 한다고 주장하는 사람들에게 방해받지 않도록 조심하라. 목표에 집중하라. 어둠은 우리를 파괴할 필요 없이 그저 우리를 산만하게 하면 충분하다고 생각한다. 포부를 좇고 싶다면 미끼를 물지 마라.

Chapter 08
'새로운' 부분으로 이동하기

당신이 누구였는지는 중요하지 않다.
하나님은 당신이 어떤 사람이 되어가는지에 관심이 있으시다.

교회에서 자란 것은 아니지만 다양한 신앙 모임에서 강연을 하면서 알게 된 사실이 하나 있다. 사람들은 단순히 정보를 받는 곳에서는 성장하지 않는다는 것이다. 그들은 자신들이 완전히 받아들여지는 곳에서 성장한다. 본론에 들어가기에 앞서 먼저 말하고 싶은 것이 있다. 당신은 이미 완전히 사랑받고 받아들여졌다. 자격이나 전제 조건은 필요 없다. 물론 하나님의 사랑을 받을 만큼 당신이 아주 훌륭하거나 똑똑하거나 친절할 수는 없다. 그러나 당신이 그분을 다시 사랑하는 데 관심을 두기로 결심하기 전에 그분께서 이미 당신을 사랑하기로 하셨다. 당신에게 하나님은 그리 대단한 일이 아닐 수 있어도, 당신의 삶은 하나님께 중요한 일이다. 당신이 그분의 가장 창조적인 작품이기 때문이다. 포부를 추구할 때는 순응compliance이 아니라 수용acceptance의 태도로 시작해야 한다. 순응은 당신이 더 이상 순응하지 않기로 할 때까지만 지속되기 때문이다. 진정한 수용을 경험하지 않고서는 삶과 믿음의 가장 좋은 부분에 도달할 수 없다.

나처럼 당신도 때로는 누군가를 사랑하기는 쉽지만 사랑받기 어려운 때가 있을 것이다. 솔직히 말해 보라. 당신도 이것이 사실이란 것을 알고 있지 않은가. 당신은 바보도 인간관계의 천재도 될 수 있으며 아직 개발되지 않은 무한한 잠재력이 있다. 만약 인생의 가치 있는 부분에 도달하고 싶다면 당신의 천재성을 조금 꺼내어 발휘해 보라(바보스러움은 안에 남겨 두자). 때로는 다른 사람을 받아들이는 것이 자신을 받아들이는 것보다 더 쉬울 때가 있다. 해결책은 간단하다. 이 여정에서 자신을 한두 번씩 안아주라. 포옹을 좋아하지 않더라도 그래도 해 보라. 머리카락이 떨어질 일도, 흔적이 남을 일도 없을 것이다. 물고기는 그릇의 크기만큼 자란다고 한다. 만약 당신이 사랑과 수용을 주고받는 데 인색했다면 더 큰 그릇을 준비하라. 당신은 그것이 필요할 것이다.

당신은 어떤 일들은 잘하면서 또 어떤 일들은 엉망진창일 것이다. 나도 마찬가지다. 이 사실을 받아들이되 즐기지는 말라. 약점이나 부정적인 감정에 공간을 내주지 말고 실수를 반복하지 않도록 노력하라. 당신도 우리 모두와 마찬가지로 하나님의 큰 사랑과 은혜와 자비가 필요하다. 또한 이러한 것들에 대해 배운 것을 쌓아두지 말고, 새로운 것을 배우면 실행에 옮기라. 우리가 진정 누구인지 세상이 알 수 있게 하는 것은 우리가 아는 것으로 우리가 하는 일을 통해서다.

우리는 우리에게 필요한 정보, 즉 하나님은 사랑이시며 우리를 온전히 사랑하고 받아들이신다는 것을 이미 알고 있다. 엉망이 되었던 적이 있는가?

물론 있을 것이다. 포부를 추구하는 과정에서 우리에게 필요한 것은 넘치는 은혜와 수용을 받아들인 후 추구할 진정한 가치가 있는 포부를 알아내는 명확한 감각이다. 이 여정에서 당신은 하나님의 사랑에 반하여 당신이 그분의 절대적인 사랑과 용납을 받고 있다는 사실을 의심하게 만드는 모든 것을 찾아내는 닌자가 되어야 할 것이다.

                                          &

증오가 사랑의 적이라고 생각할 수도 있지만 사실은 그렇지 않다. 증오는 사랑의 반대일 뿐 적이 아니다. 증오는 우리가 부여한 만큼만 힘을 갖는다. 사랑도 마찬가지다. 매번 사랑을 멈추게 하는 것은 두려움이다. 잠시 생각해 보면 우리가 하는 대부분의 일은 사랑이나 두려움에서 비롯된다. 비결은 특정 시점에서 어느 쪽이 말하고 있는지 알아내는 것이다. 우리 안의 포부를 찾아내면서 무엇이 우리의 삶을 지배해 왔는지도 알아내야 한다.

하지만 이는 혼란스러울 수 있다. 성찰과 반응이라는 경쟁적인 영향력 뒤에 숨은 목소리가 우리와 매우 비슷하기 때문이다. 그것들은 사실 우리 자신이 맞다. 만약 시간을 내어 좀 더 자세히 분별력을 갖고 귀를 기울인다면, 우리를 방해하는 생각 중 일부가 실제로는 우리에게서 비롯된 것이 아니라는 것을 알게 될 것이다. 마이크를 빼앗아 여전히 말하는 것은 우리의 부모나 실패한 관계, 교사나 적대적인 사람이었다. 우리는 모두 우리와 가장 가까운 사람들을 반영하거나 그에 반응한다. 우리의 게으름과 망설임, 비이성적인 두려움, 현명한 결론의 기저에 깔린 이유를 찾아내려면 약간의 노력이 필요할 것이다. 만약 당신이 미뤄왔던 포부를 찾거나 다시 활성화하는 것을 진지하게 생각하고 싶다면, 당신이 하는 일을 왜 하는지 이해하기 위해 평소의 활동을 의도적으로 잠시 멈춰야 할 것이다.

&

내 주변에는 뛰어난 재능을 가진 친구들이 많다. 그들은 영화를 만들고, 도자기를 빚고, 노래를 부르고, 조직을 이끈다. 올림픽에 출전하거나 정부나 기관을 이끌기도 한다. 차를 세차하고, 잔디를 깎기도 한다. 그들의 열정이 세상이 보기에 크든 작든 간에, 그들은 모두 몇 가지 분야에서 타의 추종을 불허하는 탁월한 재능이 있다. 당신도 동일한 능력이 있다. 텔레비전에 나오거나 레드카펫을 밟는 것은 아닐지라도 당신의 삶에서 뛰어난 역량을 발휘하는 분야가 있을 것이다. 어쩌면 그것은 우정이나 직업일 수 있다. 어쩌면 길 건너편이나 바다 건너편에 있는 이웃을 사랑하는 방식일 수도 있다. 당신은 훌륭한 플루티스트나 낚시꾼이 될 수도 있겠지만 중요한 것은 그것이 아니다. 내가 말하고 싶은 것은 하나님께서는 우리 각자에게 고유한 재능을 부여하셨다는 것이다. 핵심은 자신의 재능이 무엇이며 그것을 어떻게 활용할 것인지 알아내는 것이다. 어떤 사람들은 이를 통해 경력을 쌓는데, 많은 사람들이 자신의 재능을 찾는 데 일생을 보내기도 한다.

   실행되지 않은 포부를 추구하다 보면 자신의 능력에 따라 어떤 사람이 될지 결정하기 쉽다. 예를 들어 보겠다. 나는 변호사이며 여러 주에서 법률 업무를 수행할 자격이 있다. 어떤 사람들이 혈액 검사를 통과하듯 나는 변호사 시험에 통과했다. 유일한 차이점은 변호사 시험에서는 팔이 아닌 머리에 바늘을 꽂고 3일 동안 모든 지식을 빨린다는 것이다. 그러나 변호사가 될 만한 능력을 갖췄다고 해서 반드시 변호사가 될 운명을 가지고 태어났다는 뜻은 아니다. 내 말을 들어보라. 우리가 잘하지 못하는 일을 해서는 안 된다고 생각하지만, 그렇다고 우리의 능력이나 경력이나 성공이 우리의 미래를 결정하도록 해서는 안 된다고 생각한다.

우리는 이동하는 목표다. 당신은 예전의 당신이 아니며 다행히 나도 마찬가지다. 우리의 열망과 관심사는 그 과정에서 변하고 수정될 수 있으며 또한 그래야 한다. 성경에서 편지를 쓴 사람 중 한 명인 바울은 우리가 날마다 새로운 피조물이 되어야 한다고 말했다. 만약 모든 것이 동일하게 유지된다면 우리는 결코 '새로운' 부분에 도달할 수 없을 것이다. 새로운 피조물은 끊임없이 새로운 기회와 추구할 열망을 찾는다. 만약 당신이 새롭고 더 크고 더 아름다운 포부를 찾지 못한다면, 당신은 더 똑똑해지기보단 더 새로워져야 할 것이다. 이것은 당신이 진보하면서 몇 가지 사항을 바꿔야 한다는 것을 의미한다. 하지만 반드시 과거를 완전히 버릴 필요는 없다. 때로는 당신의 능력이 새로운 포부에 도움이 되고 방향을 제시할 수도 있다. 설명해 주겠다.

'코끼리 두 마리가 싸우면 고통받는 것은 풀이다'라는 아프리카 속담이 있다. 나는 비교적 평화로운 시기에 자랐지만 많은 사람이 그렇지 않다. 그래서 나는 분쟁 중인 나라의 청소년들이 겪는 고통이 어떤지 배우기 시작했다. 그들은 전쟁 중인 나라에서 코끼리가 짓밟는 풀이었다.

우간다를 처음 여행한 후 생긴 나의 포부 중 하나는 전 세계에서 전쟁에

휘말린 아이들을 위해 학교를 세우는 것이었다. 우간다는 25년이 넘도록 신의 저항군(LRA)the Lord's Resistance Army과 내전을 벌여왔다. 우리는 전쟁의 중심지였던 우간다 굴루Gulu에 학교를 세우기로 했다. 당시 그 지역에는 여전히 신의 저항군이 활동 중이었고, 분쟁의 양측에 있는 무장한 전투원들이 도처에 있었다. 당시에 나는 법정 변호사였고 꽤 뛰어난 편이었다. 우리 팀과 나는 소송에서 승소해 번 돈을 우간다를 비롯하여 다른 여러 나라에 있는 아이들을 위한 학교를 짓는 데 사용하기 시작했다. 나는 내가 하고 싶은 일에 자금을 대고자 이미 알고 있던 방법을 사용했다. 즉 강점을 활용해 아직 나에게 오지 않은 기회를 찾아 나선 것이다. 법을 실천하는 것은 정의를 실현하면서 자금을 마련하는 수단이 되었다(게다가 돈을 벌려고 내가 브라우니를 구웠더라면 누군가는 분명 죽었을 것이다).

본업으로 필요한 돈을 버는 것은 내가 이해할 수 있는 자금 조달 방법의 하나였다. 변호사가 되는 것은 이십 대 때 나의 포부이자 내가 잘할 수 있었던 일이었다. 나는 이 초기 포부가 다음 단계의 포부에 기여하게 하기로 했다. 당신도 그렇게 할 수 있다.

변호사로서, 나는 가족을 부양하면서 일부는 기부할 수 있을 만큼의 충분한 돈을 벌었다. 그리고 그 돈으로 우리가 상상할 수 없는 환경 속에서 일하는 사람들의 삶에 깊이 관여하기 시작했다. 변호사가 되려 했던 나의 초기 포부는 훌륭하고 올바르며 도움이 되는 것이었지만, 얼마 지나지 않아 아이들을 도우려는 나의 새로운 포부가 변호사로 일하면서 돈을 벌 수 있는 능력을 앞질러버렸다. 당신도 성장하면서 이러한 변화를 경험할 것이다.

변호사가 되려 했던 나의 결정이 잘못된 것이었단 뜻이 아니다. 다만 시간이 지남에 따라 변호사로서 내가 만들어내는 변화가 아이들을 도움으로써 만들어 낼 수 있는 변화만큼 중요하거나 지속적이지 않을 것 같았다. 그래서 어느 날 나는 변호사 일(참고로, 이 회사는 내 법률 사무소였다)을 그만두었다. 그렇다. 나는 내 법률 사무소로 가서 모든 직원을 회의실로 부른 후 사임의 뜻을 밝혔다. 그리고 그곳에서 오랫동안 일해 온 한 직원에게 현관문 열쇠를 주면서 내가 회사에 빚진 것이 없다는 걸 말해 주었다. 그리고 그곳에서 나와 다시는 돌아가지 않았다. 어쩌면 이것은 누군가에게는 정말 어리석은 경제적 결정처럼 들릴 것이다. 어쩌면 그랬을 수도 있지만, 그러나 이것은 새로운 창조를 위한 훌륭한 결정이었다.

당신의 포부를 실행하는 데 중대한 결정을 내려야 한다면 '새로운 창조'를 시도하라. 이전 버전에 머물러 있으면서 새로운 버전이 될 수는 없으며, 미래를 위해 과거에 효과가 있었던 몇 가지 사항을 바꿔야 할 필요가 있다. 과거의 능력과 포부는 과감히 버리거나 당신이 좇는 새로운 포부를 위해 활용하라.

마지막으로 한 가지 더 얘기하자면, 우리는 변해야 할 운명이니 작은 변화가 찾아오더라도 저항하지 말라. 그것을 받아들이고 축하하라. 계속해서 따라가라. 변화에 놀라지 말라. 이것은 당신이 하고 있는 일을 당신이 정말로 믿고 있다는 것을 세상에 보여줄 수 있는 기회다.

포부를 좇으려면 우리의 지속적인 기쁨과 희망이 어디에서 오는지 알 만큼 충분한 자기 인식이 있어야 한다. 또한 자신이 잘하는 것과 못하는 것이 무엇인지도 알아야 한다. 우리의 경험은 이러한 사항들을 파악하는 데 도움이 될 것이다. 단, 거짓 긍정은 주의해야 한다. 우리가 잘하는 것들을 통해

받는 인정은 우리 내면에서 나타나는 열망에 부응하기 위해 필요한 변화를 가릴 수 있기 때문이다. 단순히 기존의 역량 내에서만 활동한다면, 결코 우리의 포부가 이끄는 새로운 창조물에 도달할 수 없을 것이다.

Chapter 09

몽유병

완전히 깨어 있는 것은
완전히 몰입된 상태를 유지하는 것과 매우 비슷하다.

나는 종종 불면증에 시달렸다. 사실 나는 인생의 대부분을 밤에 자는 잠보다 낮잠을 더 많이 잤다. 잠귀가 밝아짐으로써 얻게 된 한 가지 장점은 아이들이 밤에 집으로 돌아오는 시간을 항상 알고 있었다는 것이었다. 아이들이 통금 시간이나 그 밖의 다른 어떤 사항을 놓쳐도 나는 화를 내지 않았다. 그들이 돌아와 우리와 함께 있어서 그저 기뻤다.

아들 리치가 고등학교 시절에 우리 집에서 함께 살았을 때, 그에게는 반쯤 규칙적인 습관이 하나 있었다. 그는 몽유병 환자였다. 어느 날 밤, 리치의 침실에서 내려오는 계단에서 삐걱거리는 소리가 들렸다. 나는 놀랄 준비를 하고 일어나 소음을 확인하러 나갔고, 리치가 잠든 채로 사각팬티만 입고 계단을 내려오는 것을 보았다. 그는 현관문을 열고 밖으로 나가서 진입로 끝으로 걸어 나갔다. 리치가 홀로 감옥에 갇히는 것을 원하지 않았기에,

나도 팬티 차림으로 그를 따라나섰다. 아버지와 아들이 속옷 차림으로 밖에 서 있었다. 적어도 경범죄였을 것이다.

대학교 심리학 수업 때 배웠던 몽유병 관련 내용이 생각났다. 기이한 트라우마를 유발할 수 있다는 것을 알았기에 그를 흔들어 깨우지 않기로 했다. 리치를 사랑하지만, 솔직히 그가 쉰 살이 되었을 때도 우리와 함께 살기를 바라지는 않았다. 그래서 리치가 돌아서서 다시 안으로 들어갈 때까지 인내심을 가지고 함께 서 있었다. 리치를 계단 아래로 안내했고, 그가 방으로 들어가는 모습을 지켜보다가 뒤에서 문을 닫아주었다.

리치가 야간 산책을 한 다음 날 아침이 되면, 나는 웃으며 그에게 "잘 잤나, 친구?"라고 묻곤 했다. 그러면 그는 "푹 잤어요"라고 말하며 기지개를 켜고 치리오스the Cheerios(시리얼 이름-역자 주)를 향해 손을 뻗곤 했다. 내 생각에는 그렇지 않은데 말이다.

그래서 그에게 자면서 약간의 외풍을 느끼진 않았는지 물어보면, 그는 대부분의 고등학생이 아빠에게 하는 것처럼 나를 이상하게 쳐다보곤 했다.

그 기억을 떠올리면 웃음이 난다. 물론 새벽 한 시에 몽유병을 앓는 것과는 별개의 문제다. 한낮에 잠결에 움직이는 몽유병도 완전히 다른 문제다. 많은 사람들이 매일 이를 겪는데, 어쩌면 당신도 그중 한 명일지 모른다. 누가 알겠는가? 지금 이 책을 읽는 중에도 몽유병 상태일 수 있다.

솔직히 몽유병은 우리 삶의 많은 부분을 묘사한다. 보기에는 깨어 있는 것 같지만 실제로는 깨어 있지 않고, 기절해 있는 듯한 상태에서 사람들과 이야기를 나누며 걸어 다니기도 한다. 일어나서 걷고, 말하고, 일하고, 완전히 깨어 있지 않은 상태로 다시 잠자리에 든다. 당신이 하루를 돌아보았을 때 어떤 대화를 나누었는지, 어떤 경험을 했는지, 어떤 아름다움을 보았는지 기억이 나지 않는다면 당신에게도 이런 일이 일어나고 있다는 것을 알게 될 것이다. 어쩌면 지금 읽는 이 책의 마지막 챕터조차 기억나지 않을 수도 있다.

내가 어렸을 때, 손주인 우리들은 조부모님 집에 각자 방이 하나씩 있었다. 내 방 벽에는 '잠자는 추기경The Sleeping Cardinal'이라는 1800년대의 유명한 그림 인쇄물이 걸려 있었다. 할머니께서 알뜰시장에서 액자를 포함해 3달러에 구매하신 그림이었다. 이 그림에는 교회 추기경의 초상화를 그리는 한 화가의 모습이 담겨 있었다.

이 작품에서 가장 먼저 눈에 띄는 것은 팔레트를 손에 든 채 머리를 긁적이는 화가의 어리둥절한 표정이다. 추기경은 붉은 예복 위에 턱을 괴고 의자에 털썩 주저앉아 깊이 잠들어 있다. 나는 하나님께서도 때때로 우리를 보시면서 이 화가와 똑같은 것을 궁금해하실 것 같단 생각이 든다. '나는 여기에서 걸작을 만드는데, 이 사람은 언제쯤 깨어날까?' 하고 말이다.

만약 우리가 완전히 깨어 있다면 우리의 삶은 어떤 모습일 것 같은가? 하나님께서 끊임없이 보여주시는 경이로움에 눈을 떼지 못하고 불면증 환자처럼 살면 어떤 일이 벌어질지 궁금하다. 적어도 화가는 추기경이 잠든 상태인 것을 알았다. 그러나 우리는 때때로 실제로는 깨어 있지 않으면서 깨어 있는 듯한 상태의 모습을 세상에 보여 주는 것 같다.

고통스러운 진실은 몽유병의 한 형태가 당신의 포부를 방해할 수도 있다는 것이다. 사실 몽유병은 그보다 더 사악하다. 출발선으로 가는 길을 막는 것이 아니라, 운동복을 입거나 운동화를 신는 것조차 방해한다. 해결책은 어렵지만 간단하다. 일단 깨어나야 한다. 이것은 단순히 커피 냄새를 맡는 것보다 더 많은 시간이 걸릴 것이다. 침대에서 일어나, 커피나무를 심고, 인내심을 가지고, 생두를 따고, 로스팅하고, 그것들을 더 유용한 무언가로 갈아내야 한다는 뜻이다.

다음 단계로 나아가라. 그저 깨어 있는 것처럼 보이지 말고 하나님께서 당신을 창조한 형상대로 살아나라. 완전히 깨어 있는 상태에서 걷는 연습을 하라. 메모하고, 노래 부르고, 많이 웃고, 꽃향기를 맡고, 잔디밭에서 뒹굴고, 편지를 쓰고, 수업을 듣고, 전화를 걸어보라. 이것은 단지 재미로 하는 일이 아니다. 잠든 당신의 포부를 깨우는 첫 번째 단계다.

&

신약 성경에는 37가지의 기적이 기록되어 있다. 나의 개인적인 습관 중 하나는 그 기적들을 하나씩 외우는 것이다. 당신도 한번 시도해 보라. 이러한 습관은 당신의 하루에 놀라운 집중력을 가져다주고, 상호작용에 의미를 부여하며, 믿음을 증폭시킬 것이다. 방법은 다음과 같다. 대부분의 사람들은 예수님이 행하신 첫 번째 기적을 안다. 혼인 잔치가 있었는데 포도주가 모두 떨어졌다. 예수님께서 물이 담긴 항아리 속의 물을 포도주로 바꾸어주셔서 잔치는 계속되었다. 내가 주목한 것은 단지 기적이 아니라 기적 주변에서 일어난 일이었다. 혼인 잔치에서 마리아는 예수님께 상황을 말씀드린 후 집주인에게 몸을 굽혀 "무엇이든지 그가 시키는 대로 하세요"라고 속삭였다. 이것이 포부를 추구할 당신을 향한 나의 바람이다. 당신이 믿음을 중요하게 여기든 중요하지 않게 여기든, 예수님과 항상 대화하든 거의 하지 않든 상관없다. 부디 이 책에 있는 포부를 추구하는 방법에서 아이디어를 얻어 하나님께서 당신에게 하라고 하시는 것은 무엇이든 하기를 바란다.

나는 믿음에 관해서는 매우 보수적인 사람이다. 무당벌레가 내 코 위에 앉는 것을 하나님의 메시지로 보지 않는다. 만약 하나님께서 나에게 메시지를 보내셨는데 내가 그것을 놓쳤다면, 그분은 내가 어디에 사는지 알고 계시기에 다음에는 코끼리를 보내셔서 나에게 착륙하게 하실 것이라고 확신한다. 그래도 나는 매일 나를 기다리는 서른여덟 번째 기적이 있다고 가정하고 하루를 시작한다. 내가 사랑과 정직함, 엄청나게 성가실 정도의 높은 기대감으로 내 삶과 주변 사람들에게 전념한다면 말이다. 당신도 매일 이렇게 시작한다면 당신의 인생에는 어떤 일이 일어날 것 같은가?

포부를 향한 진전을 이루고 싶다면 다음에 어떤 일이 일어날지 끊임없이 기대하며 살아라. 당신의 포부에 힘을 실어줄 기회를 끊임없이 찾고, 기회가 오면 즉시 실행에 옮길 수 있도록 준비하라. 적극적으로 기회를 예측하는 사람들은 그저 막연하게 꿈꾸며 의자 가장자리에 앉아만 있지 않는다. 그들은 의자 위에 책을 쌓아 놓고 그 위에 올라가 기회를 찾는다. 한번 시도해 보라. 전망이 멋질 것이다.

&

포부를 확인하고 추구할 때, 상황이 불편해지더라도 놀라거나 낙담하지 말라. 사실 몇 가지 쉬운 일들은 불편하게 만들어야 할 수도 있다. 당신이 완전히 깨어 있고 기대감으로 가득 찬 삶을 살고 싶다면, 현재의 삶에서 당신을 잠들게 하는 무감각한 일상에 빠져 있는 영역을 찾아내야 한다.

어쩌면 한때 당신의 하루에 긍정적인 리듬을 가져다주었던 일상의 습관들이 지루하고 반복적인 리듬의 습관들로 변해버렸을 수도 있다. 여기에는 몇 가지 눈에 띄는 징후가 있다. 아마도 당신은 전반적으로 불만이 많으며 무기력해졌을 것이다. 사랑하는 사람들에게 퉁명스럽게 굴거나 작은 불편에도 지나치게 짜증을 내며 반응했을 것이다. 만약 그렇다면 세 가지 선택지가 있다. 정신을 차리거나, 진정하거나, 강아지를 키우는 것이다. 우리 집 강아지를 가져가도 좋다. 직면한 저항을 극복하고 싶다면 훌륭한 포커 플레이어처럼 자신만의 '텔tells'(포커 게임의 '포커 텔poker tells'에서 유래한 말로, 반복에 따른 구별 가능한 습관으로 정착된 몸과 말과 마음의 반응이나 현상을 말함-역자 주)을 식별해야 한다.

그러려면 약간의 탐색을 하고 당신을 방해하는 요인을 알아내기 위한 몇 가지 조치를 취해야 한다. 몇 가지 일상의 습관을 중단하고 삶의 스트레스 요인을 파악해 포부를 명확히 하는 데 필요한 도구를 구해야 할 수도 있다. 당신의 삶 전체를 바꾸라고 제안하는 것이 아니다. 하지만 스스로를 흔들어 깨우기 위한 깜짝 놀랄 만한 일을 하는 것은 필요하다.

직장을 그만두거나 전공을 바꾸어야 하는 일로 고민하고 있는가? 그녀에게 데이트 신청을 하거나 관계를 잠시 재고해 봐야 하는가? 그와 꼭 이야기를 나누어야 하는가? 꿈을 위한 자금을 마련하려면 집을 줄여야 하는가? 삶에 도움이 필요한 누군가를 당신의 게스트 하우스에서 지내도록 초대하거나, 그들을 도와 줄 사람을 고용해야 하는가? 그것은 당신이 해야 할 백만 가지 일 중 하나일 수 있다.

나는 포부를 추구하는 것이 공원에서 산책하는 것이 아니라 높은 산을 오르는 것과 같다는 것을 배웠다. 때로는 절벽에 손가락 끝으로 매달려 있는 자신을 발견하게 될 것이다. 그러나 물러서지 말라. 이것이 정상이다. 오해하지 말 것은, 여기서 '정상'이란 유쾌한 상태를 의미하는 것이 아니라 자신의 포부를 좇는 데 필요한 위험을 감수하려는 사람들에게 흔한 일이라는 뜻이다.

&

포부에 열정이 생기면 매트리스에 스프링을 장착하고 날마다 엄청난 추진력으로 시작해야 한다고 생각하기 쉽다. 누가 알겠는가, 아마도 언젠가는 잠에서 깨어 뒷마당으로 나가 가슴을 두드리며 전사처럼 소리를 지를지도 모를 일이다(만약 그렇다면 파란색 얼굴 페인트와 킬트를 사서 완전한 브레이브 하트 분장을 몇 번 해 보라. 이웃 사람들은 당신이 미쳤다고 생각할 것이다. 재미있을 것이다). 그런데 내가 배운 교훈 중 하나는 진전을 이루고자 할 때 때로는 그냥 가만히 앉아 있는 것이 가장 좋은 방법이라는 것이다. 직관에 반하는 것처럼 들리겠지만 사실이다.

내가 아는 포부를 좇아 성취한 사람들은 어떤 날은 힘을 발휘하는 것보다 힘을 모으는 날이라는 것을 알고 있었다. 활동을 많이 하는 것이 진전을 많이 이루는 것으로 혼동하기 쉬운데 그것은 오해다. 휴식은 현명한 것이며 준비하는 것이 지혜다. 낮잠을 자거나, 해먹에 누워 있거나, 공원 벤치에 앉아 있는 등 자신을 돌보는 것이 게으름을 피우는 것이라고 생각하지 말라. 그런 내용의 광고 메일은 무시하라. 당신은 신생 기업이 아니며 책상 밑에서 잠을 자는 것도 아니다. 임무를 수행 중이지만 쉰다고 해서 게으른 것은 아니다. 다음 단계를 계획하고 코스를 완주하는 데 필요한 힘과 관점을 스스로에게 부여하고 있는 것이다. 포부에 이르는 길은 하나의 긴 경주가 아니라, 마라톤의 거리만큼 달리는 여러 개의 단거리 경주다. 단거리 선수들이 5,000미터 경주에서 세계 기록을 세우지 못하는 데는 이유가 있다. 그들은 집중력을 유지하며 짧은 경주를 완주한 후 다음 레이스를 위해 휴식을 취하기 때문이다.

휴식을 거부하는 사람들은 결국 지치게 된다. 그들은 아프거나 일을 미루거나 패배를 합리화한다. 그들이 실패하는 이유는 간단하다. 그들이 지쳤기 때문이다. 계속되는 활동으로 다시 몽유병에 걸리게 되었기 때문이다. 결국 그들은 자신들이 포부를 이루기엔 끝까지 헤쳐 나갈 에너지가 없다는 것을 알고 포부를 미루기 시작한다. 포부를 실현하는 과정 중 하나는 휴식이 필요한 시기를 인식하는 것이다. 휴식이 필요하다면 휴식을 취하라. 그것은 그냥 괜찮은 정도가 아니라 현명한 것이다. 필요한 만큼 충분히 휴식을 취하라. 그러면 완전히 깨어나서 다시 일하러 가야 할 때가 언제인지 알게 될 것이다.

Chapter 10
하루 100통의 전화

가용성은 당신의 비밀 무기다.

나는 내가 쓴 모든 책의 뒤쪽에 내 휴대 전화 번호를 적어 두었다. 이 책의 뒤쪽에도 적혀 있다. 당신의 여정이 어떻게 진행되는지 나에게 알려주고 싶다면 언제든지 전화해도 좋다. 처음 이 일을 시작했을 때 출판사에서는 내가 제정신이 아니라고 생각했다고 하는데, 돌이켜 생각해 보면 그들의 말이 맞았다. 첫 번째 책을 출간한 지 거의 10년이 지났지만, 여전히 하루 평균 100여 통의 전화를 받고 있다. 때론 아무것도 할 수 없을 정도긴 하지만 정말 멋진 일이다. 내가 이렇게 한 이유는 서로에 대한 가용성Availability(이용 가능성-역자 주)은 우리가 다가올 기회를 얼마나 잘 활용 가능한지 가늠할 수 있는 좋은 척도가 되기 때문이다. 귀찮은 일이기는커녕, 이러한 전화 통화들은 나를 상기시켜 주어 책을 쓰는 데 가장 좋은 자양분이 되어준다.

나는 전 세계의 새로운 친구들과 오랜 친구들에게서 밤낮을 가리지 않고 전화를 받는다. 때로는 우간다에 있는 우리 학교 중 한 곳에서 읽고 쓰는 법을 배우는 주술사의 전화를 받기도 하고, 때로는 집에서 멀지 않은 곳에 사는 도움이 필요한 새로운 친구의 전화를 받기도 한다. 한번은 자신의 생일에 내 책을 받았다는 한 여성의 전화를 받은 적도 있다.

"여보세요, 이 책은 내 남은 인생을 바꿔 놓을 거예요!" 그녀는 전화기에 대고 거의 소리치듯 말했다.

"생일 축하해요! 나이가 어떻게 되시죠?" 내가 물었다.

"백네 살!" 그녀가 큰소리로 답했다.

힘내세요, 할머니!

때로는 전화를 받는 데 비용이 많이 들기도 한다. 한번은 미국 미시간주에 사는 한 대학생이 주차장에서 차를 후진하다가 실수로 다른 차를 들이받았다. 이 학생은 돈이 없었기에, 파손된 차를 수리해 줄 여유가 없어서 자동차의 앞 유리 와이퍼 밑에 자신의 전화번호를 남기는 것을 두려워했다. 그러다가 마침 차 안에 내 책이 있었던 그녀는 내 전화번호를 대신 그곳에 남겼다. 다음 날, 샌디에이고에 있던 나는 미시간주에 사는 한 흥분한 사람의 전화를 받았다. 그 학생의 대담한 행동에 너무 감동해서 그 사람에게 새 범퍼를 사 주었다. 비용이 많이 든 날이었지만 나중에 들려줄 이야깃거리가 생겨서 그만큼 가치가 있었다.

가용성은 참여의 가장 신뢰할 만한 예측 변수predictor이며, 참여는 성공의 가장 신뢰할 만한 예측 변수이다. 우리 중 누구도 키가 얼마나 크거나 작을지, 어떤 색깔의 머리카락을 가질지, 언제 태어날지를 결정할 수 없지만 얼마나 가용할지는 결정할 수 있다. 많은 성취를 이룬 것처럼 보이는 사람들은 항상 모든 것을 할 시간이 있는 것처럼 보인다는 사실을 아는가? 마치 집

뒤편에 있는 방에서 이러한 것들을 만들어 내는 것처럼 말이다. 가용성은 당신의 인생에서 큰 승수가 될 수 있다. 더 많은 사람을 만나고, 더 많은 초대를 받고, 더 많은 기회가 찾아올 것이다. 나는 우버라는 회사가 생기기 전부터 우버를 이용하기로 결심했다. 포부를 펼치고 싶다면 당신도 그렇게 해야 할 것이다. 사람들은 비전을 따르기보단 가용성을 따르기 때문이다. 가용성을 높이는 데는 큰 비용이 들지 않는다. 일반적으로 드는 비용은 자존심뿐이다.

살날이 얼마 남지 않은 한 남성이 병실에서 나에게 전화를 걸었다. 그 대화는 지금까지도 내 기억에 남는 신성한 대화였다. 만약 그때 내가 시간을 내지 않았다면 그 순간을 놓쳤을 것이다. 또 한 번은 텍사스의 두 여성이 고속도로에서 운전을 하다가 차가 고장이 나 버렸다. 그들은 긴급 출동 서비스를 이용하진 못했지만 내 책을 가지고 있었고, 내가 그들이 있는 지역에서 강연회가 있다는 사실을 알고 나에게 전화를 걸었다. 우리는 고속도로에 있던 그들을 찾아내고 차를 고쳐주었다. 개인적으로 정말 뿌듯했던 경험이었다. 다행히 그들이 필요로 했던 것은 새 배터리 케이블이었을 뿐 변속기를 교체해야 하는 상황은 아니었다.

우리의 포부는 우리가 남기고자 하는 유산을 지향해야 한다. 시간과 재능을 모두 기부하는 관대함의 유산을 목표로 하는 것도 시작하기에 나쁜 출발점은 아니다. 어쩌면 더 많은 전화를 받아야 할 수도 있다. 이렇게 하면 지금은 알려지길 원하고 나중에는 기억되길 원하는 가치 중 하나로 이어질 수 있을 것이다. 나는 항상 연락 가능한 사람으로 알려지기로 결심했다. 나에게 있어 새로운 사람들을 만나는 것은 새로운 관점과 호기심을 불러일으킨다. 다른 사람들이 그들의 삶에 어떻게 참여했는지 이해하다 보면 당신의 내면도 무언가를 깨닫게 될 것이다. 쉽게 말해서 큰 포부를 좇는 사람은 아무도 혼자서는 목표에 도달할 수 없다.

가용성은 단순히 다른 모든 사람에게 가용한 상태 그 이상을 의미한다. 당신은 또한 스스로에게도 가용한 상태여야 한다. 때때로 우리는 우리 자신은 '확인'하지 않은 채 우리가 약속했거나 기대했던 모든 일을 하면서 하루를 보낸다. 당신의 기분은 어떤가? 하나님이 가까이 계신다고 느끼는가? 당신의 선택과 행동으로 당신의 최우선 순위와 가장 아름다운 포부를 실천하며 사는가? 물론 이 일을 완벽하게 해내는 사람은 아무도 없다. 나도 그렇고 당신도 마찬가지다. 그럼에도 자신의 포부에 잘 부응하는 사람들은 자주 자신을 점검한다. 당신은 어떠한가? 가용하면서 항상 스스로를 돌아보며 자각하는가 아니면 무작정 모든 일과 모든 사람에게 기꺼이 자신을 내어주는가? 이러한 질문은 이기적인 것이 아니다. 이것은 정서적 성숙감과 자신감의 증거다.

비행기 조종법을 배울 때 먼저 가르치는 것 중 하나는 상황 인식이다. 이는 조종석 안팎에서 무슨 일이 일어나는지 인지하는 것을 의미한다. 현재 무슨 일이 일어나는지 파악하고 그다음에 일어날 일을 예측하는 동시에 어느 쪽에도 방해받지 않는 상태를 유지하는 것이다. 이것은 우리 모두에게 조금씩 필요한 능력이다.

당신이 포부에 초점을 맞추고 삶 전체가 그 포부를 지지하도록 조정하면, 현재의 약속과 선택 중 어떤 것이 당신을 앞으로 나아가게 하고 어떤 것이 당신의 발전을 가로막는지 더 명확하게 알게 될 것이다. 잠시 멈추어 상황을 인식한 다음 이를 위한 조치를 취할 준비를 하면서 상황 인식 능력을 키우라. 이에 대해서는 이후 챕터에서 더 자세히 다루겠다. 일단 지금은 자신을 인식하는 것부터 시작하라. 스스로에게 다음과 같은 질문을 해 보라. 나는 안전하고, 지지받고 있고, 알려져 있다고 느끼는가? 나는 진정성 있게 나 자신을 표현하는가, 아니면 인위적이고 부자연스러운 느낌이 드는 상호작용을 하는가? 나는 정말로 내가 생각하는 것을 말하는가, 아니면 내가 완전히 믿지 않는 삶을 두고 다른 사람의 설명을 전달하는가?

비록 이것이 조금 생소하게 느껴지더라도 당신의 뇌에 새로운 사고방식을 만들고 자신을 더 자주 점검하라. 포부를 성취하는 사람들은 끊임없이 이 일을 한다. 너무 자연스러워져서 시간이 지나면 자신이 그 일을 하고 있다는 사실조차 깨닫지 못하게 된다. 그것은 그저 그들의 삶이 굴러가는 방식의 일부가 되는 것이다.

가용성과 관련하여 내가 정말 좋아하는 이야기 중 하나는 예수님을 따라 들판으로 나온 사람들을 먹이려고 예수님께 자신의 도시락을 드린 두 소년의 이야기다(한국어 성경에는 한 소년으로 소개되어 있음-역자 주). 그들이 형제였는지 친구였는지는 알 수 없지만, 나는 항상 그들이 친구라고 생각해 왔다. 그것은 그들에게 결정적인 순간이 되었지만, 아마도 그날 아침에 오천 명에게 음식을 제공할 의도는 아니었을 것이다. 그날 소년들에게 점심을 싸 주려고 한 것은 단순히 두 소년의 어머니들의 의도였을 것이다. 왜냐하면 그것은 어머니들이 종종 하는 일이기 때문이다. 우리는 두 소년의 이름도 그 어머니들의 이름도 모르지만, 그들이 인정을 받으려고 그랬던 것은 아니란 것을 알고 있다. 그 두 소년처럼 준비되어 있고 가용한 사람들과 그들의 어머니들처럼 일을 잘 처리하는 사람들은 세대를 거듭하여 이야기되는 사람들이다. 두 소년의 어머니들은 아마도 두 소년의 주변에서 무슨 일이 일어나는지, 그들이 점심을 먹으려면 무엇이 필요한지 알았을 것이다. 이 두 소년은 준비되어 있었고 가용했다. 그들은 상황을 잘 알고 있었다. 자신들이 가진 것이 무엇인지 알았고, 예수님께서 요청하시면 기꺼이 그것을 드리고자 했다. 당신도 마찬가지로 준비되어 있어야 한다. 이렇게 하면(그리고 점심을 준비하면), 당신도 역사를 만들 수 있다.

베네딕트회 전통에 따라 일부 수도사들은 '포터porter'라는 직무도 맡고 있다. 나는 항상 포터를 내 라테 기계를 들고 에베레스트산까지 운반해 줄 수 있는 셰르파로 생각했다. 그러나 베네딕트회 규범에 따르면 포터의 임무는 매일 일찍 일어나 성문까지 걸어가 사람들을 맞이하는 것이다. 포터는 여행객들에게 이런 질문을 한다. "가는 길에 제가 무엇을 도와드릴까요?" 사람들에게 관심을 가진다는 것은 이와 동일한 질문을 하는 것을 의미한다. 당신의 포부를 진전시키고 싶다면 다른 사람들에게 그들의 포부를 물어보라. 예수님께서 자주 말씀하셨던 역(逆)경제가 바로 이런 것이었다. 당시에도 효과가 있었고 지금도 마찬가지다.

예수님은 사람들에게서 숨지 않으셨다. 그분은 중개인을 따로 두지 않으셨는데, 이 부분은 당신도 본받아야 할 것이다. 물론 그분은 혼자만의 시간을 보내셨지만, 사람들이 그분을 찾아내기까지는 오랜 시간이 걸리지 않았다. 또한 예수님은 자신을 찾아오는 사람들을 검증하지 않으셨다. 내 주변에는 효율성을 이유로 자신과 다른 사람 사이에 많은 장벽을 두는 친구들이 몇 명 있다. 만약 그것이 당신이 세상에 전하고 싶은 메시지라면 괜찮다. 그러나 효율적인 것이 항상 효과적인 것은 아니다. 당신이 성취하고자 하는 포부에 가장 큰 역할을 하게 될 것은 당신과 함께 시간을 보내는 사람들이지, 그들을 피하고 매일 절약한 시간이 아니다. 가용성을 높이라. 모든 사람과 대화하라. 그들의 교사가 아니라 학생이 돼라. 사랑의 목표는 효율성이 아니라 존재감이다.

　가용성을 높이는 것은 네트워킹을 늘리는 것이 아니다. 네트워킹은 초보자들을 위한 것이다. 거품을 걷어내면, 사실 네트워킹은 비밀스러운 목적이 있으면서 누군가와 친구인 척하는 것에 지나지 않는다. 가용성의 등호 반대편에 아무것도 없을 때, 즉 당신이 자신의 크고 아름다운 포부뿐만 아니라 다른 사람들의 포부에도 관심이 많을 때 당신이 완전히 가용하다는 것을 알게 될 것이다.

　당신은 도중에 만나는 사람들을 도와줌으로써 자신의 포부를 향한 길을 찾을 수 있게 될 것이다. 가용성은 무모하게 자신을 희생거나 자기 일을 할 힘이 없을 정도로 스스로를 지치게 하는 것이 아니다. 다시 잠들지 않도록 주변 세상에 자신을 열어두는 것이다.

　마지막으로 한 가지, 자신이 어떤 것들에 가용성을 제공했는지 기억하라. 배운 것들을 적어두라. 나는 하루에 100~150통의 이메일을 나 자신에게 보낸다. 밤에 집에 돌아와 내게 온 이메일을 확인하는데, 그중에서 내가 나에게 보냈던 이메일까지 확인하다 보면 차단해 버리고 싶은 유혹을 받는다. 그러나 그렇게 하지 않는 이유는 내가 적어둔 내용을 다시 한번 살펴봄으로써 그것을 배울 수 있는 두 번째 기회를 얻기 때문이다. 나는 필기를 할 펜이 오른손에 있기 때문에 왼손으로 전화를 받는다. 주목할 만한 삶을 사는 비결은 주목할 만한 대화를 나누고 배운 것을 기록하는 것이다. 그렇게 많이 하다 보면 기회가 찾아올 것이다. 가용성은 아이디어를 끌어당긴다. 좋은 점들을 적어 두면 당신의 포부가 더 명확해질 것이다.

Chapter 11
해달

몇몇 사람들을 꽉 붙잡으라.

    와이오밍주에 뷰퍼드라는 도시가 있다. 이곳은 미국에서 가장 작은 도시다. 사실 이곳에는 한 사람만 사는데, 그는 현재 이사를 고려하고 있다. 그곳이 점점 혼잡해지고 있다는 것이 이유다. 그러나 하나님은 언제나 공동체 안에서 가장 좋은 일을 하신다. 아담은 최초의 사람이었는데 하나님은 그가 혼자 있는 것이 좋지 않다고 말씀하셨다. 그리고 그분은 여전히 같은 생각이시다. 하나님은 우리가 인간성과 믿음을 실천하고 이해할 수 있도록 사람들을 주신다. 공동체를 육성하는 것은 단순히 외로움을 피하기 위한 방법이 아니라 우리 자신의 삶을 해석하기 위한 방법이다. 당신이 속한 견고한 공동체가 있다면 그곳을 성장시켜 다른 사람들도 참여할 수 있게 하라.

    소수만을 위한 배타적인 집단이 되지 말고 많은 사람이 모일 수 있는 공동체가 돼라. 그들도 당신만큼 공동체가 필요하다. 적합한 공동체를 찾고 있다면 더욱 열심히 찾아보라. 그 일에 당신이 쏟게 될 모든 노력은 가치가 있다. 게다가 만약 당신이 사람들과 함께 있기를 원치 않는다면 천국을 싫어하게 될 것이다. 우리는 모두 함께하게 될 영원을 위해 연습하는 것이다.

공동체의 힘은 대단하다. 한번은 매우 보수적인 견해를 가진 사람들 앞에서 강연을 했다. 강연이 거의 끝나갈 무렵, 참석자들은 내 뒤에 있는 스크린에 질문을 문자 메시지로 보내어 중요한 몇 가지 질문을 두고 토론하도록 초대받았다. 청중은 스크린에 표시된 질문에 찬성 또는 반대를 투표하여 그룹의 관심이 가장 큰 질문을 결정할 수 있었다. 스크린에 나타난 첫 번째 질문은 다음과 같았다. '나는 혼자이고 동성애자인데, 어떻게 해야 할지 모르겠어요.' 그 후 10분 동안 20개의 다른 질문이 들어왔다. 관심을 받은 질문들은 위로 올라갔지만, 이 첫 번째 질문은 마지막 순위의 질문이 될 때까지 스크린 아래로 가라앉았다.

나는 변호사로 일하며 생계를 위해 논쟁에서 이긴다. 그렇지만 믿음과 실천 문제에서는 특별히 논쟁을 벌이지 않는다. 성경에 무관심해서가 아니라 예수님을 크게 생각하기 때문이다. 우리가 호전적인 견해로 알려져선 안 되긴 하지만, 현실에서는 때때로 우리가 집중력을 유지하고 분열되는 것을 막고자 피해서는 안 될 어려운 문제들이 있다. 이러한 문제들은 완전히 무시할 수도 있지만, 이는 잠시 동안만 가능하며 큰 위험을 감수해야 한다. 더 나은 대안은 가능한 한 친절과 사랑으로 그들을 참여시키는 것이다.

나는 내가 예수님의 변호사라기보다는 예수님을 따르는 자라고 생각한다. 나는 진리의 힘에 대해 많은 확신이 있다. 진리는 힘이 있으며, 때때로 우리가 필요하다고 여겨 행동하는 것만큼의 많은 방어가 필요하지 않다. 베드로는 성도들에게 그들 안에 있는 희망을 변호할 준비가 되어 있으라고 말하면서, '온유와 두려움으로' 그렇게 하라고 말했다. 때때로 신앙 공동체의 사람들은 종종 '온유와 두려움'보단 '방어'에 더 끌리는 것 같다. 우리는 우리가 하게 될 질문을 까다롭게 선택함으로써 싸움을 선택할 수 있다. 예수님께서는 300가지가 넘는 질문을 하셨지만 단 몇 가지에만 대답하셨다는 사실을 아는가? 당신도 대답할 질문은 까다롭게 선택하라.

그날 밤 무대 위에서 스크린에 표시된 질문 목록을 살펴보던 중, 나는 예수님의 전략에서 영감을 얻었다. 나는 목록을 뒤집어 그날 밤 가장 인기 있는 질문이 아닌 가장 인기 없는 질문에 집중하자고 모두에게 요청했다. 적개심이나 반감을 품은 사람들은 없었다. '옳음'을 원하는 사람들도 보이지 않았다. 그곳에는 인간다워지고 싶어 하는 사람들로 가득했다. 지혜와 사랑, 수용이 동일하게 그곳에 넘쳐 났다. 물론 이 사람의 생활 방식에 동의하지 않거나 질문 자체에 불편함을 느끼는 사람들도 있었지만, 그들도 사랑의 힘을 이해했다. 그날 밤 나는 그들의 리더가 아니라 학생이었다. 공동체가 하나가 되어 사랑으로 이끌어가는 것을 목격한 아름다운 저녁이었다.

저녁 시간이 끝나고 모두가 떠난 뒤에 한 젊은 남성이 나에게 다가왔다. 그는 최하위권으로 밀려난 질문이 자신의 것이라고 말했고, 순위가 떨어지는 것을 보면서 단순히 인기투표에서 밀리는 것이 아니라 공동체와 소속감에서 모든 기회를 잃는 것 같은 느낌이 들었다고 말했다. 그는 자신의 질문이 순위에서 내려가는 것을 보면서 살아 있는 것의 가치에 의구심이 들었다고 했다. 그때 사랑과 긍휼이 충만한 공동체와 예수님이 그를 찾아가신 것이다. 그들은 말 그대로 그의 생명을 구했다. 예수님처럼 사람들을 사랑하는 것은 언제나 위대한 신학이다.

당신의 믿음을 깨달아라. 그들을 이해하고, 그들에게 헌신하라. 그런 다음 그 모든 것을 바탕으로 사랑이 넘치는 공동체의 일원이 되는 것을 포부로 삼으라. 그러면 잘 살 수 있을 것이다. 예수님은 우리 모두를 동일하게 사랑하신다. 당신과 의견이 다른 사람들도 있을 것이며, 때로는 많은 사람들이 당신과 의견이 다를 수도 있을 것이다. 당신의 포부에 접근하고 싶다면 공동체와 친절에 높은 가치를 두라. 그러면 찾게 될 것이다.

공동체가 항상 이런 무거움을 느낄 필요는 없다. 충분히 아름다울 수 있다. 나는 우리가 어디서나 함께 경험할 수 있는 힘을 상기시켜 주는 것을 찾으려고 노력한다. 캐나다에 가면 수천 마리의 해달이 하구의 물 위를 유유히 떠다니는 모습을 볼 수 있다. 그들은 프리우스Priuse(일본에서 출시된 연비와 효율이 좋은 친환경 차량-역자 주)처럼 어디서든 볼 수 있다. 그런데 해달이 물 위에 떠 있을 때 서로 손을 잡고 있다는 사실을 아는가? 마치 서로 데이트를 즐기는 것처럼 보인다. 둘씩 짝을 지어 물 위를 떠다니는 수많은 해달 커플을 보면서 손을 잡은 데는 뭔가 이유가 있을 것 같단 생각이 들었다. 좀 더 자세히 알아보니 이유는 간단했다. 그들은 서로 떠내려가는 것을 원하지 않았기 때문이었다.

포부를 추구하려면 망망대해로 떠내려가지 않도록 당신을 붙잡아줄 손과 서로 사랑할 친구들이 필요하다. 다시 말해 당신이 인생에서 놀라운 일을 이루려면 공동체가 필요하다. 진정한 공동체를 구축하려면 서로를 알아가는 일을 더 잘해야 한다.

한 줌의 모래에 약 40만 개의 알갱이가 들어 있다는 사실을 알고 있는가? 세어보지는 않았지만 위키미디어가 거짓말하지는 않을 것이다. 만약 당신이 92년간 살면서 하루에 열두 번의 대화를 나눈다고 가정하면, 평생 동안 약 40만 번의 대화를 나눈 것이 된다. 이중 얼마나 많은 대화를 날씨 이야기로 사용하고 싶은지 생각해 보라. 일생에 만나게 될 많은 사람 중에 진정으로 알게 될 사람들은 과연 몇 명이나 될 것 같은가? 만약 당신과 당신의 포부 사이의 간극을 좁히고 싶다면, 만나는 사람들과 좀 더 친해지려고 노력하라. 특히 하나님께서 이미 당신의 가까이에 두신 사람들과 더 깊은 관계를 형성하도록 노력하라.

하루에 열두 번의 진지한 대화를 나누도록 노력하라. "어떻게 지내세요?", "어디에서 일하세요?", "어떤 팀을 응원하고 있어요?"와 같은 질문은 하지 말라. 네 번째, 다섯 번째, 여섯 번째 질문부터 시작해 보라. 예를 들면 "당신은 누구인가요?", "삶에서 원하는 것은 무엇인가요?", "실제로는 어떻게 지내시나요?", "이번 주나 이번 달에 가장 좋았던 일과 가장 힘들었던 일은 무엇이었는가요?", "가장 최근에 외로움을 느꼈던 때는 언제였나요?", "웃다가 눈물이 날 정도로 웃었던 적은 최근에 언제였나요?" 등이다. 택시 운전사나 비행기에서 옆자리에 앉은 사람에게도 진지하게 시도해 보라. 엘리베이터에서도 마찬가지다. 낯선 사람에게 사려 깊으면서도 진정성 있고 매력적인 질문을 하되 당신이 추구하는 취지에 부합하거나 그 이상이 되는 질문을 기꺼이 물어볼 의지가 있다면 그들 삶의 표면 아래에서 발견될 깊이와 풍요로움에 놀라게 될 것이다. 이런 대화를 할 때는 친절하고 정중하게 행동하라. 너무 빠르게 깊숙이 들어가려고 하지 말라. 그렇지 않으면 무리한 스쿠버 다이버의 결국처럼 잠수병을 얻게 될 것이다. 그래도 물의 표면을 밟는 것으로만 만족하지는 말라.

우리는 표면적인 이야기를 하는 데 많은 시간을 보낸다. 왜 그런지는 안다. 두려움과 공손함, 불안함이 뒤섞여 우리를 그 상태에 머물게 하는 것이다. 우리의 뇌에 새로운 사고방식을 심어서 그것을 아주 깊게 변화시키려면 몇 가지 다른 일들을 시작할 필요가 있다. 외모와 직위, 업적과 성공 뒤에 숨는 것을 멈추어야 한다. 기억하라. 당신에 대해서 알려진 것을 모두 제거하고 남는 것이 진정한 당신이다. 상대방이 무엇을 하는지보다 어떤 사람인지에 더 관심을 가지는 사람이 되자.

내슈빌 외곽의 '온사이트Onsite'라는 곳으로 상담을 받으러 간 적이 있는데, 그곳의 절대적인 규칙은 다른 사람에게 직업이 무엇인지 물어볼 수 없다는 것이었다. 누군가의 직업이 다가 아닌 성격을 알아보라. 그렇다고 이것이 좋은 생각이라는 온사이트의 의견에 쉽게 동의하지 말고 오늘 누군가와 함께해 보라. 그것은 당신과 상대방 모두를 놀라게 할 것이다. 포부를 이루기 위한 모험에는 자신을 향한 새로운 차원의 진정성과 주변 사람들을 향한 관심이 필요하다. 서로에게 그리고 하나님께 진정성을 유지하라. 예수님은 혼란스럽거나 낙담한 사람들을 문제 삼지 않으셨다. 다만 그들이 진정성을 갖기를 원하셨다. 그분은 언제나 겉모습보다 진실한 것을 선호하신다.

&

최근 아프리카 여행에서 나는 대륙에서 가장 사악한 동물의 공격을 받았다. 코뿔소도, 코끼리도, 코브라도 아니었다(모두 내 버킷 리스트에 있는 동물들이다). 그것은 모기였다. 농담이 아니다. 나는 지난 20년 동안 아프리카를 몇 번이나 여행해 왔다. 보통 일 년에 몇 번씩 가는데, 말라리아 예방약을 권장받았지만 절대로 복용하지 않았다. 누가 그것이 필요하겠느냐란 생각이었던 것 같다. 약이 비싸거나 불편해서 건너뛴 것이 아니다. 가격은 저렴한 편이고 하루에 한 알만 먹으면 문제없게 되는 것이었다. 그런데도 나는 그 모든 것을 불필요하다고 생각하여 손사래를 쳤다. 대부분의 예상대로 나는 말라리아에 걸렸다. 매년 거의 백만 명의 사람들이 말라리아로 사망하는데, 그것은 걸리고 싶어서 걸리는 병이 아니다. 공격적인 형태의 말라리아에 걸리면 간과 신장을 시작으로 하여 당신이 적절한 약을 얻거나 죽을 때까지 신체가 한 번에 한 기관씩 망가지게 된다.

놀라운 점은, 말라리아에 걸린 줄도 모르고 내가 여행과 강연 일정을 계속 이어 나갔다는 것이다. 그러다가 2개 국가와 8대 도시를 지나고 나면서부터는 거의 죽을 뻔했다. 결국 나는 병원에 입원했고, 침대에 누워 의사가 내 귀에 말소리가 들릴 법한 거리에서 스위트 마리아에게 나의 생존 확률이 3분의 1이라고 말하는 것을 들었다. 간호사 중 한 명이 내 신발을 찜했다고 말하는 것도 들었던 것 같다.

나는 중환자실에 일주일 동안 있었다. 말라리아에 걸렸을 때 가장 좋았던 점은 13킬로그램 이상을 감량했다는 것이다. 체중 감량에 관한 책은 모두 잊어버려도 좋다. 내 다음 책에서는 단어 한 자 없이 바이러스를 지닌 공격적이고 굶주린 모기 한 마리가 모든 것을 설명해 줄 테니 말이다. 입원 기간 청구서를 받았는데 첫 집값보다 더 많이 나왔다. 문제는 이것이다. 나는 5센트짜리 알약 한 개와 물 반 컵 만으로 이 모든 것을 피할 수 있었다. 당신도 포부를 방해하는 몇 가지 요소를 이처럼 간단하게 피할 수 있다.

작은 일이 큰일이 된다. 예수님은 그의 제자들에게 이 사실을 강조하셨다. 그분은 겨자씨를 말씀하시면서 그것이 가장 작은 씨앗이라고 말씀하셨다. 그런데 어떤 면에서 이것은 사실이 아니다. 나는 변호사라서 사실 여부를 확인해 보았다. 세상에서 가장 작은 씨앗은 페루의 난초 씨다. 이 씨앗의 무게는 2,400만 분의 1온스도 채 되지 않는다. 그러나 이 이야기는 씨앗이 아니라 그 씨앗이 자라 나무가 되어 그것을 필요로 하는 사람들이 얻게 되는 나머지 부분에 관한 이야기가 주요 내용이다. 나는 몇 가지 큰일을 했지만 작은 일을 더 많이 해왔다. 당신도 마찬가지일 것이다. 그리고 내가 생각하기에 하나님께서는 두 가지 모두를 사용하실 수 있지만 작은 일을 훨씬 더 기뻐하실 것 같다.

신장은 영구적으로 망가졌지만 말라리아에 걸린 후에도 괜찮았다. 다만 기증자 카드에서는 신장을 삭제했다. 더 이상 쓸모가 없어졌기 때문이다. 나는 이를 만회하고자 강한 심장을 키우려고 노력 중이다.

당신이 왼손을 앞으로 내밀면 나의 이전 왼손만큼 안정적일 것이다. 나는 오른손잡이를 위한 안구를 가진 사람에게는 라식 수술도 해줄 수 있을 만큼 능숙하다. 하지만 말라리아에 걸린 후부터 왼손의 떨림이 눈에 띄게 심해졌다. 정말 심하게 떨리면 계란을 휘핑할 수도 있을 정도다.

한번은 중요한 일을 진행하고 있는 친구들과 회의를 하려고 워싱턴 DC에 있었다. 회의가 끝나갈 무렵, 누군가가 "우리 모두 손을 잡고 기도합시다"라고 말했다. 맥락에서 조금 놀랐지만 이미 사람들은 원을 이루고 있었다. 나는 손을 내미는 대신 떨리는 왼손을 가리려고 두 손을 주머니에 넣었다. 그곳에 있는 사람들에게 나의 약함을 보여주고 싶지 않았다. 또한 내가 그들과 함께 있는 것에 두려움을 느끼고 있다는 사실을 알게 하고 싶지 않았다. 얼마나 어리석은 행동인가? 예수님은 손에 문제가 있는 사람을 만났을 때 일곱 번째 기적을 행하셨다. 그의 문제가 말라리아 때문인 것 같진 않지만, 어쩌면 그도 손을 주머니에 넣고 있었을 것이다. 수치심과 당혹감, 열등감이 우리에게 이런 영향을 미칠 것이다. 예수님은 그 사람에게 "네 손을 내밀라"고 말씀하셨다.

예수님은 그의 손이 주머니에 있어도 고칠 수 있으셨지만 그렇게 하지 않으셨다. 예수님은 내가 당신이 기꺼이 행동하길 바라는 그런 종류의 행동을 그 사람이 하길 원하셨던 것 같다. 나는 평생 사람들에게 강한 손만 내밀며 살아왔다는 것을 깨달았다. 직관에 반하는 것처럼 보이지만, 만약 당신도 그렇게 하고 있다면 그것이 당신의 포부를 방해할 수도 있다. 여기 매번 효과가 있는 제안이 하나 있다. 당신이 만나는 사람들에게 더 약하고 더 진실한 손을 내밀어 보라. 물론 자신감 있고 안정적인 강한 손을 내밀기가 더 쉽긴 하다. 약한 손을 내밀려면 좀 더 용기가 필요하다. 이러한 행동은 당신의 성격을 형성하는 동시에 당신의 삶에서 가장 중요한 사람들과 일에 더 쉽게 접근할 수 있게 해 주는 일종의 움직임이다.

Chapter 12
피날레

다른 사람들의 포부에 진심으로 관심을 가지면
당신의 포부도 이룰 수 있다.

　　바울은 자신의 제자 중 한 명인 디모데를 이야기하고 있었다. 바울이 디모데를 두고 했던 이야기는 우리가 인생에서 목표로 삼을 만한 무언가를 알려 준다. 바울은 디모데가 주변 사람들에게 진심으로 관심을 가지는 사람이라고 말했는데, 나는 디모데의 그 점을 매우 좋아한다. 바울이 했던 것처럼 누군가에 대해 좋은 말을 하도록 상기시키는 것 이상으로 그것은 우리가 포부를 이루려면 반드시 취해야 할 길이다. 우리는 주변 사람들에게 진정한 관심을 가져야 한다. 나는 이것이 나의 포부를 이루는 데 도움이 된다는 것은 알았지만 다른 사람의 포부가 발전하도록 도움을 준다는 것까지는 생각하지 못했다.

　　어느 날 친구와 함께 앉아 있는데, 친구가 방금 받은 문자 메시지를 내게 보여주기 위해 몸을 숙여 휴대 전화를 건네주었다.

'밥 고프가 누군지 아나?'

나는 빙그레 웃으며 친구에게 휴대 전화를 돌려주었다. 친구는 웃으면서 '밥 고프는 바로 제 옆에 앉아 있어요'라고 답장을 보냈다.

잠시 후 그가 다시 나에게 휴대 전화를 건넸다.

'밥에게 내 책의 서문을 써줄 수 있는지 물어봐 주겠나?'

문자를 보낸 사람은 그레그 머사Greg Murtha였다. 그는 밥 버포드Bob Buford 의 하프타임Halftime 운동을 주도하여 많은 이들이 자신의 삶을 성공보다는 의미에 목적을 두고 살아가도록 도와주었다. 그레그는 다른 많은 의미 있는 일들의 막후 인물이었고, 항상 스포트라이트에서 크게 한 발짝 물러나 있긴 했지만 세상에서 유난히 밝은 빛으로 남아 있었다.

문자 메시지가 왔을 때 내가 몰랐던 것은 그레그가 임종을 앞두고 있다는 사실이었다. 그는 암에 걸려 거의 100여 차례의 항암 치료를 받은 상태였다. 그는 자신이 머지않아 예수님과 함께 춤추게 되리란 것을 알고 있었다.

나는 다른 사람들의 책에 서문을 써줄 시간이 없다. 모든 단어를 두고 고심하는 데 며칠이 걸리기 때문이다. 하지만 내가 그레그의 제안을 거절한다면 함정의 문이 열려서 죽기도 전에 바로 지옥에 가게 될 것 같았다. 그래서 나는 즉시 친구의 휴대 전화로 그에게 문자를 보냈다.

'그레그, 저는 밥입니다. 당신의 서문을 쓰게 되어 영광입니다.'

며칠 후 그레그는 세상을 떠나 예수님과 함께 영원한 춤을 추게 되었다. 그런데 문제가 생겼다. 내가 그레그를 딱 한 번 만났다는 것이었다. 서문을 잘 쓰려면 그레그를 잘 아는 사람들을 만나 그에 대해 좀 더 알아봐야 할 것 같았다. 그 후 몇 주 동안 나는 그레그의 친구들에게 전화를 걸어 그레그의 이야기를 해 달라고 부탁했다. 그들이 모두 뭐라고 말했는지 아는가? 모든 사람이 그레그는 말 그대로 주변 사람들에게 진정한 관심을 가진 사람이었다고 말했다.

　큰 포부를 실현하고 싶은가? 그레그처럼, 디모데처럼 되어라. 주변 사람들에게 진정한 관심을 가지라. 사람들에게 관심을 가지는 일에 유명한 사람이 돼라. 그것을 당신의 대표적인 특징, 대표곡이 되게 하라. 포부를 성취하려면 고개를 숙이고, 문을 닫고, 더 중요한 일을 할 수 있도록 다른 사람들을 차단해야 한다고 생각할 수도 있다. 그런 생각에 속지 마라. 포부는 아이디어의 양이나 끊임없는 추진력에서 나오는 것이 아니라, 다른 사람들에게 진정한 관심을 가지려는 당신의 친절과 의지에서 우러나오는 것이다.

　예수님은 우리에게 그의 역(逆)방향 경제가 어떻게 작동할 것인지 몇 가지 지침을 주셨다. 부자가 되고 싶은가? 당신이 가진 것을 나눠주라. 지위를 원하는가? 당신의 가진 모든 것을 버리라. 리더가 되고 싶은가? 따르는 법을 배우라. 큰 포부를 성취하고 싶은가? 다른 사람들이 그들의 포부를 성취할 수 있도록 도와주라.

　룻은 나오미에게, 아론은 모세에게, 예수님은 나사로와 삭개오와 우물가의 여인과 그분 옆의 십자가에 달려 있던 사람과 그분이 만났던 모든 사람에게 그렇게 하셨다. 이것은 당신에게도 좋은 시작점이 될 것이다.

&

　어렸을 때, 누군가가 나에게 관심을 보였다. 그때의 나는 불타는 듯 붉은 머리칼에 주근깨가 가득한 여덟 살쯤 된 아이였다. 근처에 살던 불량배 하나가 끊임없이 나를 조롱했다. 그는 나에게 '반점Spot'이라는 별명을 붙여주었다. 내가 수치심을 느꼈던 최초의 기억이다. 그에게 매일 조롱과 무시를 당하다 보니, 나는 나의 주근깨도 그것을 가리는 나도 마음에 들지 않았다. 침실에 앉아 지우개를 들고 주근깨를 지우려고 애썼던 기억이 난다. 피가 날 때까지 몇 시간 동안 지워 댔다. 자르는 것이 아니라 지우는 것이었는데도 같은 효과가 있었다.

이 모든 것은 나와 내 주근깨에 진정한 관심을 보이는 사람이 나타나면서 바뀌었다. 어느 날 그 사람이 내 방에 들어와서 팔을 뻗어보라고 했다. 그는 샤피Sharpie(유성펜-역자 주)를 손에 들고 내 팔의 점들 사이에 작은 선을 그리기 시작했다. 어떻게 해야 할지 모르겠기에 그가 계속 그림을 그리도록 그냥 내버려두었다. 주근깨 사이에 선이 충분히 연결되면서 이미지가 형성되기 시작했다. 그가 샤피 뚜껑을 닫았을 때 내 팔을 내려다보니 두 마리의 우뚝 솟은 기린이 보였다. 나는 반에서 처음으로 팔에 문신을 한 아이가 되었다. 처음으로 반점 대신 무한한 가능성을 보았다. 나는 결점을 보는 것을 멈췄다. 풀어야 할 퍼즐, 찾아내야 할 동물원 동물들, 발견해야 할 기회가 보였다. 마침내 나는 나에게 관심을 가져 준 이 친절한 사람이 가르쳐준 것은 기린을 보는 법이 아니라, 내가 내 반점과 모든 것을 있는 그대로 받아들이고 축하하는 것임을 깨달았다.

어쩌면 당신도 당신을 실망시켰던 사람들이 있었을 것이다. 그것이 어떤 것이든 과거의 어느 시점에서 생겼든 간에, 당신에게도 당신만의 주근깨가 있을 것이다. 나는 그 이후로 주근깨에 대한 생각이 바뀌었다. 지금 생각해 보면 하나님께서 나를 그리실 때 붓을 들고 약간 흥분하셨던 것 같다. 당신도 마찬가지다. 하나님께서 당신의 캔버스에 하나님 자신의 모습을 약간 그리셨는데, 거칠면서도 화려하게 독특하고 세상에 단 하나뿐인 표현으로 그려 넣으신 것이다. 당신의 주근깨가 부끄러워해야 할 반점이라고 설득하려는 사람에게 흔들리지 말라. 그것은 당신이 사랑받고 있다는 것을 상기시켜 주는 증거다.

&

　인생의 조금 늦은 시기에 돈이라는 친구가 나에게 진정한 관심을 가져 주었다. 돈을 처음 만난 건 몇 년 전에 그가 캐나다에 있는 우리 오두막 근처로 카약을 타고 지나갔을 때였다. 그가 노를 저으며 가까이 다가오는 것을 보고 우리는 그에게 새총으로 바닷물 태피(설탕이나 소금을 녹여 쫀득하게 만든 캔디-역자 주)를 쏘았다. 그때 그와 그의 친구들이 장거리 여행 중이라는 사실을 알게 되었다. 그들이 배고파 보였기에 우리는 그들을 집으로 초대했다. 처음 내가 그를 만나 태피를 쏘았을 때, 그는 그저 움직이는 표적에 불과했다. 그러다가 나중에 그가 많은 사람들에게 영향을 끼치는 뉴욕 타임스 베스트셀러 작가라는 것을 알게 되었다. 시간이 지나면서 그는 소중한 친구가 되었다.
　돈을 알게 되면서, 나는 그의 마음이 얼마나 넓은지 그리고 그가 얼마나 창의적으로 세상과 소통하는지 알게 되었다. 나의 숨겨진 포부 중 하나는 작가가 되는 것이었지만, 실제 베스트셀러 작가 앞에서 이 이야기를 입 밖으로 꺼내기는 망설여졌다. 우리는 하나님께서 우리의 길에 답을 얻을 수 있도록 허락해 주신 바로 그 사람에게 질문하기를 회피하려는 때가 종종 있는 것 같다.

우정이 깊어지면서, 어느 날 나는 용기를 내어 그에게 책을 쓰고 싶다고 말했다. 나는 주머니에 손을 넣은 채 목소리를 약간 줄이고 바닥을 내려다보면서 수줍게 말했다. "언젠가 내 아이들과 스위트 마리아에게 나누고 싶은 이야기를 써보고 싶어요." 그러자 그는 하던 일을 멈추고 나를 똑바로 바라보며 말했다. "정말 아름다운 포부예요, 밥. 그런데 기왕이면 뉴욕 타임스 베스트셀러 목록에 오르고 더 많은 사람들에게 용기를 주는 책을 만들면 어떨까요?" 나는 그건 불가능하다고 속으로 생각했다. 고양이 철자도 간신히 쓰던 나였기 때문이다.

돈은 세심하고 친절하게 내가 나의 포부를 깨닫도록 자극했다. 그러나 그는 거기에서 멈추지 않았다. 그는 자신이 글쓰기와 관련해 자신이 배운 것과 그 과정을 진행하는 방법을 공유하기 시작했는데, 이는 나에게 완전히 미지의 영역이었다. 이것이 바로 친구들이 하는 일이다. 친구는 당신의 포부를 이끌어 주고, 당신이 그 포부를 구체적으로 실행할 수 있을 만큼 안전하다고 느끼게 해준다.

어느 정도 시간이 지나면서 나는 책을 집필하기 위한 준비를 시작했다. 그리고 비슷한 시기에 콘퍼런스에서 강연 중인 돈을 만나려고 포틀랜드로 여행을 떠났다. 그가 자신의 분야에서 어떤 모습일지 궁금했다.

돈의 무대가 끝난 후 우리는 몇몇 친구들이 기다리는 방으로 갔다. 그곳에 도착했을 때, 돈은 내 어깨에 손을 얹고 내 눈을 바라보며 유난히 진지한 목소리로 말했다. "밥, 이 책을 쓰는 것은 당신이 지금까지 해온 일 중 가장 외롭고 힘든 일이 될 거예요."

가장 외롭고 힘든 일이라고? 이런. 나는 재미있을 것 같다는 생각이 들었다. 그런 다음 돈은 깔끔하게 포장된 선물 상자들이 가득 담긴 큰 상자를 꺼냈다. 각각에는 메시지가 적힌 태그가 붙어 있었다. 나는 크리스마스를 맞이한 어린아이가 된 기분이 들었다. 각 태그에는 글쓰기 과정의 여러 단계와 단계별 작업이 적혀 있었는데, 처음에는 그것들이 무엇을 의미하는지 전혀 이해하지 못했다. 돈은 "각 단계에 도달하면 상자를 열고 지금까지 이룬 진전을 축하할 수 있어요"라고 말했다. 한 챕터를 마쳤을 때, 원고를 마감했을 때, 가족들에게 큰 소리로 책을 읽었을 때 열 수 있는 상자도 있었다. 그것은 믿을 수 없을 만큼 나에게 동기를 부여하고 영감을 주었다. 돈의 친절은 내 포부에 기름을 붓고 있었다.

그 후 몇 달 동안 나와 돈은 일주일에 한 번씩 스카이프Skype(메신저 프로그램-역자 주)로 연락했고, 나는 글 쓰는 과정이 어떻게 진행되고 있는지 그에게 이야기해 주었다. 나는 그에게 적합한 단어를 찾기가 어렵고, 내가 쓴 글에서 영감이 느껴지지 않으며, 대부분 철자가 틀렸다는 것을 알려 주었다. 그러나 내가 무슨 말을 해도 그는 나에게 잘하고 있다고 말했다. 내가 쓴 글을 다시 읽는 것이 고문이라고 했더니, 그것이 바로 내가 느껴야 할 기분이며, 토할 것 같은 기분이 들었다는 것은 정말 좋은 신호라고 말했다. 내가 코와 귀와 이마에서 피가 난다고 해도 그는 모든 위대한 작가들이 겪는 일이라고 말했을 것이다. 돈은 책을 쓰는 것은 마음이 약한 사람이 하는 것이 아니라 강인한 사람들이 하는 일이라고 계속 강조했다. 또한 나의 포부 이면의 이유가 노력할 가치가 있으니 오타에 신경 쓰지 말고 시도를 기뻐해야 한다고 말했다. 그는 자신이 하는 일에 확신을 가진 사람들이 성공할 수 있다고 말했다. 그가 항상 나의 포부가 아닌 포부 이면의 숨겨진 목적에 집중하고 있다는 사실이 나에게 잊히지 않았다.

   나는 한 챕터를 완성할 때마다 돈에게 이메일을 보냈다. 그는 나에게 딱 두 가지로 대답했다. 만약 그 챕터가 마음에 들면 '피날레finale'라는 단어로 답장을 해 주었다. 그가 왜 이 단어를 사용했는지는 모르겠지만, 이것은 챕터가 유지할 가치가 있다는 뜻이었다. 보낸 챕터가 충분히 강력하지 않다고 생각할 때는 '마리아는 이 챕터를 좋아할 거예요'라고 답장을 해 주었다. 이는 실제로 그 챕터가 인쇄하기에 적합하지도 않고 태울 수도 없다는 것을 의미했다. 마리아가 분명 좋아할 만한 단어들을 많이 쓰기는 했다. 그래도 가끔 돈에게서 '피날레'도 받았다. 그때마다 나는 그가 나를 위해 정성스럽게 고른 선물을 열어 보았다. 서른 개 정도의 '피날레'를 받았을 때, 나는 원고를 넘기고 마지막에서 두 번째 선물을 열었다.

   돈이 준 선물의 마지막 상자를 열어보기 위해, 나는 출판사에서 인쇄된 첫 번째 책이 우편으로 도착할 날을 기다리고 있었다. 그리고 그날이 왔을 때, 우리가 함께 결승선을 통과할 수 있도록 돈에게 연락했다. 신선한 잉크 냄새를 맡아보려고 책 페이지를 넘긴 후 마지막 선물 꾸러미를 열었다. 그것은 메달이었다. 돈이 일 년 전에 나를 시작하게 했던 사랑과 격려의 말을 동일하게 하는 동안, 스위트 마리아가 나의 가슴에 메달을 걸어 주었다. 돈이 없었다면 나는 아마 책을 쓰지 못했을 것이다. 그가 없었다면 당신은 지금 이 책을 들고 있지 못했을 것이다.

그 첫 번째 책이 바로 《Love Does(사랑으로 변한다)》였다. 이 책은 여러 달 동안 뉴욕 타임스 베스트셀러 목록에 올랐다. 두 번째 책인 《모두를, 언제나Everybody Always》는 브라이언이라는 친구가 나를 믿어주고 더 좋은 단어를 찾도록 도움을 준 결과물이었다. 이 책 또한 뉴욕 타임스 베스트셀러 목록에 올랐다. 우리는 《Love Does(사랑으로 변한다)》를 백만 부 이상을 팔았는데, 분쟁 지역의 아이들을 위한 학교를 세우는 데 모든 돈을 기부했다. 왜 그랬는지 궁금한가? 나에게는 포부가 있었기 때문이다. 돈이라는 친구와 브라이언이라는 또 다른 친구가 나를 지지해 주었기 때문이다. 내가 포기하고 싶을 때마다 그들은 나의 노력 이면에 있는 목적을 상기시켜 주었다. 그리고 그들이 그렇게 한 건, 그들이 내 이야기를 듣고 내가 하려는 일에 진정한 관심을 가졌기 때문이었다.

누군가의 포부를 돕기 위해 우리의 사랑과 전문성을 나눠 주는 것은 아름다운 일 아닐까? 누구도, 절대 누구도, 다른 사람들의 개입 없이는 자신의 포부를 두고 생각을 넘어 꿈을 이루는 데까지 가지 못한다. 당신의 주변에 돈과 같은 사람들을 두라. 만나는 몇몇 사람들에게 브라이언이 되어 주라. 여기에서 우리는 최고의 성취를 이룰 수 있는 열쇠를 찾을 수 있다.

돈과 브라이언의 영향으로, 나는 포부를 가진 다른 사람들에게 도움을 줄 방법을 찾기 시작했다. 메달을 가지고 다니기 시작했고, 지금까지 수천 개의 메달을 사람들에게 나누어 주었다. 돈과 브라이언이 내 말에 귀를 기울여 주었던 것처럼 나도 사람들의 말에 귀를 기울였다. 내가 꿈꿔왔던 것을 큰 소리로 말할 수 있도록 누군가가 나를 위해 안전한 공간을 만들어 주었던 것처럼, 나도 다른 사람들에게 그런 안전한 공간을 만들어 주려고 노력했다. 많은 사람들이 나에게 진정한 관심을 가져 주었던 것처럼, 나도 다른 사람들에게 진정한 관심을 나타냈다. 또한 격려가 필요했을 때 누군가가 나에게 격려해 주었던 것처럼, 나도 다른 사람들을 위해 적지 않은 선물을 포장해 주기도 했다.

  마지막으로 짧은 이야기를 하나만 더 하겠다. 일리노이주 스프링필드로 비행기를 타고 가는데, 통로 건너편에서 한 남자가 내가 쓴 책을 읽고 있었다. 공공장소에서 누군가가 내 책을 읽는 모습을 처음 본 나는, 사진을 찍어서 인스타그램에 간단한 캡션과 함께 올렸다. "내 책을 읽는 사람이 있어요!" 많은 사람들이 즉시 댓글을 달았다. 대부분은 "그를 꼭 만나 보세요"라고 말했다. 하지만 나는 '그 사람'이 되고 싶지 않았다. 자신의 모든 것을 말해 주고 싶어 하는 이상한 사람 말이다. 마음속에서 격렬한 논쟁이 벌어졌다. 그에게 말을 걸어볼까? 그냥 지나칠까? 나를 이상한 사람으로 생각하면 어떡하지? 그런데 사실 나는 이상한 사람이긴 하다. 결국 비행기 안에서는 아무 말도 하지 않기로 결심했다.

  우리는 착륙했고, 나는 그를 따라 비행기에서 내려 공항 터미널로 들어갔다. 얼마 동안 걸어간 후, 그는 짐들을 내려놓고 그중 하나를 뒤지기 시작했다. 나는 그에게 다가가면서 다시 한번 나 자신과 짧게 토론한 다음, 두 팔을 벌리고 반쯤 외쳤다. "당신이 읽는 책을 내가 썼어요!" 그는 나를 바라보더니 몸을 부르르 떨기 시작했다. 뇌졸중을 일으킬 것처럼 보였다. 이상한 상황이 되었다. 나는 약간 걱정스러운 마음이 되어 물었다. "괜찮아요?" 그는 멍하니 나를 쳐다보더니 이렇게 말했다. "아니요! 제 아내가 이 바보 같은 책을 읽어보라고 주었는데, 알고 보니 예수님에 관한 책이었고 내용도 이해가 가지 않았어요. 그런데 지금 당신이 이 책을 썼고 비행기에서 제 뒤에 계속 앉아 있었다고 하네요. 마치 하나님이 나를 스토킹하는 것 같아요!" 나는 그에게 내 휴대 전화 번호가 책의 뒤쪽에 있으니 언제든지 전화하라고 말했다. 우리는 함께 짧은 기도를 드린 후 각자의 길을 떠났다.

나는 공항에서 새로 알게 된 이 친구와 계속 연락을 유지했다. 그리고 얼마 후 그가 세례를 받는 스프링필드를 다시 방문했다. 누군가가 나에게 보여준 진정한 관심 덕분에 쓸 수 있었던 책을 그가 읽고 있었기에, 나도 그에게 진정한 관심을 가지게 되었다.

공항에서의 이런 만남처럼 나는 수천 번의 우연한 교차점을 경험했고, 그것은 나와 다른 사람들이 관중석에서 경기장으로 이동하는 데 도움이 되었다. 당신도 그런 경험이 있을 것이다. 나는 영감을 받아 낯선 사람들과 함께 울고 기도했다. 수많은 꿈이 실현되는 것을 목격했고, 사람들이 예수님과 더 좋은 친구가 되는 것도 보았다. 이 모든 일이 일어난 이유는 간단하다. 누군가가 나에게 진정한 관심을 가져 주었기 때문이다. 이것은 우리가 마음만 먹으면 누구나 똑같이 가질 수 있는 힘이다.

Chapter 13
비교는 멍청한 짓이다

우리는 신발 끈을 묶지 않고도
마음을 함께 묶을 수 있다.

공동체를 잘 운영하고 다른 사람들에게 진심으로 관심을 쏟으려면 주의해야 할 지뢰가 있다. 바로 '비교'다. 때때로 모든 사람이 당신보다 더 나은 삶을 살고 있다고 느낄 때가 있을 것이다. 그러나 자신의 삶을 다른 사람의 것과 비교해서는 절대로 자신의 목적을 찾을 수 없다. 자신의 포부를 다른 사람에게 떠넘기거나 영감을 주는 격투기 시합인 양 순위를 매기려 하지 말아야 한다. 그런데 내가 이렇게 말해놓고도 기가 막힌 게 무엇인지 아는가? 매일 다른 사람들에게 이렇게 말하면서도 나 또한 비교를 두고 여전히 고전한다는 것이다. 만약 나의 포부를 다른 사람의 포부와 비교할 때마다 팔굽혀펴기를 한 번씩 했다면 나는 이미 근육질 몸매를 가졌을 것이다.

비교는 하지도 말고 속지도 말아야 한다. 비교는 멍청한 짓이다. 하루에도 몇 번씩 거울을 보면서 하나님께서 주신 아름다운 당신의 얼굴을 바라보

라. 그리고 하나님께서는 당신이 완전해지기 위해 필요한 모든 것을 가졌는지 절대 궁금해하지 않으셨다는 사실이 믿길 때까지 스스로에게 계속 상기시키라. 당신은 자신이 놀랍도록 창의적이면서 때론 실수도 하는, 재능이 있지만 쉽게 산만해지기도 하는 역사상 유일무이한 사람이라는 것을 알고 이 여정에 참여하면 된다.

세계 최고의 소총 사격수 중 매트 에몬스Matt Emmons라는 올림픽 선수가 있다. 만약 벼룩에 털이 있다면 그는 100야드(약 91미터) 거리에서도 벼룩의 털을 잘라낼 수 있을 것이다. 2004년, 그는 미국 대표로 올림픽에 출전하여 금메달을 눈앞에 두고 있었다. 아무도 그의 점수 집계에 근접하지 못했다. 마지막 한 발만 더 쏘면 시상대에 올라 메달을 받을 수 있는 상황이었다. 그는 과녁의 어느 부분이든 맞추기만 하면 되는 상황이었다. 흰색 부분이든 검은색 부분이든 어디든 말이다.

자세를 고정하고 숨을 반쯤 들이마신 후, 방아쇠를 당기면서 그는 천천히 숨을 내쉬었다. 다시 한번, 그가 쏜 총알은 또 하나의 과녁 한가운데에 정확히 꽂혔다. 하지만 환호성도 박수 소리도 없었다. 완전한 침묵만이 있었다. 매트가 다른 사람의 과녁을 조준했기 때문이었다. 이것을 '교차사격cross fire'이라고 하는데, 올림픽에서는 자주 일어나지 않지만 우리 삶에서는 매일 일어나는 일이다. 많은 사람들과 마찬가지로 매트도 잘못된 목표물을 완벽하게 맞혔지만, 다른 사람의 목표물을 선택함으로써 승리를 놓쳤다.

바울은 성도들에게 편지를 쓰면서 이 땅에서 반복할 가치가 있는 것을 말했다. 그는 그들에게 받은 부르심에 합당한 삶을 살라고 권했다(엡 4:1). 다시 말해 다른 사람의 목표가 아닌 자신의 목표를 향해 나아가라는 것이다.

만약 하나님께 영광 돌리는 일을 하고 싶다면, 다른 누군가가 되려 애쓰지 말고 당신 자신이 되어야 한다. 자신의 포부를 파악하고, 이해하고, 소유하라. 그것을 향하여 조준하고 방아쇠를 당겨라. 다른 사람의 꿈을 자신의 꿈과 혼동하거나 자신의 꿈이 다른 사람의 꿈과 비슷해야 한다고 생각하면 낭패를 볼 수 있다. 매번 항상 그럴 것이다. 하나님은 당신을 특별한 재능을 가진 존재로 만드셨다. 그러니 자신만의 경주를 하라. 우리는 신발 끈을 묶지 않고도 마음을 하나로 묶을 수 있다.

우리는 모두 놀랍도록 다양한 포부가 있다. 악하거나 부도덕하거나 해롭거나 부당한 포부를 제외하고, 우리가 할 일은 다른 사람의 포부를 조사하거나 점수 매기거나 불리하게 만드는 것이 아니다. 자신의 포부에 집중하라. 다른 사람들과 같은 생각을 하려 하지 말고 당신의 것만 생각하라. 비행기를 복원하거나, 산에 오르거나, 라마를 키우거나, 주기율표에 새로운 원소를 추가하고 싶다면 그렇게 하라. 당신의 생각을 중심으로 공감대를 형성하는 일을 두고 걱정하지 말고 허락을 구하는 것을 멈추라. 당신의 삶에서 일어나는 일에 집중하고 다른 사람들의 일을 알아내려고 노력하지 말라.

만약 당신과 같은 것을 원하는 사람을 찾았다고 해도 그들에게 동조하거나 그들의 확인을 받거나 그들과 합의를 추구할 필요는 없다. 그저 마음이 맞는 사람을 만났다는 사실에 기뻐하라. 물론 뜻이 맞는다면 말이다. 예수님께서 우리에게 바라시는 것처럼 '하나'가 돼라. 그러나 '하나 됨'이 '동일함'을 의미한다고 생각하는 실수는 범하지 말라. 그렇지 않으니 말이다.

당신의 마음속에서 어떤 꿈이 솟아나고 있든 간에 당신과 비슷한 꿈을 꾸어 온 사람들이 몇 명 있을 것이다. 당신이 쓰고 싶은 것과 같은 주제로 누군가가 이미 책을 썼다고 해서 동요하지 말라. 대부분의 컨트리 음악과 서부 음악은 동일한 세 개의 코드로 연주할 수 있으며 '큰 낡은 트럭big ole truck'이라는 가사가 있다. 그렇다고 가스 브룩스Garth Brooks가 그의 다음 곡을 쓰지 않았던 것은 아니다. 그러니 그러한 것 때문에 멈추지 말라.

다른 사람들이 했던 것과 똑같은 방식으로 일해야 한다고 생각하는 함정에 빠지기는 쉽다. 또한 당신이 직면한 것보다 더 작은 장애물이 있는 더 쉬운 길을 누군가는 지났다고 생각하는 것도 유혹적이다. 누가 알겠는가, 어쩌면 그랬을 수도 있다. 그러나 꿈을 좇으려면 그들 앞에 놓인 길이 아니라 당신 앞에 놓인 특정한 길을 따라갈 수 있도록 훈련된 명석한 머리와 넓은 시야가 필요하다.

나는 그레이스라는 한 여성을 만나 그녀의 포부를 들었다. 그레이스는 편견과 삶의 여러 장애물에 맞서며 성장한 유색 인종 여성이다. 그러나 그녀의 마음은 크나큰 친절과 예수님으로 가득 차 있어서 교활함이나 괴로움이 들어설 여지가 없었다. 그레이스의 포부는 강연가가 되어 자신이 배운 사랑과 수용, 좌절과 예수님에 대해 나누는 것이었다. 비슷한 좌절을 겪은 강연가들이 많이 있기는 하다. 하지만 그레이스에게 필요한 것은 자신의 경주를 달리는 것과 자신에게 진심으로 관심이 있는 사람들을 얻는 것이었다.

그녀는 많은 청중 앞에서 강연을 해본 적이 없었다. 카메라가 많은 큰 무대에 선 적이 없었기에 그녀가 다른 무대에 오르는 데 필요한 역량이 있다는 것을 증명할 수 있는 강연 영상도 없었다. 이는 비슷한 포부를 가진 사람이라면 누구에게나 친숙한 딜레마였다. 그녀에게 필요한 것은 포부에 대한 더 많은 정보가 아니라 단지 기회였다.

그레이스와 만났을 때, 나는 며칠 후에 3천 명의 사람들 앞에서 강연이 있을 예정이었다. 무대를 향하는 고사양 비디오카메라가 많이 있을 것을 알았기에, 나는 그레이스에게 함께 하자고 초대했다. 하지만 아무에게도 사전에 이 생각을 나누지 않았다. 우리는 손을 꼭 잡고 무대 위로 걸어 나갔다. 그레이스와 함께 마이크 앞으로 걸어가서 그녀에게 "시작하세요"라고 속삭인 후 카메라 프레임 밖으로 나왔다. 아마도 다시는 그곳에서 강연 초대는 받지 못할 것이다. 하지만 그곳에서 무슨 일이 벌어졌는지 아는가? 그레이스는 강연으로 그곳을 압도했다. 그녀가 전한 이야기는 내가 오랫동안 들어본 강연 중에서 매우 큰 영감을 준 강연이었다. 모두가 그녀를 사랑했을 때 나는 놀라지 않았다. 그레이스는 이제 많은 곳에서 강연을 한다.

그레이스는 자신의 앞뒤에 있는 좌절과 장벽을 이유로 수천 가지 불평을 토로할 수 있었다. 비교 게임을 하면서 다른 사람들이 자신보다 더 쉽게 성공했거나 더 뛰어난 강연가라고 생각했을 수도 있었다. 하지만 그레이스는 자신만의 길을 걸었고, 그 길이 그녀를 마이크 앞으로 이끌었다. 그레이스는 최선을 다하였으며 그것은 아주 훌륭했다. 잘 들어보라. 당신도 최선을 다하는 것만으로도 충분하다.

내 법률 사무소에서 법률 보조원으로 수년간 일했던 애런이라는 친구가 있었다. 그에게 포부를 물었더니 정말로 되고 싶은 것은 변호사라고 말했다. 하지만 그에게는 문제가 있었다. 로스쿨을 다닐 3년 간의 시간적 여유가 없었고, 부양해야 할 세 자녀와 아내가 있었다. 또한 로스쿨 학비로 쓸 20만 달러도 없었다. 그래서 우리는 워싱턴주 변호사 협회를 찾아갔다. 당시 내 법률 파트너였던 대니와 나는 10년 동안 페퍼다인 로스쿨에서 강의를 해 왔는데 둘 다 가르치는데 꽤 소질이 있었다. 우리는 애런이라는 한 명의 학생으로 자체 로스쿨을 만들 수 있는지 물었다. 가능하단 답변에 마치 제다이(영화 '스타워즈'에 나오는 가상 조직-역자 주) 같은 일을 한 것 같았다.

그 후 4년간 우리 법률 사무소의 모든 변호사들은 번갈아 가며 애런에게 법률을 가르쳤다. 우리는 각자의 역할에 잘 어울리는 로스쿨 이름이 적힌 후드티를 입었다. 졸업식 날이 되어 우리는 애런에게 졸업생 대표로 연설을 하게 했다. 그는 반에서 꼴찌였다. 그러나 이야기를 좀 더 하자면 애런은 변호사 시험을 치르고 합격했다. 그 일이 일어났을 때는 그도 우리만큼 놀랐다. 그는 피날레를 장식했다. 애런은 전통적인 길을 걷지는 않았지만 결국 원했던 목적지에 도착했다. 그는 허락을 기다리는 것을 멈추고 기회에 뛰어들었다.

내가 당신에게 이러한 것들을 말하는 이유가 바로 여기에 있다. 세상은 당신의 포부를 성취할 수 있는 방법이 몇 가지밖에 없다고 말해 왔지만 그것은 사실이 아니다. 당신의 길을 다른 사람의 길과 비교하거나 다른 사람이 했던 방식대로 해야 한다고 가정하면 당신은 위대한 모험을 놓치게 될 것이다. 인생에서 더 많은 목적을 찾고자 한다면, 자신만의 포부를 찾고 있다면, 다른 사람들이 그들의 포부를 가지고 앞으로 나아갈 길을 찾도록 도와주라. 그들의 포부와 비교하거나 그들의 포부로 인해 길을 잃지 말고 이를 행하되, 멋진 여정을 위해 안전벨트를 매라.

&

자, 방향을 전환하자. 지금까지는 우리의 포부와 그것을 발전시키는 방법 그리고 방해 요소를 주제로 이야기하는 데 시간을 보냈다. 이제 우리의 꿈을 실현하려면 무엇을 해야 할지 자세히 알아보도록 하자.

Part 2

비현실적인 기대치 설정하기

Chapter 14
잎을 모으라

자신의 포부를 성취하려는 사람들은
그것들을 구체적으로 생각한다.

추수감사절을 몇 주 앞둔 어느 가을, 스위트 마리아와 나는 친한 친구들과 함께 애팔래치아산맥을 방문할 기회가 있었다. 차를 몰고 그 지역으로 올라가는 동안, 오르는 언덕마다 나무들이 가을에서 겨울로 접어들면서 오렌지색, 노란색, 빨간색으로 물들어 마치 소용돌이치는 듯 아름다운 풍경을 보여주었다. 우리는 야자수가 많은 캘리포니아 남부에 살고 있다. 만약 당신이 종려 주일에 사용할 야자수 잎이 필요하다면 우리가 보내 줄 수 있다. 다만 다채로운 색상의 나무가 부족하고 잎사귀 수도 적다. 이번 여행에서 본 단풍은 우리에게 놀랍도록 이국적이어서 우리는 그 모든 것에 흠뻑 빠져들어 버렸다. 스위트 마리아와 나는 마치 작은 군중이 된 것처럼 길의 모퉁이를 돌 때마다 "우아!", "와!"라고 탄성을 지르며 불꽃이 터지듯 화려한 색깔이 하늘로 폭발하는 것을 지켜보았다.

목적지에 도착한 우리는 숙소를 정하고 경치를 즐기며 하루를 보냈다. 스위트 마리아의 포부 중 하나는 사람들이 환영받는다고 느끼게 하는 것이다. 이를 위해 그녀가 하는 여러 가지 방법 중 하나는 아름답고 매력적인 식탁을 차리는 것이다. 스위트 마리아는 이 일을 놀라울 정도로 잘 해내고 있으며, 사람들을 향한 그녀의 사랑은 우리의 포부가 시끄럽거나, 동떨어져 있거나, 규모를 조정해야 하거나, 저녁 뉴스를 장식할 필요가 없다는 것을 아주 잘 일깨워 준다. 하나님은 그분이 창조하신 것을 기뻐하시며 우리의 포부를 비교하지 않으신다. 어떤 포부는 조용하고 깊고 풍부해서 그것의 유일한 청중은 맞은편 탁자에 앉아 있는 사람일 수도 있다.

우리가 산에 있었기에 스위트 마리아는 나에게 추수 감사절 식탁을 꾸밀 밝은색의 잎들을 모아올 수 있는지 물었다. 나는 바구니를 들고 "내가 바로 그런 일을 하는 사람이야!"라고 말했다. 내 말은, 바구니에 나뭇잎 몇 장을 골라 담는 것이 뭐 그리 대수겠느냐는 뜻이었다. 그것들은 그리 무겁지 않기 때문이다.

나는 밖으로 나가서 낙엽을 밟으며 가장 완벽한 모양과 가장 선명한 색상의 잎들을 찾아다녔다. 30분 후, 스위트 마리아가 나의 진행 상황을 확인하러 왔다. 그녀가 내 옆으로 다가왔고, 우린 둘 다 여전히 텅 비어 있는 바구니를 들여다보았다. 나는 단 한 장의 잎사귀도 줍지 못했다. 선택할 수 있는 잎이 너무 많아서 어떤 것을 골라야 할지 몰랐기 때문이었다.

포부를 선택하는 것도 마찬가지다. 선택할 수 있는 것이 너무 많아 무력해질 수도 있다. 때로는 어디서부터 시작해야 할지 막막할 때도 있다. 만약 지금 당신이 그렇다면, 잠시 멈추고 어떤 포부가 다른 모든 포부보다 더 아름답고 지속적이며 영향력이 있는지 자문해 보라. 여기에는 약간의 분별력이 필요하다. 이것은 다양한 종류의 빵들이 선반 가득 있는 멋진 빵집에 들어가는 것과 같다. 사실 모든 것이 좋아 보일 때 때로는 선택하기가 더 어렵다. 그러나 포부를 향해 나아가고자 한다면, 모든 것에 감탄하면서 아무것도 선택하지 않는 것보다는 몇 가지를 선택해 그것을 추구하기로 결심해야 하는 때가 많다.

결과도 마찬가지다. 때때로 우리는 바구니를 넘치도록 가득 채워서 최고의 포부를 더할 공간이 없을 때도 있다. 어쩌면 당신은 너무 많은 포부를 품고 시작하는 바람에 어느 것 하나도 명확하게 보기 어려운 상황일 수 있다. 이럴 때 고민해 볼 가치 있는 질문은 다음과 같다. 당신이 매일 수집하는 새로운 포부는 더 나은 포부인가, 아니면 단지 더 많은 포부인가?

우리의 삶은 우연이 아니기에 포부를 통제할 수 없는 것으로 여기지 않아도 된다. 포부를 두고 당신은 당신이 생각하는 것보다 더 많은 권한이 있다. 많은 사람들이 매직 8볼Magic 8-Ball(운세를 보거나 충고를 얻는 데 사용하는, 마텔에서 만든 장난감-역자 주)의 바닥에 나타날 답을 찾듯이 자신이 추구할 포부를 결정하고는 한다. 그러나 가치 있는 포부를 꿈꾸려면 엄청난 창의력이 필요하며 그중 몇 가지를 실행하려면 훨씬 더 많은 전략이 필요하다. 행복한 결과를 바라기만 하는 마음은 전략이 아니라 미루기일 뿐이다. 나뭇잎을 감상하는 것과 나뭇잎을 따는 것은 같지 않다. 당신의 포부가 비상하길 원한다면 바구니에 나뭇잎 몇 장을 담아라. 그저 서서 바라보고만 있지 말라.

포부를 이루는 핵심은 두 가지 중요한 부분을 포함한다. 첫째는 포부를 식별하는 것identify이고, 둘째는 포부를 검증하는 것vet이다. 이것은 단순하면서도 어려운 일이다.

지금은 식별하는 부분에 집중할 것이다(검증하는 부분은 다음 챕터에서 다룰 예정이다). 이전 챕터에서 당신은 이미 몇 가지 포부를 정리하여 펌프를 작동하기 위한 마중물을 준비해 두었다. 이제 목록을 다시 살펴보고 좀 더 작성해 볼 시간이다. 좋은 생각과 아이디어, 포부는 적어 두지 않으면 때로는 잃어버릴 수 있다. 마치 들판을 가로질러 언덕으로 달려가 버리는 나쁜 개와 같다. 나중에 휘파람을 불어도 개는 이미 사라진 지 오래다. 기억을 믿지 말라. 그것은 정말 필요할 땐 나타나지 않는 변덕스러운 친구와도 같으니 말이다.

과거에 이루지 못한 포부를 진지하게 고민해 보는 것은 생각을 정리하는 데 좋은 시작점이다. 왜 그것들이 여전히 미뤄져 있는지, 왜 저항을 받거나 무시당했는지 자문해 보라. 당신은 이미 당신이 어디로 가고 싶은지 안다. 그 목적지에 당신의 꿈을 맞추어 보라. 당신의 포부가 수산시장에 있는 죽은 물고기처럼 놀라고 멍한 표정으로 당신을 쳐다보는 것처럼 느껴질 수 있다. 그것들은 어쩌다가 자신들이 부서진 얼음 더미 위에 놓이게 되었는지 알지 못할 것이다. 당신이 무엇을 원하는지, 어떻게 그것을 얻을 것인지 알아야 한다.

너무 많은 낙엽을 모아서 어느 것부터 시작해야 할지 알기 어려울 수도 있다. 괜찮다. 이곳은 무한한 가능성으로 가득 찬 최고의 장소다. 머리가 터지지 않도록만 조심하라. 한 가지 간단한 지시 사항은 그것들을 모두 적어 두라는 것이다. 그렇게 해야 잎을 분류할 수 있기 때문이다. 과거의 모든 구석구석, 사소한 변덕 하나하나까지 모두 살펴보라. 자꾸만 반복되는 일들에 주목하라. 나는 선교사가 되고 싶다, 나는 퍼시픽 크레스트 트레일Pacific Crest Trail을 등반하고 싶다, 나는 프랑스어를 배우고 싶다, 나는 피지를 방문하고 싶다, 나는 타조를 타고 싶다 등 모든 것을 적으라. 당신이 왜 이러한 것들을 원하는지, 이러한 포부가 어떤 중요한 목적을 달성하는 데 도움이 될지 적어 보라.

당신이 적는 것들에 큰 필터를 걸지 말라. 사실 당신에게서 나온 말이라면 처음에는 모든 것을 목록에 포함할 수 있다. 신뢰하는 친구나 가족에게 당신이 과거에 했던 말을 상기시켜 달라고 부탁하라. 일상의 무게에 덜 짓눌렸던 고등학교나 대학교 시절의 오래된 일기장을 살펴보라. 앞으로 나아갈 길이 확실하지 않다면, 하나님께 기도하여 앞으로 나아갈 길을 보여 달라고 간구하라. 그분의 방식을 따라 몇 가지 아이디어를 던져보고, 예수님께서 말씀하셨던 위로자이자 상담자이신 성령님께서 어떻게 당신과 함께하실지 지켜보라.

아이디어를 활성화할 방법을 원한다면 예수님께서 정말 중요하다고 말씀하신 일들을 해 보라. 배고픈 사람들부터 시작해서 목마른 사람들, 아픈 사람들, 낯선 사람들, 벌거벗은 사람들, 감옥에 갇힌 사람들을 도와주라. 누군가의 배고픈 때를 항상 알 수는 없지만 배고픈 사람들은 어디에나 있다. 벌거벗은 사람은 그보다는 좀 더 드물긴 하지만 만나는 순간 알게 될 것이다. 기회가 된다면 과부와 고아도 돕는 것을 잊지 말라. 당신을 위한 하나님의 목록은 더 길면 길었지, 짧지는 않을 것이다.

실용성을 높이라. 목록을 작성하고 생각할 수 있는 모든 포부를 추가하라. 방대한 목록을 작성할 때 모든 항목이 크고 고상하며 주목할 만한 것이어야 할 필요는 없다는 점을 기억하라. 다음은 내 초기 목록에 포함된 몇 가지 사항이다. 7개 대륙 모두 방문하기, 비행 방법 배우기, 밴드의 리드 기타리스트 되기, 항공모함에서 하룻밤 보내기, 오리 키우기, 멋진 공동체 만들기, 한 달 동안 휴대 전화 사용 안 하기, 편도선 제거하기, 클래식 자동차 복원하기, 첼로 배우기, 25파운드 감량하기, 악어와 씨름하기, 한 달 동안 돈 쓰지 않고 살기, 킬리만자로 등반하기, 마라톤 완주하기, 회사 차리기, 사람들이 믿음 문제를 다루는 방식을 변화시키기, 작사하기, 대통령 집무실에 가 보기, 다리 밑에서 자기, 한 생명 구하기, 전쟁 종식 돕기, 테이저건 구하기, 자동차를 열선으로 연결하는 방법 배우기, 자물쇠 따기, 비행기로 세계 일주하기, 새로운 국경일 만들기 등이다. 편도선을 제거하는 일은 여전히 논쟁 중이지만 일단은 목록에 남겨두기로 했다.

내 목록의 항목들이 매우 구체적이라는 것을 알 수 있을 것이다. 나는 내가 씨름하고 싶은 악어의 크기(헤드록을 걸 수 있을 만큼 아주 작아야 할 것이다)를 더 구체적으로 정할 수도 있었다. 검증되지 않은 포부 목록을 작성할 때는 최대한 구체적으로 적고 자세히 살펴보라.

당신의 포부 중 하나가 행복하고 만족스러운 삶을 영위하는 것이라고 가정해 보자. 나를 포함해 대부분의 사람들도 같은 말을 할 것이다. 하지만 이 아름다운 포부를 향해 나아가려면 좀 더 구체적으로 접근해야 한다. 무엇이 당신을 행복하고 만족스럽게 하는지 자문해 보라. 강아지를 키우는 것이 효과가 있을까? 그렇다면 두 마리는 어떤가? 백만 달러를 따면 좋을까? 나도 참여하게 해 달라. 200만 달러를 기부하면 훨씬 더 행복하고 성취감을 느낄 것 같은가? 그렇다면 니도 기기에 참여하고 싶다. 유명해지고 싶은가? 누구에게 얼마나 유명해지길 원하는가? 우정이 쌓이길 원하는가, 아니면 퇴직 연금이 쌓여 부유해지길 원하는가? 당신이 아주 유명하거나 부유하다는 것을 어떻게 알 수 있는가? 자신의 측정 기준을 파악해 두라. 시리얼 상자에 당신의 사진이 실리길 원하는가? 맞춤형 나이키 신발에 실리는 것은 어떠한가? 우체국 수배 포스터는 어떠한가? 아니면 사랑하는 이의 지갑 속에 있는 작은 사진 한 장이면 충분할 것 같은가?

구체화하는 동안 현실을 직시하라. 이것이 바로 포부를 성취하는 사람들이 하는 일이다. 실제로는 원하지 않지만 말해야 할 것 같은 크고 멋지고 고상한 것은 적지 말라. 솔직하게 적어라. 단순히 '관대함'을 목표로 하지 말라. 당신에게 '관대함'이란 어떤 것인지 구체적이고 생생한 예를 적어 보라. 마음이 넉넉하다는 뜻인가? 그렇다면 어떻게 하면 관대할 수 있는가? '매일 여섯 명의 노인 안아주기' 또는 '한 달에 한 번씩 이웃집에 파이 가져다 주기'라고 적을 수도 있다. 세계 기아 종식도 놀라운 일이지만, '동네 길 건너편에 푸드 팬트리food pantry(음식이 필요한 사람에게 식품을 무료로 나누어 주는 미국의 문화-역자 주) 열기'나 '배고파 보이는 직장 동료와 점심을 나누어 먹기'는 어떠한가? 그 보상으로 노벨상을 받을 수는 없겠지만 굶주린 사람은 줄어들게 될 것이다. 그게 중요한 게 아닐까?

제한적인 믿음이 '진정으로 현실적인'이란 말의 의미를 두고 거짓말하지 않도록 주의하라(이 부분은 나중에 자세히 설명하겠다). 만약 당신의 포부가 물리 법칙을 깨뜨렸을 때만 이룰 수 있는 것이라면 그것은 정말 비현실적인 일일 것이다. 그러나 어렵거나 가능성이 낮다고 해서 그것이 비현실적인 것은 아니다. 예를 들어 당신이 날고 싶어 한다고 가정해 보자. 중력 문제(그런게 있다)가 있었지만, 1인용 제트팩을 발명한 한 프랑스인이 중력의 한계를 극복할 수 있는 해결책을 내놓았다. 그들이 그것들을 아마존에서 판매할 때 나는 몇 개씩 사고 있다. 만약 당신이 위로 날아가는 것보다 날아다니는 것을 더 선호한다면 윙슈트wing suit(활강용 특수 낙하산 강하복-역자 주)를 입어보는 것도 좋을 것이다. 또 다른 프랑스인이 1905년에 발명했다. 그는 윙슈트를 입고 에펠탑에서 뛰어내렸는데 안타깝게도 추락했다. 비난받을 제한적인 믿음은 아니었고 단지 엔지니어링이 잘못되었을 뿐이었다. 80년 후 다른 누군가가 이 문제점을 해결하여 죽지 않고 살게 되었다. 그 윙슈트를 사라. 파티나 자녀의 축구 경기, 식료품점에서 멋지게 보일 것이다. 과속으로 적발되어도 딱지를 끊지 않을 것이라고 약속한다.

포부로 바구니를 채우는 것은 〈드림 빅〉 프로세스에서 내가 가장 좋아하는 방식이다, 그것이 바로 나의 방식이기 때문이다. 당신도 바구니를 채우면서 희망과 낙관주의, 에너지, 미래를 향한 비전으로 마음이 가득 찼으면 좋겠다. 당신이 나와 같다면 목록을 볼 때마다 전율이 느껴져 팔굽혀펴기를 천 번 하고 1평방 마일 내에 있는 모든 사람에게 하이 파이브를 하고 싶을 것이다. 그게 핵심이다! 당신의 내면에서 울려 퍼지는 포부를 인식하고 이름을 붙이기 시작하면 열정과 목적으로 가득 찬 삶에 새로운 시야가 열릴 것이다. 당신의 목록은 가능성의 블루오션이다. 이제 당신이 다음에 무엇을 할 것인지 알아보자.

Chapter 15
평가하기

선택하지 않고서는
포부를 이룰 수 없다.

고등학교 때, 나는 두 가지 포부가 있었다. 언젠가는 은행에 100달러를 예치해 두고 싶었고, 졸업 파티에 함께 갈 파트너도 구하고 싶었다. 이것은 분명 야심 찬 목표였다. 그때 나는 전혀 가진 것이 없었고, 데이트를 한 번도 해본 적이 없었고, 어떠한 가능성도 보이지 않았기 때문이었다. 그러나 방과 후에 시내에서 핫도그를 팔면서 어찌저찌하여 100달러짜리 유리 천장을 깨뜨렸다. 같은 주에는 폴라가 졸업 파티에 함께 가겠다고 말했다. 나는 승승장구하고 있었다. 꿈을 이루고 있었고 멈출 수가 없었다. 돈과 데이트 상대가 있었기에, 모아둔 돈을 가지고 폴라와 함께 졸업 파티에 도착하면 하얀 비둘기가 내 차에서 날아갈 것이라고 확신했다.

나는 가진 100달러를 사용하여 턱시도를 빌렸고, 남은 약간의 돈으로 다른 남자와 함께 비둘기장이 달린 리무진을 빌렸다. 그런데 졸업 파티 이

틀 전에 폴라가 나보다 더 늠름한 남자에게서 더 좋은 초대를 받았다. 그곳은 대부분이 18살짜리 성인 남성들과 일부 16살짜리 소년들이 참석 예정인 곳이었다. 그녀는 나를 괴롭혔던 불량배처럼 나를 '스팟'이라고 부르지는 않았지만, 샤피로 팔에 기린을 그려 넣은 남자와 춤추는 것을 좋아하지는 않았던 것 같다. 결국 그녀는 나와 함께 졸업 파티에 가지 않을 것이라고 말했고, 나는 망연자실했다.

거기에 내가 있었다. 돈도 데이트 상대도 없이, 턱시도와 리무진 반쪽 그리고 프라이팬에 튀기지 않는 한 딱히 쓸데없는 흰 비둘기 한 무리와 함께 말이다. 춤은 건너뛰었지만 내가 목표로 삼고 있었던 것들을 두고 훌륭한 인생 교훈을 얻었다. 이러한 일은 우리의 포부 중 일부가 가치 없거나 지속되지 않는다는 사실이 밝혀질 때 일어난다. 돈과 폴라를 얻었더라면 그것이 추구할 가치가 있는 아름답고 크고 지속적인 포부였을 것이란 의미가 아니다. 연애든 직업이든 다른 무엇이든 간에, 나는 다시는 나를 원하지 않는 것을 원하지 않기로 결심했다.

어렸을 때는 포부를 검증할 도구가 없어서 분별력 부족으로 비용이 많이 들었다. 하지만 가치 있는 포부를 선택하는 방법에 대한 중요한 교훈을 얻었다. 그것이 바로 검증이며 우리가 앞으로 나아갈 방향이기도 하다.

&

진정성 있고 지속적인 포부를 찾는 것은 쉬운 일이 아니다. 만약 그랬다면 당신은 이미 이루었을 것이다. 이를 위해 딩신이 무엇에 관심이 있는지,

무엇을 위해 전부를 걸 수 있는지, 왜 그렇게 두려워하는지에 대한 답을 모두 고민해 봐야 한다. 파헤치고, 분류하고, 생각하고, 다시 생각하느라 시간이 좀 걸릴 것이다. 그러나 그 노력은 그만한 가치가 있다. 무엇이 당신을 빛나게 하고 다른 포부보다 오래 지속될 것인지 알게 되면, 그것은 당신의 다음 단계에 영향을 미칠 것이기 때문이다. 이러한 포부는 험난함이나 어려움 없이 당신이 원하는 대로 완벽하고 깔끔하게 정돈되어 나타나지 않을 것이라고 나는 확신한다. 하나님은 종종 남자가 포장한 것처럼 선물을 포장하신다(괜찮다. 우리도 대부분 이러한 일에 서툴지 않은가). 추구할 만한 가치가 있는 포부는 보통 처음에는 조금 구겨지고 접착테이프가 덕지덕지 붙어 있다. 이 검증 과정에서 실망하지 말라. 더욱 박차를 가해 아름다운 포부를 추구하는 데 필요한 일을 하겠다는 결심을 굳게 하라.

포부를 검증하다 보면 당신은 다양한 크기의 가능성과 어려움에 직면하게 될 것이다. 당신의 꿈이 쉬운 것, 어려운 것, 불가능해 보이는 것의 세 가지 크기로 있다고 가정해 보자. 포부의 크기가 반드시 성취의 어려움을 나타내는 것은 아니다. 대신에 그것들이 당신과 주변 사람들의 삶에 미칠 영향의 크기를 고려하라. 작은 포부는 우리가 단순히 궁금해하는 것일 수 있다. 이런 것들은 우리를 개인적으로, 신체적으로, 지적 혹은 관계적으로 성장하게 할 것이다. 다만 우리 삶의 방향을 정의하는 목적은 담겨 있지 않을 수 있다. 지금만 그저 재미있어서 달성하기 위해 노력할 가치가 있는 것들일 뿐이다.

예를 들어, 나는 스카이다이빙을 배우고 싶어서 몇 주 동안 강습을 받고 자격증을 취득했다. 비행기에서 뛰어내리는 데는 0.5초밖에 걸리지 않았다. 낙하산이 펴지지 않았다면 점프를 완료하는 데는 약 1분 정도 걸렸을 것이다. 좋은 결말이든 나쁜 결말이든 포부는 아주 빠르게 달성되었을 것이다. 쉬운 포부의 특징은 종종 신속하게 성취할 수 있다는 것이다. 이렇게 작고 쉬운 포부를 추구하는 것은 당신에게 활력을 불어넣고 더 큰 도전을 향해 나아가는 데 필요한 추진력을 주므로 도움이 된다. 또한 다른 열망의 불길에 부채질을 하여 당신이 매일 아침 기운차게 일어나는 데 도움이 될 것이다. 작은 포부는 때때로 더 큰 포부로 이어질 수 있다.

전직 올림픽 아이스 스케이팅 선수였던 내 친구 스콧 해밀턴의 이야기를 예로 들어 보겠다. 어린 시절에 입양되었던 그는 빙판 위에서 백 텀블링(뒤로 공중제비 돌기-역자 주)을 하겠다는 어려운 목표가 있었다. 이것은 올림픽에서 금메달을 따겠다는 더 큰 포부로 바뀌었다가, 네 명의 가족을 부양하겠다는 거대한 포부로 바뀌었다. 그리고 이 포부는 두 명의 아름다운 아이티 아이들을 입양하겠다는 더욱 거대한 포부로 이어졌고, 지금은 기쁨과 확고한 의지로 뇌암과 맞서 싸우면서 전 세계적으로 뇌암 치료법의 인식을 높이겠다는 괴물 같은 포부로 이어졌다. 그리고 당신도 알다시피, 그는 그것을 이루고 있다.

작은 포부를 단순히 해야 할 일이나 포부를 이루기 위해 해야 할 일과 혼동하지 말아야 한다. 대부분의 사람에게 쓰레기를 버리는 것은 일상의 일일 뿐이다. 월요일 아침 일찍, 쓰레기 수거차가 오기 전에 해야 하는 일이다. 그런데 어떤 사람에게는 단순히 해야 할 일로만 보일 수도 있는 일이, 또 다른 누군가에게는 아름다운 포부가 될 수도 있다. 예를 들어, 내 이웃인 팻은 월요일 아침이면 일찍 일어나 쓰레기를 내다 놓는다. 이것은 우리에게도 일상의 일이다. 그런데 그는 거기서 멈추지 않고 이웃의 쓰레기통도 함께 내다 놓는다. 나는 그 이웃 중 한 명이어서 이 사실을 잘 알고 있다. 팻이 왜 이런 일을 한다고 생각하는가? 이것은 팻에게 단순히 일이 아니라 예수님의 말씀을 따라 이웃을 사랑하겠다는 그의 아름다운 포부의 한 표현인 것이다. 그는 그 일을 하려고 바다를 건널 순 없기에 길을 건넜던 것이다. 팻은 사실 북미 전역에서 매우 성공한 레스토랑 경영자이지만, 그에게는 이웃의 쓰레기통을 내다 놓아 주는 일도 자신의 사업 못지않게 중요한 일이었다. 이웃에 사는 사람들을 사랑하는 방법으로 쓰레기통을 내다 놓아 주는 것보다 더 실질적인 방법이 있을까? 천재적인 발상이었다. 작은 것이었지만, 팻에게는 단순히 일이 아니라 하나의 거대하고 고귀하며 가치 있는 포부의 실현이었다. 당신의 포부는 무엇인가?

　나에게도 중간 크기의 다소 어려운 포부가 몇 가지 있다. 이런 것들은 추가적인 노력이 필요한 것들이다. 이런 말을 하면 나이가 든 것 같지만, 우리 가족은 지난 25년 동안 동네에서 매년 퍼레이드를 열어왔다. 매년 수백 명의 사람이 모이며, 당신이 상상할 수 있듯이 우리 가족이 이 퍼레이드를 준비하고 진행하는 데는 많은 시간이 걸린다. 우리가 이것을 하는 이유는 지역 사회를 사랑하고 이웃과 함께하는 삶을 축하하고 싶어서다. 퍼레이드를 위해 새벽 4시에 거실에서 수천 개의 헬륨 풍선을 부풀리는 작업은, 실제로 가족 모두가 이 일을 함께한다는 더 크고 거대하며 오래 지속되는 꿈을 이룸과 동시에 이웃과 친구들을 축하하고자 하는 더 큰 포부도 이루고 있다. 풍선의 작은 끝을 묶는 것이 지겨워질 때면 우리는 왜 그것을 해야 하는지 스스로에게 상기시킨다. 당신도 그렇게 해야 한다. 그래야 일이 단순히 일이 아니라 디딤돌이 될 수 있다.

크고 불가능해 보이는 포부를 이루려면 그에 못지않은 큰 희생이 필요할 것이다. 그러한 포부들은 쉽게 또는 빠르게 성취되지 않을 것이므로 언젠가 우연히 달성할 수 있을 거라고 스스로를 속이지 말라. 환경을 개선하고 싶은가? 결혼 생활을 바로잡고 싶은가? 석사 학위를 따고 싶은가? 전쟁을 끝내고 싶은가? 아름답고 불가능해 보이는 포부들이지만, 당신의 마음이 그것들을 향해 기울어진다면 추구해 나가기를 바란다.

우리는 지난 몇 년 동안 아프가니스탄 이슬람 공화국에서 활동해 왔다. 탈레반은 어린 소녀들이 여성이라는 이유 하나만으로 읽고 쓰는 법을 배우지 못하게 하고 있다. 우리는 탈레반의 옛 수도에 학교를 세웠고, 어린 소년과 소녀 모두에게 읽고 쓰는 법과 언젠가 나라를 이끌어 가는 데 필요한 생활의 기술을 가르치고 있다. 이것은 크고 불가능해 보이는 포부였으며 상당한 위험과 희생을 수반했다. 당신의 큰 포부도 높은 대가를 요구할 수 있다. 가장 큰 포부가 쉽게 이루어질 것이라고 기대하지 말라. 이러한 포부는 불과 같은 것이다.

&

다음은 추구할 포부를 평가할 때 고려해야 할 몇 가지 사항이다.

당신의 포부는 의미 있는 것인가? 다르게 표현하자면, 가치 있고 지속 가능한가? 단순히 시간만 차지하는 일로 바쁘게 지내지 말라. 우리는 모두 자신의 악습을 선택한다. 텔레비전이나 골프, 넷플릭스 같은 것들이 당신의 시간을 빼앗고 있지는 않은가? 이런 것들은 휴식을 취하기엔 좋을 수 있지만 포부를 이루는 좋은 방법은 아닐 수 있다. 소셜 미디어에 있는 다른 사람들의 삶을 따라잡으려 하는가, 아니면 자신의 삶을 탐색하고 확장하는가? 오직 당신만이 답을 알 것이다. 나는 당신의 포부가 어떠해야 한다고 제안하는 것이 아니다. 다만 당신이 최고의 결과를 향해 나아갈 수 있도록 스스로에게 질문하고 답을 찾을 것을 권장하는 것이다.

당신의 포부를 '시도하라'. 어떤 사람들은 상황을 충분히 고려하지 않고 심지어 출발 총성을 듣기도 전에 전력 질주를 시도한다. 반면에 어떤 사람들은 출발 총성이 들려도 경기 시간이 얼마나 남았는지 혹은 어떤 신발을 신었는지 등을 생각하는 데 많은 시간을 보내느라 한 발짝도 앞으로 나아가지 못한다. 보다 중도적인 방법이 있다. 포부를 실현하는 데 필요한 시간과 희생을 감수할 가치가 있는지 판단하기 위해 포부를 '시도'하는 것이다. 집을 사는 대신 임대해 보는 것이다. 당신의 포부에 시간을 투자해 보라. 함께 공원에 가서 무릎을 맞대고, 해변을 거닐며 손을 잡아 보라. 함께 주변을 드라이브해 보라. 시간이 오래 걸리는 포부 중 하나를 다른 포부와 비교하고 가장 좋은 포부를 선택하라. 포부를 방해하는 것처럼 보이는 장애물이 현실에 기인한 것인지 두려움에 기인한 것인지 분별하라. 당신의 포부가 하나님께서 우리의 삶을 위해 가치 있다고 말씀하신 것과 일치하는지 자문해 보라. 당신의 포부는 당신의 삶에서 그것을 위한 공간을 줄 때만 가치가 있다는 것을 기억하라. 먼저 시도조차 해 볼 의향이 없다면, 어쩌면 그것은 추구할 가치가 없는 포부일 수도 있다.

당신의 포부는 오래 지속될 것이라고 생각하는가? 추구할 가치가 있는 포부는 유통기한이 가장 긴 포부다. 당신의 인생에서 지속될 것이라고 믿는 것이 무엇인지 분명히 하라. 유용한 팁을 하나 주자면 컨버터블 재규어(영국의 명품 스포츠카-역자 주)는 지속되지 않을 것이다. 잠깐은 멋있게 보이겠지만, 곧 당신은 교통 체증에 갇힌 또 한 명의 사람일 뿐이게 될 것이다. 산타나 톰 행크스가 아닌 이상 유명해지는 것도 아마 지속되지 않을 것이다. 당신의 포부가 얼마나 지속될지 테스트해 보라. 일 년 후에도 그것이 중요할 것 같은가? 십 년, 백 년 후에는 어떨 것 같은가? 솔직히 말해서 나의 초기 포부 중 상당수가 반짝이는 광택으로 시작했지만 소금물에 담근 구리 동전보다 더 빨리 변색했다는 슬픈 진실을 인정한다.

당신의 포부는 자신만을 위한 것인가, 아니면 다른 사람들에게 도움이 되는 것인가? 나의 포부를 방해하는 경향이 있었던 한 가지 문제는 내가 나 자신을 중심으로 이 모든 것을 만들곤 했다는 것이다. 어쩌면 당신도 그랬을 것이다. 나는 나의 감정과 내가 원하는 것 그리고 내가 생각하는 것이 무엇인지 잘 알고 있다. 이러한 자기 인식self-awareness은 확실히 도움이 되지만 더 많은 타인 인식이 동반될 때 유익하다. 당신의 주변 사람들은 어떤 마음인가? 그들이 원하고 생각하는 것은 무엇인가? 자신만을 위한 포부가 본질적으로 나쁜 것은 아니다. 단지 풍요로움과 깊이와 '다름otherness'의 적절한 조합이 부족할 뿐이다. 그것들은 그림의 일부이지만 전체 이미지에 가깝지 않은 픽셀에 불과하다. 올바른 방향으로 나침반을 설정하라. 항상 지속 가능하고 다른 사람들의 삶에 영향을 미치는 것들에 초점을 맞추라. 만약 당신이 주변 사람들을 위해 아름다운 것을 원하고 있다면, 당신은 당신의 인생에서 아름다운 포부를 향해 나아가고 있다는 것을 알게 될 것이다. 당신의 가장 큰 성취감은 자신이 아니라 다른 사람들을 섬길 때 올 것이다. 자신의 포부를 추구하는 것과 다른 사람을 돕는 것이 이분법적 선택이라는 생각에 빠지지 말라. 다른 사람을 돕는 것과 당신 자신에게 영감을 주는 포부 사이에서 선택할 필요가 없다. 두 가지를 동시에 할 수 있는 것들을 찾으라. 당신은 더욱 활력이 넘치고 감사하게 될 것이며, 결과적으로 당신은 삶의 더 많은 부분을 거기에 쏟게 될 것이다.

당신이 어떻게 기억되길 원하는가? 목록을 검증하는 또 다른 방법은 당신이 어떤 종류의 유산을 남기고 싶은지 생각해 보는 것이다. 당신의 장례식에서 무슨 말이 나올지 생각해 보는 것은 당신의 인생을 몇 마디 아름다운 말로 마무리하는 너무 뻔하고 현실적인 방법처럼 느껴진다. 직장의 정수기 앞에서 당신의 포부가 어떻게 회자될지 상상해 보는 것은 어떠한가?

그것은 가능한가? 너무 어렵거나 불가능해 보이는 포부라고 해서 그것을 버리지 말라. '내 포부는 현실적이지 않다'와 '시도하기 두렵다' 혹은 '정말 어려울 것이다' 사이에는 차이가 있다. 포부의 규모에 속아 포기하지 말아야 한다. 다르게 표현하자면, 아이디어의 끈을 풀어 바다를 건너 항해하는 것이 두렵다는 이유로 아이디어가 부두에 가라앉도록 내버려두지 말라. 동시에, 가치 있는 포부가 미친 꿈으로 변질되었을 때도 인정해야 한다. 내 목록을 예로 들자면, 나는 우주 비행사가 되어 달에 가고 싶어서 그것을 적어 놓았다. 하지만 현실은 내가 스페이스X$_{SpaceX}$(일론 머스크가 설립한 미국의 우주 탐사 기업-역자 주)를 소유하지 않는 한 그런 일은 일어날 수가 없다는 것이다. 일론 머스크가 언젠가 상장을 한다면 주식을 살 수는 있을 것이다. 하지만 나에게 달에 가는 것은 '그것은 가능한가?'라는 검증에도 아마 통과하지 못할 것이다. 적어도 지금은 아니다.

&

당신의 포부는 당신의 능력과 속성, 열망, 행동 의지에 부응하는가? 화살표가 당신의 재능에서 포부를 가리키는가, 아니면 전혀 관련이 없는가? 당신의 능력은 당신만의 독특한 것이다. 그것은 하나님께서 당신을 만드신 방식과 지금까지 당신이 경험한 삶의 혼합체다. 당신의 포부는 적어도 당신이 이미 알거나 경험했거나 배울 수 있는 것들에 근접해 있다고 느끼는가?

예를 들어보겠다. 만약 당신의 키가 대략 145센티미터이고 나이가 마흔다섯 살이라면, 'NBA 농구 스타가 되는 것'이 자신의 능력과 특성에 부합할 것 같은가? 솔직히 말하자면 그렇지 않을 것이다. 아니, 대답이 너무 관대했다. 절대로 그렇지 않을 것이다. 집의 차고에 농구대를 설치하고 덩크슛 연습을 할 수는 있지만, 당장 경기 당일에 프로 농구 코트에 설 수는 없을 것이다. 당신에게 세상의 모든 열망과 의지가 있다고 해도 그것이 당신의 뼈 구조나 나이를 바꿀 수는 없기 때문이다.

&

내가 기억하는 한, 나는 사람들이 모여 휴식을 취하면서 하나님과의 관계와 사람들끼리의 관계가 더 깊어질 수 있는 장소를 마련하고 싶다는 포부기 있었다. 20년에 걸쳐 우리는 내가 앞서 언급했던 오두막을 지었다. 그런데 몇몇 일꾼의 실수로 20분 만에 불타버렸다. 이유는 나중에 설명하겠다. 우리의 모든 노력은 잿더미와 녹은 유리 더미로 변해버렸고, 우리가 그곳에서 만들었던 추억은 하늘로 떠올랐다가 구름 속으로 사라졌다. 우리는 모두 상실감을 느꼈다. 당신은 집이 불에 탄 것은 아니겠지만, 어쩌면 관계나 경력, 희망이 그렇게 되었을 수도 있을 것이다.

우리는 손실을 슬퍼하는 데 일 년이 걸렸고 오두막을 재건하는 데 4년이 더 걸렸다. 거의 25년 동안 같은 포부를 추구한 것이다. 왜 내가 성인이 된 후 대부분의 시간을 이 포부를 추구하는 데 썼다고 생각하는가? 간단하다. 나는 처음부터 이것이 절대적으로 그만한 가치가 있다고 믿었다. 이 포부가 나에게 가장 중요한 것, 즉 우리 가족이 연결되고 다른 사람들을 섬기며 진정한 휴식을 찾고 예수님과 함께하는 모험으로 사람들을 초대하는 사랑에 흠뻑 젖은 장소가 될 것이라고 믿었다.

당신의 포부를 생각해 보라. 적어 놓은 많은 것 중에서 20년 이상 시간을 들여서라도 실현하고 싶은 것은 무엇인가? 그런 다음 당신의 아이디어를 스트레스 테스트해 보라. 모든 것이 잿더미로 변한다 해도 처음부터 다시 시작하겠는가? 이것이 바로 내가 말하는 결의와 의지다. 처음 그것을 짓기도 전에 타올랐던 불의 강렬한 냄새가 당신이 몇 번이고 그것을 다시 지을 것이라는 결심을 꺾지 못할 때, 당신은 자신이 가치 있고 지속적인 포부의 향기를 맡고 있다는 것을 알게 될 것이다.

Chapter 16
드럼보다는 스틱을 먼저 잡아라

당신의 포부가 어떻게 보이는지는 중요하지 않다.
그것이 무엇인지가 중요하다.

너무 많은 사람들이 자신들의 포부가 실현 가능성이 희박하다는 이유로 실행에 옮기지 못하고 있다. 포부에 힘을 실어주는 한 가지 방법은 이미 가진 포부 중 하나와 결합하는 것이다. 나는 오두막을 가지고 싶은 열망과 비행 방법을 배우고 싶은 열망을 합쳤다. 비행 방법을 배우는 것은 수년간 나의 포부였다. 나는 이것을 외딴곳에서 사람들이 만나 의미 있는 대화를 나눌 수 있는 안전한 장소를 마련하려는 기존의 포부와 결합했다. 이러한 포부들을 합치니 실현 가능성이 높아졌다. 변호사(이것 또한 내 포부였다)로서 일을 시작하는 방법과 그에 필요한 법적 분쟁을 해결하는 방법을 알고 있었기에, 나는 친구와 함께 캐나다에 항공사를 설립하려고 지원했다. 우스꽝스럽게 들리겠지만 농담이 아니다. 우리는 하나의 포부가 다음 포부에 도움이 되도록 했고, 이는 다음 포부와 그다음 포부에 차례로 도움이 되었다.

이해가 되는가?

우리는 항공사를 '퍼시픽 윙스Pacific Wings'로 부르기로 했다. 이름이 멋지고 항공학적으로 들린단 생각에서였다. 그러나 일 년 후에 하와이에 이미 같은 이름의 항공사가 있어 섬 사이를 제트기로 운항하고 있다는 사실을 알게 되었다. 하지만 우리는 그들이 그것을 문제라고 생각한다면 자신들의 이름을 바꾸고 비행기를 다시 도색할 것이라고 생각했다.

한 가지를 제외하고 우리는 모든 과정을 무사히 통과했다. 그것은 우리에게 비행기가 없다는 것이었는데, 비행기를 살 여유가 내게 없었기 때문이었다. 하지만 이것을 기억해야 한다. 일을 해내는 사람들은 장애물이 최종 결정권을 갖도록 내버려두지 않는다는 것을 말이다. 그들은 해결책을 찾아낸다. 필요하다면 건물을 돌려서 뒷문을 정문처럼 보이게도 할 것이다.

수상 비행기의 문제는 무언가에 잘 부딪힌다는 것이었다. 1,657대의 수상 비행기 비버Beaver가 제작되었지만 현재는 훨씬 적은 수만 남아 있다. 이는 사람들이 비행기 부품을 회수할 구매자를 찾으려고 끊임없이 노력하고 있다는 것을 의미한다. 우리는 수상 비행기의 부품들이 매물로 나올 때마다 그것들을 구매하기 시작했다. 날개는 아직 약간의 부상당한 티가 나는 사람에게서, 동체는 다른 사람에게서, 플로트float(수상 비행기의 뜨고 내리는 기능을 담당하는 장치-역자 주)는 또 다른 사람에게서 얻었다. 홈 디포Home Depot에서는 덕트 테이프the duct tape를 제공해 주었다. 또한 우리는 모든 용접 부위를 가리기 위해 비행기에 새로운 도색 작업도 해야 했다. 도넛을 사러 크리스피 크림에 있었는데, 친구를 위한 도넛을 사던 중에 상자의 색상을 보았다. 나는 거기에서 우리가 사용할 색들의 아이디어를 얻었다. 그리고 별생각 없이 상자의 모든 색을 사용해 버렸다. 녹색과 흰색과 빨간색과 글꼴까지, 도넛의 글레이징만 제외하고 모든 것을 말이다. 비행기는 날아다니는 당뇨병 상자처럼 보였다.

우리에게는 항공사가 있었고 그럭저럭 만든 비행기도 한 대 있었다. 그러나 불행하게도 엔진을 가동할 때마다 프로펠러에 100달러짜리 지폐를 던지는 것과 같았다. 물론 가끔 한두 명의 이상한 승객을 태울 수는 있었지만, 비행기 표를 팔아서 버는 수익보다 비행기를 작동하는 데 훨씬 더 큰 비용이 들었다. 사업을 정리하고 포기할 수도 있었지만 그렇게 하지는 않았다. 가치 있는 포부는 검증을 거치면서 지속력을 가지기 때문이다. 우리는 포기하지 않고 적응했다. 매일 신문과 신선한 야채를 가지고 모든 부두에 있는 벌목 캠프로 비행하기 시작했다. 일 년 만에 우리는 6대의 비버와 2대의 다른 휠 플레인(바퀴 비행기)을 소유하게 되었다. 핵심은 이것이다. 당신의 포부 중 몇 가지를 찾아보고 그중 어떤 포부가 다른 포부에 도움이 될지 살펴보는 것이다. 하나의 포부가 실현 불가능해 보인다고 해서 그것을 그대로 방치해 두어서는 안 된다. 상황이 어려워지면 처음에 그것을 왜 시작했는지 기억하고 그 일을 계속하라. 당신의 아이디어에 4분의 1 변화를 주라. 포부를 감당할 여유가 없으면 한 번에 이루려 애쓰지 말고 조금씩 단계별로 이루어 나가라.

&

내 생각에 나는 형편없는 전도사가 될 것 같다. 왜냐하면 나는 예수님을 위해 광고하는 사람이 되기보단 증거하는 사람이 되고 싶기 때문이다. 최근 연구에 따르면 우리는 매일 최소 5,000개 이상의 타깃 광고에 노출된다고 한다. 그러니 우리가 혼란스러울 수밖에 없는 것은 당연하다. 포부를 적고 추구할 만한 가치가 있는 목록을 선별할 때, 그 꿈이 얼마나 멋지거나 화려해 보일지 혹은 종교적이거나 복음적일지 걱정하지 말라. 사람들은 항상 이런 함정에 빠지곤 한다. 겉모습은 거울의 집과 같다. 그것들은 현실을 왜곡한다. 당신의 포부를 실제보다 더 가늘거나 뚱뚱하게, 더 불합리하고 뒤틀려 보이게 만들 것이다. 믿음이 당신을 인도하듯이 겉모습도 마찬가지다. 무엇이 당신을 훌륭해 보이게 할지, 경건하게 혹은 거룩해 보이게 할지 고민하느라 시간을 낭비하지 말라. 당신이 할 수 있는 행동과 하나님은 선하시며 당신이 그분의 것이라는 정말로 중요한 사실을 믿기에 할 수 있는 행동을 취하라. 쉽게 말해 당신의 믿음이 실제가 아닌 어떻게 보일지가 더 중요하다면, 모든 것을 처음부터 다시 시작해야 할 때라는 것이다.

얼마 전까지만 해도 나는 드럼을 배우고 싶다는 포부가 있었다. 한 행사에서 무대 위에 있는 어떤 남자를 보았는데, 그는 거대한 소방차처럼 생긴 빨간색 드럼 세트 뒤에 앉아 있었다. 그의 주변에는 십여 개의 심벌즈가 놓여 있었는데, 그는 모든 드럼과 심벌즈를 동시에 치는 것 같았다. 마치 팔이 세 개 있는 것 같았다. 내가 그 사람처럼 되고 싶었던 이유는 딱 하나였다. 그가 보스처럼 보였기 때문이었다.

다음 주말, 나는 픽업트럭을 몰고 동네 음반 매장으로 갔다. 그곳에는 악기로 가득 찬 방들이 있었고, 나는 그중 드럼 세트를 보관한 방으로 들어갔다. 벽에는 대략 백여 세트의 드럼이 전시되어 있었다. 나는 판매 중인 드럼 세트를 구경하느라 머리를 볼 베어링처럼 앞뒤로 돌렸다. 모든 드럼 세트를 가지고 싶었다. 전에 행사에서 보았던 것과 같은 맨 윗줄이 소방차처럼 빨간색으로 세팅한 드럼 세트를 찾는 데는 그리 오랜 시간이 걸리지 않았다. 나도 보스처럼 보이고 싶었다. 어쩌면 머리를 새로 자르고 얼굴에 문신을 새겨야 할지도 모른다는 생각이 들었다. 확신은 서지 않았지만 어쩌면 할 수 있을 것도 같았다.

  점원이 다가왔을 때 나는 아무 말도 하지 않았다. 그저 빨간색 드럼 세트를 가리키며 서 있었다. 우리 둘 다 내가 무엇을 원하는지 알고 있었다. 또한 내가 멋있게 보이기에는 너무 늦었다는 것도, 내가 원한다고 해도 할 수 없다는 것도 알고 있었다. 예전의 나였다면 어쨌든 신용 카드를 카운터에 던져 놓고 드럼을 트럭 뒤에 싣고 있었을 것이다. 그러나 매장에 서 있는 동안 나는 내가 포부를 추구하는 방식에 무언가 변화가 생겼다는 것을 깨닫게 되었다.

  그날 나는 6달러짜리 드럼 스틱 세트를 들고 음반 매장을 나왔다. 왜 그랬는지 아는가? 단순히 보스처럼 보이는 대신 보스처럼 연주하고 싶다고 결심했기 때문이다. 그러려면 많은 개인지도와 노력이 필요할 것 같아서, 작은 첫 단계부터 시작하기로 결심한 것이다. 당신의 가치 있는 포부도 마찬가지일 것이다. 진지하게 포부를 추구하고자 한다면 다른 사람에게 당신의 삶이 어떻게 보일지 신경 쓰지 말고 실제로 어떤 모습인지에 관심을 가져야 한다. 지금 우리 집에 와 보면 거실에 냄비와 프라이팬이 놓여 있는 것을 볼 수 있을 것이다. 대부분의 사람들에게는 별것 아니겠지만 내 눈에는 모두 소방자처럼 빨간색으로 보인다.

직면한 장애물이 당신을 방해하는 것을 허용하지 말라. 나에게는 자선가가 되고 싶어 했던 앨이라는 친구가 있다. 문제는 그에게 돈이 없다는 것이었다. 자신의 포부를 포기할 수도 있었지만 그는 그런 사람이 아니었으며, 이는 당신도 마찬가지일 것이다. 그는 돈을 기부하겠다는 포부를 이루려고 《소년, 연과 바람The Boy, the Kite and the Wind》이라는 멋진 책을 썼다. 이 책은 아름다운 이야기로, 한 권이 팔릴 때마다 그의 자선기금이 채워져 더 많은 돈을 기부할 수 있게 된다. 그는 요즘 스스로를 '있을 수 없는 자선가'라고 부른다. 과연 앨답다. 있을 법하지 않은 일 같은가? 그렇게 생각할 수도 있다. 효과적인지 궁금한가? 완전 효과적이다. 그의 삶은 수천 명의 사람들이 더 관대하고 헌신적인 삶을 살도록 영감을 주었으며, 나도 그 중 한 사람이다.

인생을 되돌아보니, 나는 대체로 내가 원했던 것들과 원하지 않았던 것들을 같은 수만큼 얻었던 것 같다. 어떤 포부는 달성하기 쉬웠고 또 어떤 포부는 그렇지 않았다. 하지만 나는 내 노력의 결과가 불확실해 보일 때도 실현 불가능해 보이는 포부를 차단하기 위한 차단기를 설치하지 않았다. 대신에 내가 찾을 수 있는 모든 기회를 추구할 수 있는 자격을 스스로에게 부여했다. 내 포부의 본질도 달라졌다. 요즘 내가 원하는 것은 드럼 세트와 같은 물질적인 것이 아니라, 인간관계를 맺는 것과 다른 나라에 학교를 세우는 것 그리고 어울리기 어렵다고 생각했던 사람들에게 친절한 마음으로 관계를 형성하는 것이다.

포부를 정리할 때는 과정을 서두르지 말라. 당신이 필요한 만큼 시간을 가지라. 어떤 사람에게는 한 시간이면 충분하고, 어떤 사람에게는 한 달이 걸릴 수도 있다. 자신의 속도에 맞춰서 진행하라. 어떤 사람은 드라이브 스루 라인에서 기다리는 동안에 자신의 포부를 명확하게 깨닫기도 하고, 어떤 사람은 이를 위해 주말 휴가를 떠나기도 한다. 자신에게 효과가 있는 일, 진실하고 지속적인 열망을 채우는 데 도움이 되는 일이라면 무엇이든 하라. 다른 사람의 삶에 긍정적인 영향을 미칠 수 있는 포부를 찾고, 자신을 위한 몇 가지 포부를 더 추구하기 위해 동기를 부여하라. 꿈을 이루는 데 시간과 재능, 재물을 투자하려 한다면 올바른 꿈을 찾기 위한 시간과 신념을 투자하는 것도 당연히 가치 있지 않겠는가?

앉아서 공상하기는 재미있지만, 만약 그것이 우리가 하는 전부라면 우리는 실제로 무언가를 이루기 위한 길 위에 있지 않은 것이다. 이전에 말했듯이 모든 잎을 한곳에 모으고 분류하기 시작하면 눈에 띄는 잎사귀들을 발견하게 될 것이다. 당신의 삶에서 깊이 있는 일을 하여 올바른 것들이 당신의 눈길을 끌도록 하라. 분명 좋아할 만한 것들을 발견하게 될 것이다.

Part 3

기회를 탐색하라

Chapter 17
달을 창문에 머물게 하라

포부에 이르는 길은 일직선이 아니다.
그것들을 향해 계속 움직여라.

얼마 전에 한 청년에게서 전화를 받았다. "연애에서 가장 중요한 것은 무엇인가요?" 나는 웃으며 대답했다. "아직 여자 친구를 사귄 적이 없나보군요?" 이것은 우주 비행사에게 "달에 가는 데 가장 중요한 것은 무엇인가요?"라고 묻는 것과 같다. 아마도 그 비행사는 어깨를 으쓱하며 이렇게 말할 것이다. "글쎄요…. 도착하는 것 아닐까요?"

정말로 달에 가고자 한다면 나는 이렇게 할 것이다. 이전에 로켓 우주선을 많이 만들어 본 경험이 있으며 성공적으로 여러 번 발사한 경험이 있는 사람을 찾을 것이다. 부스터를 어떤 색으로 칠할 것인지 논쟁하려는 사람들과 시간을 보내지 않을 것은 확실하다. 또한 누구를 캡슐에 태울 것인지 매우 신중하게 고를 것이고, 누가 내 귀에 말하도록 할 것인지는 훨씬 더 신중하게 고를 것이다. 당신도 그래야 한다. 달에 가고자 할 때 마지막으로 해야 할 중요한 일은 이것이다. 달을 창문에 보이게 두고 계속 그 방향을 가리키는 것이다. 예수님께 운전대를 맡겨야 한다는 생각은 잊어버리라. 그분을 창문 쪽으로 모시고 가서 계속 그분을 가리키라(단순히 예수님께 맡기는 차원을 넘어서 예수님을 우리 삶의 목표, 즉 '창문의 달'로 보고 계속 그분을 가리키며 좇으란 의미를 내포하고 있다-역자 주). 달에 가려면 수천 번의 중간 경로 수정이 필요할 것이며, 포부를 이루는 데도 최소한 그만큼의 경로 수정이 필요할 것이다. 포부가 그곳에 도달하기 위해 해야 할 '한 가지 일'을 알아내는 것이란 생각에 속지 말라. 계속 전진할 기회를 찾고, 당신보다 더 많은 것을 세상에 내놓은 신뢰할 수 있는 사람들을 찾아 도움을 청하라. 그들은 당신의 포부에 불을 붙이는 데 도움을 줄 것이다.

포부를 분명히 하고 나면 악의 축이 전혀 없는 농축 우라늄을 다루는 것 같은 느낌이 든다. 그것은 강력하면서도 위험하게 느껴진다. 나는 그 가능성에 흥분하고 내 포부 중 하나가 세상에 폭발하여 주변 사람들의 삶에 사랑과 희망, 영감을 불어넣을 수 있다면 어떨지 상상해 보곤 한다. 당신의 인생에도 갑판 아래에 보관해 온 이러한 포부가 있는가? 그것은 기다리다 지쳐 있을지도 모른다.

이제부터는 버스에 바퀴를 어떻게 장착하는지 알아볼 것이다. 꿈을 현실로 옮기는 것은 쉬운 일이 아니다. 그렇다고 아주 신비로운 일도 아니다. 차근차근 한 단계씩 나아갈 수 있다. 그곳에 도달하는 길은 기회를 탐색하고 포부를 향해 나아갈 수 있는 방법을 찾는 것이다.

즉각적인 만족을 추구하는 열망은 버리라. 앞으로 해야 할 일이 999가지가 더 남아 있더라도 작은 진전이 있을 때마다 하나하나를 모두 축하하라.

만약 당신이 단순히 생각하고 꿈꾸는 것만으로도 초조해지는 사람이라면 이제부터가 바로 그 과정이 현실이 되는 시간이다.

이 여정을 시작하면서 모든 것이 계획대로 흘러가길 원하는 유혹에 빠질 수 있다. 하지만 인생은 우리의 계획대로 흘러가지 않는다. 대신에 기회를 탐색하는 것을 빵 부스러기의 흔적을 따르는 것과 같다고 생각해야 한다. 한 걸음씩 움직일 때마다 한 방향으로 추진력이 가속화되는 것을 느낄 수 있을 것이다. 이는 정상적인 현상이다. 모든 길을 한 번에 갈 수는 없다. 기회를 탐색하다 보면 당신이 올바른 길을 가고 있다는 확신을 얻게 될 것이다. 또한 이 단계가 당신을 당신의 포부로 정확히 이끌 수도 있다. 자주 일어나는 일은 아니지만 가능한 일이다. 내가 몇 가지 기회를 어떻게 탐색했는지 예를 들어 보겠다.

나는 매년 대규모 경기장에서 열리는 콘퍼런스에 강연을 하러 런던에 가는 일정이 있다. 5월에 도착하는 날짜를 알고 있었기에 영국 여왕님께 편지를 썼다. 여왕님의 주소는 쉽게 찾을 수 있었다. '버킹엄 궁전, 런던, 사우스웨스트 1가, 1AA.' 당신도 여왕님께 편지를 보내보라. 그녀의 이름까지 적을 필요도 없다. 그들은 당신이 누구한테 보내려는지 알 것이다.

여왕님께 보낸 편지에 나는 다음과 같이 간단히 적었다. "저는 5월 14일에 런던에 갑니다. 5월 14일에 런던에 계신다면 만났으면 합니다." 일주일 후 나는 버킹엄 궁전의 답장을 받았다. 그것은 그녀의 시녀 중 한 명에게서 온 것이었다. 나는 속으로 생각했다. '레이디, 무엇을 기다렸던 거죠?' 그녀는 여왕이 나를 만나지 못해서 몹시 실망했다고 했다. 진짜라면 분명 그녀는 눈물이 핑 돌았을 것이다.

나는 집에서 '기묘한 이야기Stranger Things'를 보거나 캔디 크러시Candy Crush 게임을 할 수도 있었다. 그러나 그 대신 편지봉투 한 장값과 우편 요금 1달러로 버킹엄 궁전과 대화를 나누었다. 당신도 할 수 있다. 나는 여전히 여왕님과 차를 마실 날을 기다리고 있지만, 이것은 가능성의 흐름에 몸을 맡기는 것이 기회를 탐색하는 모습일 것이다.

매년 나는 교황님께도 편지를 써서 만날 수 있는지 물어본다. 하지만 대답은 항상 교황님이 아닌 다른 분, 보통은 부주교님에게서 듣는다. 그분은 항상 "아니요"라는 한마디로 답변하신다. 하나님께서 문을 닫으셨다고 내가 생각하는지 물어보고 싶은가? 난 그렇게 생각하지 않는다. 나는 여전히 나에게 정확한 주소가 있다는 것을 알고 있다.

단지 몇 번의 거절을 당했다고 해서 포부를 포기하진 않을 것이다. 당신도 감히 멈추지 말라. 한 번의 채굴로 금을 캐는 광부는 없으니 말이다. 누가 아는가? 교황님의 일정이 비게 될지도 모른다. 여왕님도 마찬가지다. 어쩌면 내가 우리 모두를 한곳에 모이게 할 수 있을지도 모른다. 어쩌면 로마행 비행기 표를 사서 들어갈 수 있는지 확인하기 위해 교황청 정문 앞에 앉아 있어야 할지도 모른다. 아니면 여왕님의 근위대에 지원해야 할 수도 있다. 솔직히 곰 모피 모자는 내게 잘 어울릴 것 같다. 여기서 내가 말하고 싶은 것은 스토킹이 아니다. 포부를 추진하는 것에 대해 말하고 싶은 것이다. 큰 포부를 가진 사람들은 어디서나 아주 작은 기회도 놓치지 않으려고 한다. 이상하고 불가능해 보이는 일일수록 더 좋아한다.

기회를 탐색하려면 약간의 집중된 의도가 필요하다. 내가 만난 이 사람도 여정의 일부인가? 그 기사에는 나에게 도움이 될 아이디어가 있을 것 같다,

몇 주 동안 새 교회에 참석해야 할 것 같다 등. 이러한 것들이 바로 사람들이 큰 꿈을 탐지하게 되었을 때 따라가게 되는 탐색 경로의 유형들이다.

&

나는 인앤아웃 버거를 좋아한다. 만약 당신이 그곳에 가본 적이 없다면 살아있는 것이 아니라 단지 존재하는 것에 불과하다고 생각한다. 나는 열세 살 때 '더블더블'을 맛본 후 신이 있다는 것을 깨달았다. 고등학교 때부터 친구였던 라이언이 인앤아웃 버거에 취직했을 때, 나는 그가 인생 모든 문제의 치트 키를 찾았다고 생각했다. 내가 잠깐 들렀을 때 그는 빨간 앞치마를 두르고 감자튀김을 만들고 있었다. 하지만 그것은 내가 원했던 직업이었지, 그가 원했던 것은 아니었다. 라이언은 다른 포부가 있었고 가능한 모든 기회를 탐색하고 싶어 했다. 그는 몇 가지 다른 일을 하면서 그 가운데 하나는 무보수로 일해주기도 하던 중, 도움을 바라는 어느 신생 회사에서 사업을 시작하는 방법에 대한 조언을 구하는 트윗을 보았다. 그의 트위터 답장은 간결했다. "조언을 드리겠습니다. 나에게 이메일을 보내주세요."

이 신생 회사는 우버Uber라는 회사였고, 라이언은 그곳의 초기 직원 중 한 명이 되었다. 결국 그는 그 회사의 CEO가 되었는데, 이것은 놀라우면서 당연한 결과였다. 라이언은 기회를 발견하고 그것을 추구했다. 요즘 그는 훨씬 더 크고 대담한 새로운 포부를 가졌다. 그의 아내와 아이들에게 앞으로도 계속 좋은 남편이자 아빠가 되고 싶다는 포부다. 그는 우버에서의 일을 그만두고 가족과 함께 이사했으며, 그들에게 깊이 있고 용기 있게 헌신하며 살고 있다. 그는 가족을 두 번째 스타트업처럼 여기며 자신이 가진 모든 것을 쏟아붓고 있다. 라이언이 기회를 보고 그것을 붙잡았듯이 당신도 할 수 있다. 만약 그가 주변의 기회에 주의를 기울이지 않아서 기회가 왔을 때 필요한 조치를 취할 준비가 되어 있지 않았다면 이런 일은 절대 일어나지 않았을 것이다.

당신의 아이디어를 머릿속에만 가둬 두지 마라. 프라이 스테이션에 갇혀 있지 말라. 그 일은 명예로운 일이지만 당신의 유일한 일은 아닐 수도 있다. 자신의 포부를 좇을 준비가 되어 있는 사람들은 끊임없이 기회를 찾는다. 그들은 장애물이 아니라 가능성을 본다. 움직이는 것은 그들에게 큰 매력이다. 그들은 하나의 기회가 다음 기회로 이어지고 다음 기회가 또 다음 기회로 이어지는, 우주의 법칙처럼 보이는 것을 배워왔다. 머지않아 그들은 궁극적으로 더 크고 불가능한 포부로 이어지게 될, 작은 승리들로 이루어진 데이지체인daisy chain(데이지꽃을 엮어 만든 화환, 경기나 대회에서 우승했을 때 축하를 표하는 데 사용-역자 주)을 얻게 될 것이다. 기회는 항상 자신을 가장 열심히 찾는 사람을 찾아온다.

기회를 찾는 사람들은 일반적으로 기회를 찾는 데 충분한 시간을 투자하려고 하기 때문에 기회를 찾는 것이다. "무지개 너머 어딘가에Somewhere Over the Rainbow"는 훌륭한 노래이지만 포부를 추구하기에는 형편없는 방법이다.

&

당신의 포부에 빠른 추진력을 얻을 수 있는 실질적인 방법은 조사research

다. 지루하게 들리겠지만 그렇지만도 않을 것이다. 나는 당신이 구글 검색을 즐기게 될 것이라고 장담한다. 비영리 단체를 시작하고 싶은데 어디서부터 시작해야 할지 모르겠는가? 몇 가지 조사를 통해 답을 얻을 수 있다. 손익계산서를 작성해 본 적이 없는데 투자자들에게 포부의 재정적인 영향을 설명해야 하는가? 약간의 조사를 해 보라. 당신의 재능이 잘못된 일에 낭비되고 있지만 마음속으로는 그것들을 위한 더 나은 사용법이 있다는 것을 알고 있는가? 그것을 조사해 보라.

몇 가지 움직임을 위한 준비와 함께 당신의 삶을 포부에 맞게 조정할 준비를 하면서 당신이 원하는 분야에서 일하는 사람들의 이름을 알아두라. 이메일로 그들에게 연락하는 방법을 찾고 메시지를 보내보라. 소셜 미디어에서 그들을 팔로우하고 대화에 참여하라. 구글 알림을 설정하면 그 사람이 뉴스에 나올 때마다 이메일을 받게 된다. 소름 끼치지 않는 스토킹과 같다. 콘퍼런스에 참석하고 예의 바르게 행동하되, 힘차게 선두에 나서라. 사람들에게 자신을 소개하라.

이것이 준비된 모습이다. 나중이 아니라 지금 준비해야 한다. 당신의 과제를 수행하라. 기회가 올 때를 대비하라. 항상 눈을 뜨고 계속 참여하라. 포부에 전념하는 사람들은 문이 열릴 때까지 기다리지 않는다. 그들은 노크를 하고 초인종을 누른 다음 야영을 한다. 무한히 허락을 기다리기보다는 자신의 포부에 초대받았다고 가정하면서 놀라울 정도로 세심하고 존중하는 태도를 유지한다.

Chapter 18
백악관 전화번호는 (202)456-1414다

전화를 걸어 무슨 말을 해야 할지 알아두라.

아들 애덤이 예닐곱 살쯤 되었을 때, 내가 픽업트럭에 애덤을 태우고 운전하고 있었을 때의 일이었다. 평소에는 낙천적이고 쾌활한 애덤이 그날은 몸이 몹시 아팠다. 확신할 순 없지만 감기나 독감이었던 것 같다. 나처럼 애덤도 몸이 아플 때면 매우 조용해지고 약간 우울해진다. 그래서 나는 가장 밝은 목소리로 그에게 말했다. "이봐, 애덤, 대통령께 네 상태가 좋지 않다는 것을 알릴 필요가 있을 것 같아. 그에게 전화해 보자."

"네?" 애덤은 끙끙 앓는 소리를 내다가 나를 힐끗 쳐다보더니, '아빠, 정신 나갔어요?'라고 말하는 듯한 표정을 지었다.

나는 전화를 걸기 시작했다. 백악관 전화번호는 (202)456-1414다. 적어두라. 당신이 이 글을 읽을 때 펜실베이니아 애비뉴에 사는 그 사람이 마음에 들든 안 들든 상관없다. 대통령이 바뀌더라도 백악관 전화번호는 바뀌지 않으니 말이다.

　나는 휴대 전화 스피커로 전화를 걸었다. 애덤은 여전히 완전히 넋을 잃고 조수석에서 태아 자세로 웅크리고 있었다. 몇 번의 통화 연결음이 울린 후, 상냥하면서도 매우 당당한 보좌관의 목소리가 대답했다. "백악관입니다." 나는 그 친절한 여성분에게 아들 애덤과 함께 픽업트럭을 타고 있는데 애덤이 몹시 아프다고 말했다. 그러자 멍한 상태에 있던 애덤이 점점 정신을 차리기 시작했다. 우리는 감기일지도 모른다고 생각했다. 대통령께서도 궁금해하실 것 같단 생각에, 그녀에게 대통령과 연결해 줄 수 있는지 바로 통화할 수 없다면 애덤이 대통령에게 모든 것을 설명할 수 있도록 우리를 대통령 일정 담당 비서에게 연결해 줄 수 있는지 물었다.

　잠시 후, 그 여성은 전문가다우면서도 적절한 목소리로 "잠시만 기다려주세요"라고 말하며 우리를 기다리게 했다. 그때쯤 애덤은 정신을 차리고 자리에 똑바로 앉아 있었다. 그의 표정은 나를 '정신이 나간 사람'에서 '확실히 정신 나간 사람'으로 승격시켰다는 것을 보여 주었다.

　잠시 기다리자 새로운 목소리가 전화를 받았다. 첫 번째 전화를 받았던 사람보다 더 능숙하고 간부급의 목소리였다. "대통령실입니다." 여성이 대답했다. 나는 애덤과 내가 픽업트럭에 타고 있으며 애덤이 심하게 아파하고 있다고 다시 설명했다. 애덤은 재채기를 적어도 대여섯 번 이상 했다. 나는 그녀에게 이 사실을 대통령께 즉시 알려야 한다고 생각한다고 말했다. 이때쯤부터 애덤은 더 이상 자리에 앉아 있지 않았다. 그는 기대와 놀라움으로 가득 찬 눈빛을 하고 있었다. 찡그려 있던 그의 표정은 완전히 몰입한 상태로 대화를 들으면서 활짝 웃는 얼굴로 바뀌었다.

보좌관은 대통령께서 지금은 우리와 통화할 수 없다고 말하면서도 재빨리 대화를 애덤 쪽으로 돌렸다. "안녕, 애덤?" 그녀는 다정한 목소리로 말했다. "몸이 좋지 않다니 정말 안타깝구나. 대통령께는 내가 바로 말씀드려 놓을게. 그래도 괜찮겠니?" 애덤은 아무 말도 하지 않았지만 동의한다는 뜻으로 고개를 끄덕였다. 왠지 그녀도 이를 인지한 것 같았다. 그녀는 질문을 계속 이어 나갔다. "애덤, 질문을 하나 해도 될까?"

"물론이죠." 그는 자리에서 떨어질 수도 있겠다 싶을 정도로 몸을 앞으로 기울이며 대답했다.

"지금은 기분이 좀 어떻니?"

애덤은 여전히 조수석 위에 있었지만 한층 맑아진 눈에 집중하는 표정을 짓고 있었다. 그는 흥분해서 붉어진 얼굴로 완전히 몰입해 전력을 다하고 있었다. 왜 아니겠는가, 그가 지금 통화하는 곳은 백악관이다! 잠시 멈칫하던 애덤은 손바닥을 이마에 대었다가 나에게 보여주려고 치켜들더니 더듬더듬 말했다. "음, 좀 나아진 것 같아요!"

참여하고 기회를 추구하는 것은 하나님께 벨을 누르고 도망가는 장난을 치는 것과는 다르다. 그것은 하나님을 감히 시험하는 것과는 전혀 관련이 없다. 사실은 그 반대의 개념이다. 때때로 그것이 어디로 이어지는지 알아보기 위해 예상치 못한 다음 단계로 나아가기 위한 엄청난 전략적 기발함과 대담함이 필요할 때가 있다. 그것은 관람석에서 경기장으로, 단순히 의견을 내는 단계에서 선택지를 고르는 단계로 이동하는 과정이다. 그것은 우리에게 매우 중요한 목표가 있다면 그 목표를 달성하기 위한 몇 가지 장애물은 기꺼이 극복할 의지가 있다는 것을 의미한다. 그리고 이러한 참여가 확실히 가장 좋은 점은 그것이 전염성이 있다는 것이다. 일단 입소문이 나면 막을 방법이 없게 된다.

누구에게 전화해야 할지 아는 것이 시작이지만 그에 못지않게 중요한 것이 또 있다. 상대방이 전화를 받았을 때 무슨 말을 하고 싶은지 미리 생각해 두는 것이다. 백악관에 전화를 걸었을 때 전화를 받았다는 사실에 크게 놀라지는 않았다. 어쩌면 약간은 놀랐을 수도 있긴 하겠다. 하지만 일단 백악관에서 전화를 받았으니 나는 내가 하고 싶은 말을 할 준비가 되어 있어야 했다. 내 휴대 전화 번호를 아는 사람은 수백만 명인데, 그들에게서 걸려 오는 전화 중 적어도 4분의 1은 내가 전화를 받았을 때 내게 무슨 말을 해야 할지 모르는 사람들에게서 왔다. 그들은 내가 정말 전화를 받는지 궁금해하는 것 같았다. 일반적으로 침묵은 사람들이 아직 무슨 말을 해야 할지 모르는 단계에 머물러 있다는 의미로 그것은 괜찮다. 내가 전화를 받으면 당신은 나의 전적인 관심은 받겠지만, 준비가 되어 있지 않다면 통화를 오래 유지하지는 못할 것이다. 내가 전화하는 사람의 시간을 존중하는 마음에 하고 있던 모든 일을 내려놓거나 중단했다는 사실을 잊지 말아줬으면 한다. 누구에게 전화를 걸든 마찬가지다. 포부를 추구할 때는 자신의 역할을 다하면서 하고 싶은 말을 미리 준비해 두라. "진짜로 당신인가요?"와 같은 말은 귀엽긴 하지만 대화를 이어 나갈 출발점은 아니다.

만약 당신의 포부를 도와줄 누군가에게 전화한다면 요점만 말하라. 날씨나 스포츠, 반려견 이야기는 하지 말라. 당신은 팬이 아니라 전화를 건 이유와 목적이 있는 새로운 친구가 되어야 한다. 단, 원하는 결과를 얻지 못했다고 해서 삐지거나 무례한 말을 해서는 안 된다. 예의 바르게 행동하고 다음 전화를 누구에게 걸 것인지 생각해 보라. 다음에 걸게 될 전화 이후에도 추가 통화가 필요할 수 있다. 보스처럼 당당하게 전화해 보라. 여기 백악관 전화번호가 있다. 아무도 당신을 막을 수 없다.

  &

&

포부를 추구할 때 보통은 허니문 기간이 있는 경향이 있다. 초기에는 새로운 추진력에 힘입어 시작되는데, 열정적으로 추구하다 보면 삶이 매우 신선하게 느껴질 수 있다. 하지만 너무 많은 포부를 세우는 것은 경고하고 싶다. 기회를 얻을 확률을 높이는 것이 좋을까? 물론이다. 하지만 행동의 속도나 순서를 제어하지 않고 지나치게 확장하면 엉망이 될 수 있다. 멀티태스킹을 생각해 보라. 과학적으로 멀티태스킹은 존재하지 않는다. 우리의 뇌는 한 번에 한 가지 일에만 집중하도록 구성되어 있다. 당신이 포부를 멀티태스킹 하려고 할 때, 실제로는 작고 서로 연결되지 않은 많은 일들을 거의 집중하지 못한 채 한 번에 하나씩 수행하는 것에 불과하다.

  물론 우리가 많은 일을 하는 것처럼 보일 수도 있다. 어쩌면 외부에 바쁘게 보이는 것이 우리의 발전이나 성취감을 전달한다고 생각할 수도 있다. 그러나 속지 말라. 일주일 동안 선로를 놓으면서 바퀴를 돌리면 그중 어느 것도 실제로는 아무것도 연결되지 않는다는 것을 알 수 있다. 속도를 늦춘 후 한 가지 일을 어디에서부터 중단하고 다음 일을 시작했는지 기억하는 것은 괜찮다. 한 번에 한 가지 일만 선택해 그것에 에너지를 쏟으라. 당신의 포부를 가능한 한 멀리 앞으로 이동시키라. 그런 다음 조금 더 앞으로 이동시키라. 체계적이고 의도적이며 일관성 있게 진행하다 보면, 어느 순간 당신이 이룬 진전에 깜짝 놀라게 될 것이다.

미국 남부에는 '당신의 발이 있는 곳에 있으라'는 속담이 있다. 이것은 자신이 있는 곳에 온전히 집중하는 것의 중요성을 강조하는 남부 방식이다. 이것은 우리 중 몇몇 사람에게는 어려운 일이다. 내 제안은 일단은 그렇게 해 보라는 것이다. 당신 앞에 있는 일에만 집중하라. 당신이 그 일을 끝내는 동안 다른 일들은 자연스럽게 진행되도록 내버려두라. 모든 방해 요소를 사용하면 나비를 쫓기는 쉽다. 그물을 거칠게 휘둘러 몇 마리 잡을 수도 있다. 하지만 고개를 들어보면 양과 질을 착각한 나머지 포부를 향한 길에서 한참 벗어나 있다는 사실을 깨닫게 될 것이다.

기회를 효과적으로 탐색하려면 현재 있는 곳에서 완전히 집중해야 한다. 이를 위해 몇 가지 조치가 필요하다. 방해 요소를 제거하고, 스트레스를 해소하라. 멍청한 스마트폰을 버리라. 에덴동산은 아니지만 당신의 손에 든 그것이 당신이 말하는 실패의 원인일 수도 있다. 애플이 우리를 개입시킨 것은 이번이 처음이 아닐 것이다. 휴대 전화의 메시지는 순식간에 당신의 주의를 빼앗아 당신이 현재 있는 곳이 아닌 다른 곳으로 데려갈 것이다. 당신의 주의력을 보호하라.

포부에 관한 한, 당신이 맡은 일에 대해 매우 까다로워도 괜찮다. 이것은 당신의 어릴 적 저녁 식탁이 아니다. 당신 앞에 놓인 일이 당신이 좋아하지 않는 일이라면 다른 것을 찾아보면 된다. 단, 기회가 있다고 해서 그것이 모두 올바른 기회는 아니다. 과거에 했던 일이라고 해서 반드시 미래에도 그 일이 당신에게 맞는 일인 것은 아니다. 나는 우유부단한 삶을 옹호하려는 것이 아니다. 오히려 그 반대다. 당신이 삶에서 무엇을 원하는지 명확하게 알아서 중요한 약속과 그렇지 않은 것을 혼동하지 않기를 바란다. 약속에는 시간을 지불해야 하며 시간은 더 만들 수 없기 때문이다. 포부를 좇는 사람들은 적절한 방식으로 거절하는 데 정말 능숙하다(잠시 후에 그 방법을 알려주겠다).

일단 포부를 향한 몇 가지 다음 단계를 생성하면 더 많은 흥분과 가능성이 부풀어 오르는 것을 느끼게 될 것이다. 원하는 대로 일이 풀리지 않는다고 해서 흐름에서 벗어나지 마라. 연락이 오지 않았더라도 낙담하지 말라. 생각보다 더 큰 비용이 들거나 더 긴 시간이 걸린다고 해서 포부를 버리지 말라. 계속해서 추구하라. 포부를 향한 보이지 않는 길을 따라가는 것처럼 자신의 삶에 집중하라. 그것이 당신이 믿는 것과 일치하는지 확인한 다음 모든 것을 다 쏟아부으라.

이러한 작업을 수행하면서 많은 사람들은 이미 몇 가지 장벽이 있다는 것을 알게 된다. 어쩌면 과거의 선택이나 현재의 책임감 때문에 진전을 이루지 못하고 있을 수도 있다. 이러한 장벽을 넘어서려면 어려운 대화가 필요할 수 있다. 다이너마이트가 필요할 수도 있다. 그 결정은 당신에게 달려 있다. 하지 말아야 할 유일한 선택은 180도 방향을 틀어 버리는 것이다.

Part 4
길을 정리하라

Chapter 19
인질 협상

무엇이 당신을 방해하는지 알아내라.

1973년 9월, 스웨덴 스톡홀름에서 있었던 이야기다. 유죄 판결을 받은 중범죄자가 형기의 일부를 복역한 후 감옥에서 출소했다. 집행유예를 생각하면 된다. 그는 인생에서 두 번째 기회, 즉 그가 사회에 다시 돌아가 이번에는 제대로 해낼 수 있다는 것을 증명할 기회를 얻은 것이었다. 하지만 그는 성공하지 못했다. 출소 직후 그는 곧바로 은행으로 가서 물건을 털었고, 일이 잘못되자 네 명을 인질로 붙잡았다. 스웨덴 당국이 그를 쫓아내기 위해 은행에 최루탄을 채우기 전까지 5일간의 교착상태가 있었다.

강도가 재판을 받게 되었을 때 네 명의 인질은 분명히 핵심 증인이었다. 그런데 놀랍게도 그 경험의 트라우마 이후에 네 명의 인질은 자신들을 거의 일주일 동안 붙잡아 둔 납치범을 부정적으로 말하기를 거부했다. 이것이 우리가 지금 '스톡홀름 증후군'이라고 부르는 현상으로 이어졌다. 아마 당신도 들어본 적이 있을 것이다. 이것은 자신에게 고통을 준 사람에게 애정을 갖게 되는, 이해하기 어려운 심리적 현상을 일컫는 말이다. 쉽게 말해 그들은 납치범과 이상하게 상호의존적인 관계를 형성하게 된 것이다.

하지만 이러한 일은 은행 강도 사건에서만 일어나는 일이 아니다. 생각해 보라. 나쁜 관계의 악순환을 끊지 못하는 사람을 아는가? 예측 가능한 중독의 순환을 반복하면서도 헤어 나오지 못하는 사람을 아는가? 휴가 중에도 휴대 전화로 업무 이메일을 강박적으로 확인하는 사람은 어떤가? 마지막 사례는 다른 사례보다 상대적으로 덜 위험해 보이지만 사실 그렇지만도 않다. 많은 사람들이 자신을 인질로 잡은 이러한 것들에 애착을 가지고 집착한다. 지금 내가 당신 이야기를 한다는 것을 알 것이다. 그것은 일상이나 관계, 직업, 어린 시절의 상처로 인한 깊은 믿음 등 무엇이든 될 수 있다. 어쩌면 우리는 모두 어느 정도는 무언가에 인질로 잡혀 있다고 해도 과언이 아닐 것이다. 당신이 해야 할 가장 중요한 일은 당신을 사로잡은 것이 누구 혹은 무엇인지 파악하고 거기에서 벗어나는 것이다. 이해하지 못하는 것은 고칠 수 없기 때문이다.

새로운 포부를 품고 앞으로 나아가려면 오래된 콤플렉스$_{\text{hang-up}}$에서 벗어나야 하는데, 이러한 콤플렉스를 먼저 이해하지 않고서는 쉽게 벗어날 수 없다. 여기서 고려해야 할 점은 현재의 실패는 종종 과거의 실패와 유사한 양상을 보이는 경우가 많다는 것이다. 이러한 주기적인 행동을 이해하게 되면 표면 아래에 무엇이 있는지, 당신을 방해하는 것이 무엇인지 파악하는 데 필요한 단서를 얻을 수 있다. 좋은 소식은 그것이 무엇인지 이해하고 그것과의 관계를 끊음으로써 당신을 인질로 잡고 있던 모든 것을 해소하고 자유를 향한 길로 바꿀 수 있다는 것이다. 포부를 이루려면 후디니$_{\text{Houdini}}$ (미국의 탈출 마술의 대가-역자 주) 수준의 탈출 요령을 배워야 한다. 그러려면 길을 가로막는 모든 것을 정리해야 한다.

당신은 당신 안에 형성된 어떤 제한적인 믿음이 포부를 이룰 수 없다고 확신하게 했는지 파악해야 한다. 이러한 제한적인 믿음은 다양한 형태와 크기로 존재한다. 그러나 한 가지 공통된 특징이 있는데 바로 당신의 발전을 방해한다는 것이다. 이것은 당신과 나 모두에게 존재하며, 우리가 절대 성공하지 못하고 포부를 이룰 수 없으며 기회를 놓쳤다고 속삭이는 보이지 않는 유령과도 같다. '당신은 충분히 똑똑하지 않다', '당신은 충분히 매력적이지 않다', '당신은 그것을 성취하기에 적합한 재능과 능력이 없다', '당신은 유일한 기회를 놓쳤다'라고 말하는 소리를 머릿속에서 들어본 적이 있을 것이다. 당신이 경계하지 않으면 이런 추악하고 사실이 아닌 메시지는 마음속에서 넘쳐 날 것이다. 이런 목소리들이 어디서 오는지 생각해 본 적이 있는가? 확실한 것은 당신 자신에게서 비롯된 것은 아니라는 것이다. 부모나 코치, 형제자매나 목사, 교사나 당신을 괴롭혔던 사람, 옛 연인 등에게서 비롯되었을 가능성이 높다. 혹은 당신의 머릿속 목소리가 이 모든 것의 일부 또는 전부를 혼합한 것일 수도 있다.

우리 집에는 열쇠로 가득 찬 상자가 있는 서랍이 있다. 대부분의 열쇠는 무엇을 여는지, 어디에서 가져온 건지 알 수 없는 것들이다. 당신과 마찬가지로 나도 내가 가진 무언가를 열 수 있는 능력을 잃고 싶지 않아서 어떤 열쇠가 어떤 자물쇠에 맞는지 알지 못한 채 모두 보관해 두었다. 다락방에 숨어 있는 작은 요정들이 매일 밤 더 많은 열쇠를 숨기는 건 아닐까 궁금했다. 자물쇠처럼 보이는 덫을 몇 개 설치해서 요정을 몇 마리 잡을 수 있는지 알아보려고도 했다. 이 열쇠들은 우리에게 전혀 쓸모가 없지만 언젠가 필요할 수도 있다는 생각에 여전히 보관 중이다.

열쇠 상자는 우리 삶의 걸림돌the hang-ups과도 같다. 한때는 도움이 되었지만 지금은 더 이상 필요하지 않은 습관이나 믿음, 패턴이다. 하지만 여전히 우리는 그것들이 나중에 유용할지도 모른다는 생각에 그것들을 붙잡고 있다. 이것이 바로 제한적인 믿음이 작동하는 방식이다. 우리는 그 열쇠들을 어떻게 얻었는지도 기억하지 못한다. 그것들은 우리에게 아무 쓸모도 없고 아무것도 열어주지 않지만, 우리는 우리의 가장 깊은 곳에 자리 잡은 믿음에까지 완전히 접근할 수 있도록 해주었다.

우리는 모두 여러 개의 열쇠를 남들에게 나누어 주었다. 잘 알지 못하지만 목소리가 크거나 권위적이거나 설득력이 있어 귀 기울이게 된 사람들과 열쇠를 주고받기도 했다. 실제로는 우리 삶에 무단 침입자인데도 그들을 받아들이고 손님처럼 대해 주었다. 우리 삶의 일부 선택에 대한 열쇠도 그들에게 주었다. 우리의 직업과 자동차, 은행 계좌와 은퇴 계획에 변화가 일어나고 있다. 힘든 일은 우리가 가졌거나 다른 사람에게 준 열쇠, 더 이상 필요하지 않은 열쇠를 이해하기 시작하면서 일어난다.

당신이 자신의 삶에 대해 좀 더 자세히 알아보고 싶다면 자신의 행동을 살펴보라. 인간관계에 서투른가? 어쩌면 부모님께서 이혼하셔서 자신도 그렇게 될까 봐 두려운 걸 수도 있다. 부모님이 어두운 조명이 켜진 식탁 위에서 전기 요금을 어떻게 감당할지 걱정하면서 밤을 새우셨는가? 필요한 자원이 부족할 것이라는 당신의 세계관의 근원은 어쩌면 이것 때문인지도 모른다. 의자에 먼저 앉기 놀이를 하다가 음악이 멈추는 순간에 앉을 자리가 없을까 봐 걱정했던 기억이 있는가? 거절에 대한 두려움은 여기서 비롯되었을 수도 있다. 주근깨 때문에 놀림을 받았거나 졸업 파티에서 버림받았는가? 이러한 경험들이 불안감의 원인이 될 수 있다.

  제한적인 믿음은 사실 무엇이든 될 수 있으며 이는 각자에게 고유한 것이다. 포부를 향한 길을 정리하고 싶다면 옷장이나 침대 밑, 삶 속에 침입한 괴물들을 응시해야 한다. 어제를 두고 거짓말하는 이런 오래된 목소리를 침묵시켜야 오늘의 진실을 좀 더 잘 들을 수 있다.

  내가 말하고 싶은 것은 우리 중 누구도, 말 그대로 단 한 사람도 자신의 믿음에 영향을 끼친 과거의 순간을 직시하고 그것을 어떻게 할 것인지 결정하지 않으면 포부를 추구할 수 없다는 것이다. 유일한 질문은 당신이 멈춰서서 제한적인 믿음이 당신의 삶에서 마이크를 잡았다는 것을 인식하고 무슨 일이 일어난 건지 이해한 후 사실이 아닌 것을 조정할 것인지 여부다. 그렇지 않으면 과거에 믿었던 거짓말이 죽을 때까지 반복될 가능성이 있다.

  제한적인 믿음은 다양한 세대에 걸쳐 영향을 미칠 수 있다. 무언가를 말하거나 행동하던 것을 멈추고 그에 대한 생각이 어디서 비롯된 것인지 궁금해한 적이 있는가? 나는 이러한 것들을 파악하고 이해하려고 평생 몇 가지 깊은 연구를 해왔기 때문에 그 시작점을 찾아 흙 속에 묻어두려면 어떤 길을 가야 하는지 잘 알고 있다. 예를 들어보겠다.

  나는 북부 캘리포니아에서 자랐고 아버지와 함께 시에라 네바다 산맥the Sierra Nevada mountains에서 등반을 즐겼다. 아버지는 항상 밝고 배려심 많고 신중하신 분이셨는데, 당신의 사랑을 표현하는 방법으로 나에게 도처에 존재하는 위험을 알려주곤 하셨다. 그는 통나무를 가리키며 방울뱀이 통나무 밑에 숨어 햇볕을 피하고자 어떻게 노력하는지 경고성의 이야기도 들려주셨다. 듣자 하니 물리지 않는 유일한 방법은 통나무 꼭대기에 서서 뱀의 송곳니가 발목에 닿을 수 있을 곳을 넘어 크게 도약하는 것이었다. 이것은 언뜻 보면 훌륭한 아버지다운 가르침으로 보였고 어떤 의미에서는 정말 그랬다. 아버지는 내가 안전하게 지낼 수 있도록 도움을 주고 싶어 하셨다. 나를 사랑하기 때문에 내가 방울뱀에게 물리는 것을 원치 않으셨을 것이고, 혹시라도 그런 일이 발생해 내 종아리에서 독을 빨아내고 싶지도 않으셨을 것이다. 어느 쪽이든 그것은 선하고 배려심 깊은 마음에서 온 것이었다.

그러나 내가 시에라에서 40여 년 동안 등반하면서 본 방울뱀이 몇 마리인지 아는가? 반올림을 해도 0마리다. 그런데도 통나무에 닿을 때마다 어떻게 행동하는지 아는가? 물리지 않으려고 통나무 꼭대기로 올라서 최대한 멀리 뛰어내린다. 시내의 보도에서도 나뭇가지가 보이면 그 밑에 새끼 뱀이 있을 경우를 대비해 한두 발짝 뛰어넘곤 한다.

아버지는 내 머리를 혼란스럽게 하려고 그렇게 하신 것이 아니다. 도움을 주려고 그러신 것이다. 하지만 그 경고는 어린 내 마음속에 '모든 통나무 밑에는 방울뱀이 있다'는 믿음으로 자리 잡았다. 이런 믿음을 극복하는 가장 좋은 방법은 뱀이 가득한 구덩이에 뛰어드는 것이 아니다. 그건 정말 멍청한 짓이다. 가장 좋은 방법은 그 믿음이 무엇인지 그리고 어디에서 왔는지 이해하는 것이다. 그렇지 않으면 우리는 갈라진 틈을 밟지 않고, 사다리 아래로 지나지 않고, 거울을 깨뜨리지 않으려고 조심하느라 너무 바빠서 진정한 삶을 살지 못할 것이다.

통나무와 뱀의 이야기처럼 우리의 제한적인 믿음은 대개 두려움의 형태로 나타난다. 이것은 우리가 포부를 좇지 않으려고 사용하는 미루기, 자기 합리화, 분주함 및 여러 무의식적인 전략 중 하나로 나타날 수 있다. 그 두려움이 합리적이든 아니든 그것은 현실처럼 느껴진다. 두려움은 우리를 가두어 놓고 항상 더 작은 일에 안주하도록 설득하려고 할 것이다. 만약 우리가 두려움에 휘둘리게 된다면 머지않아 우리는 모두 말 없는 울타리가 될 것이다. 포부를 향한 길을 정리하고 싶다면 자신이 무엇을 두려워하고 왜 그것을 두려워하는지 알아내야 한다.

두려움을 정확히 파악할 때 이해해야 할 어려운 진실이 있다. 두려움은 저절로 사라지지 않는다는 것이다. 두려움은 어둠 속에서 토끼처럼 번식할 가능성이 더 높다. 잘 들어보라. 두려움은 완전히 극복되는 것이 아니라 단지 그것을 이해할수록 힘이 약해지는 것일 뿐이다. 강하고 용감해져라. 어떤 두려움이 당신을 움직이는지 이해하라. 포부를 향해 나아가기 위해 용을 죽일 의지가 있는가? 두려움을 파악하고 그것의 이를 걷어찬 다음 다시 일을 시작하라. 당신은 더 이상 인질이 아니다.

Chapter 20
4분의 1 변화를 주라

우리는 우리의 포부를
단계적으로 발견하고 구축한다.

다행히 제한적인 믿음에는 반대되는 개념이 있으며, 가지만 다를 뿐 종종 동일한 가계도에서 비롯될 수 있다. 나는 이것을 시작을 촉진하는 믿음 launching beliefs이라고 부른다. 나의 외조부모님은 친절하셨고, 시간을 아낌없이 내어주셨으며, 깊은 사랑을 베풀어 주셨다. 외할아버지는 샌프란시스코 만의 부두에서 소방관으로 일하셨는데, 40년 동안 묘지 교대 근무를 하셨지만 한 번도 불을 끄지 않으셨다. 외할아버지가 불 끄는 방법을 정말 알고 계셨는지는 잘 모르겠다. 하지만 외할아버지와 외할머니는 나를 진심으로 사랑해 주셨다. 그분들은 그것을 자신들의 목적으로 삼았다. 내 어린 시절 관점에서 봤을 때 그 일은 그분들에게 가장 중요한 일인 것 같았다.

내가 어렸을 때 외조부모님은 우리 집에서 몇 마일 떨어진 곳에서 사셨다. 외갓집에는 나를 위해 따로 마련된 방이 있었다. 그 방에는 작은 서랍이 있었는데, 외조부모님은 그 서랍에 동전을 가득 채워 놓곤 하셨다. 두 분은 그것을 '방세'라고 부르며 내 방에 들어올 때마다 5센트씩 넣어주셨다. 이것은 나를 기쁘게 했다. 돈 때문이 아니라 명예와 인정에 관한 것이었다. 두 분이 내 방에 들어오실 때마다 그 시간을 기록하실 만큼 내가 중요한 존재라는 생각은 내가 나를 사랑하고 소중히 여기게 만들었다. 그분들에게 나는 놀랍고, 똑똑하고, 재능 있는 아이(내가 '대단한 아이'도 언급했는가?)였다. 그분들의 마음속에서 나는 그런 존재였기에 내 마음속에서도 나는 그런 존재였다. 나는 그분들의 눈에 달을 매달아 주었고, 태양은 내 주위에서 떠오르고 졌다. 당신도 사랑하는 사람들에게 몇 가지 시작을 촉진하는 믿음을 심어주고 싶다면 이러한 말들을 그들의 삶에 심으라.

해마다 나는 부모님과 함께 디즈니랜드에 가곤 했다. 일 년 동안 방세로 받은 돈을 가지고 가서 외조부모님에게 드릴 선물을 항상 사 오곤 했는데, 선물을 고르는 일은 그리 어렵지 않았다. 메인 스트리트에 얼음사탕을 파는 가게가 있었기 때문이었다. 이 얼음사탕은 돌처럼 보이도록 칠해져 있는데, 비만으로 이어질 수 있긴 하지만 재미있는 놀라움을 선사해 주었다. 매년 디즈니랜드 여행을 마치고 돌아와 이 엄청나게 달콤한 깜짝선물을 들고 외조부모님 댁으로 달려가곤 했다. 그러면 외할머니는 예년과 같이 기쁨에 찬 목소리로 말씀하셨다. "나한테 돌을 사다 준 거니? 정말 행복하구나."

"아니에요, 외할머니. 이건 사탕이에요. 정말이에요. 한 개 드셔 보세요."

"그럴 리가! 내가 설마 돌을 모르겠니? 이건 돌이란다, 얘야." 외할머니는 늘 그렇게 주장하곤 하셨다.

이것은 외할머니가 마침내 사탕 한 개를 집어서 입에 넣을 때까지 계속되었다. 그러다가 그녀는 언제나 그러셨듯 깜짝 놀라셔선 손으로 입을 가리며 말씀하셨다. "이건 돌이 아니라 사탕이구나!" 외할머니는 내가 어린 시절 내내 나 자신을 인생에서 가장 재미있고, 매력적이고, 놀랍고, 창의적이고, 멋진 사람이라고 믿게 하셨다. 이것들은 나에게 시작을 촉진하는 믿음이 되었고, 살아가면서 내가 발견하게 된 대부분의 기쁨의 원천이 되었다.

시작의 촉진Launching은 기분이 좋지 않을 때도 일어날 수 있다. 내가 아플 때면 외조부모님은 토스트를 만들어서 삼각형으로 잘라주곤 하셨다. 그분들은 삼각형으로 자른 토스트가 기분을 좋게 해준다고 하셨다. 반세기가 지난 지금, 나는 몸이 아프거나 기분이 조금 안 좋을 때면 토스트를 먹는다. 토스트가 삼각형으로 잘려져 있을 거란 것은 당신도 이미 알고 있을 것이다. 그렇게 해야 기분이 나아지기 때문이다. 시작을 촉진하는 믿음은 이러한 종류의 유통기한이 있으며, 우리는 이러한 기반을 구축할 수 있는 사람들이다.

&

우리가 채택한 믿음은 추진력을 높이거나 방해가 될 수도 있는 우리의 내면적인 삶의 일부지만, 방해가 될 수 있는 것에는 외부적인 요소도 있다. 그것은 바로 당신이 이미 진행 중인 모든 일이다. 이미 당신의 바구니를 가득 채운 많은 일들이 새롭고 더 아름다운 포부를 위한 공간을 남기지 않고 있다. 하지만 자책할 필요는 없다. 당신은 혼자가 아니기 때문이다. 우리는 하나님께서 우리를 만드신 목적을 완전히 깨닫고 태어나지 않았다. 우리는 그것을 단계적으로 이해할 수 있으며, 포부가 구체화되고 마음속에 완전히 자리 잡기까지 더 많은 시간과 경험을 쌓아야 한다. 시간을 주라. 인생은 단거리 경주가 아니라 하나님께서 당신과 함께 달리고자 초대하신 마라톤이다.

당신은 새롭게 떠오르는 포부 이전에 있었던 모든 일을 어떻게 다루어야 한다고 생각하는가? 어쩌면 당신은 전공이나 직업을 잘못 선택했을 수도 있다. 어쩌면 잘못된 사람과 사귀고 있거나 잘못된 도시에 살고 있을 수도 있다. 원하는 삶을 살기 위해서는 현재의 삶에서 무엇을 해야 하고 무엇을 바꿔야 하는지에 대한 해답을 찾아야 한다.

현재의 삶이 조금 힘들더라도 꼭 붙잡아야 할 아름다운 것들이 있다. 믿음과 가족은 그중에서도 절대적인 두 가지다. 결혼 생활이 어려울 수 있다. 결혼을 했다면 이미 알고 있을 것이다. 결혼하지 않았어도 이미 짐작하고 있을 것이다. 서로 다른 것을 원하는 불완전한 두 사람이 매일 가까이에서 지내다 보면 힘든 순간이 있을 수밖에 없다. 조금만 더 견디어 보라. 도움이 필요하면 도움을 받으라. 세상에는 좋은 상담사들이 많이 있다. 나도 몇 군데 다녀왔으니 당신도 한번 생각해 보라. 부끄러울 일은 없다. 단지 더 밝은 미래만 있을 뿐이다.

친구 그룹을 빠르게 점검하는 것도 도움이 될 수 있다. 특정 친구들이 당신을 망치고 있을 수도 있다. 그렇다고 너무 엄격하게 대하지는 말라. 그들은 자신들이 도움이 된다고 생각하지만 실제로는 그렇지 않을 뿐이다. 당신은 건강도 지켜야 한다. 당신이 들어본 적 있는 케토 다이어트the keto diet가 지금까지 해오던 프리토 다이어트the Frito diet보다 더 도움이 될 수도 있다. 트윙키Twinkies(미국의 국민 과자-역자 주)는 그만 먹으라. 필요하든 아니든 일 년에 최소 한두 번은 헬스장에 가라. 이런 것들은 일을 해내는 사람들이 하는 일이다. 인생의 어느 단계에 있든 당신은 포부에 더 가까워지는 데 필요한 변화가 무엇인지 이미 알고 있을 것이다. 아주 작은 걸음이라도 한 걸음 내디디라.

&

아주 오래된 와인 저장고에 가본 적이 있다면 숙성 중인 와인이 담겨 있는 수천 개의 먼지 쌓인 병들을 본 적이 있을 것이다. 한 사람이 주기적으로 병들을 4분의 1씩 돌리는 일을 하는데, 이는 와인의 침전물이 병에 달라붙지 않게 하고 와인이 맑은 상태를 유지하게 하기 위함이다. 당신의 포부도 마찬가지다. 그것에 4분의 1만 변화를 주라.

일반적으로 올바른 방향으로 나아가는 데는 4분의 1 정도의 변화만 있으면 된다. 작은 증가분처럼 보이지만 이것이 아마도 필요한 전부일 것이다. 델타 항공은 비행기를 게이트에서 90도가 아닌 45도만 푸시백(항공기에 특수차량을 연결하여 차량 동력으로 항공기를 뒤로 밀어내는 작업-역자 주) 하기 시작했다. 이 각도의 변경은 엄청난 비용을 절감하고 하루에 수백 시간의 엔진 가동 시간을 절약해 주어, 시간이 지나면 수십억 달러에 이르는 가치를 창출하게 될 것이다. 효과를 발휘한 것은 단지 4분의 1 변화였다.

당신의 4분의 1 변화 전략은 무엇인가? 한 젊은 남성이 전화를 걸어와 내가 그의 삶에 큰 영향을 끼쳤다고 말했다. 그는 "제 삶이 360도 바뀌었어요"라고 자랑스러워하며 말했다. 그에게 "그것은 사실상 당신이 원점으로 돌아갔다는 의미입니다"라고 말하고 싶었지만 차마 그렇게 말할 수는 없었다. 그래서 나는 웃으며 대답했다. "반대 방향으로 4분의 1만 변화를 주어 보세요."

몇 년 전, 나는 몇몇 친구들이 다양한 경력을 가지는 것에 관한 책을 쓰는 것을 도왔다. 대부분의 사람이 직업을 먼저 선택하고 나머지 남은 공간에 자신의 삶을 채워 나간다. 그런데 이 접근 방식에도 4분의 1만 변화를 주어 보면 어떨 것 같은가? 당신의 인생을 먼저 선택한 후에 경력을 채우는 것이다. 더 이상 명함이나 졸업장, 자격증으로 결정을 내리지 말라. 새로운 포부가 당신의 이전 결정에 의문을 제기할 수 있는 권한을 부여하라. 나 또한 변호사라는 완벽하게 훌륭하고 수익성이 좋은 직업을 그만둘 때 그렇게 했다. 오해하지는 말라. 나는 변호사가 되는 것을 좋아했고, 여전히 그 직업을 사랑한다. 달라진 점이 있다면, 예전에는 효과가 있는 일을 하면서 시간을 보냈지만 이제는 오래 지속되는 일을 하려고 노력한다. 그것은 4분의 1 변화지만 중요한 변화로, 당신이 인생에 기꺼이 주려는 힘의 양에 영향을 미치는 미묘한 차이다.

나는 은퇴할 때까지 한 가지 직업만 가지고 살아야 하는 줄 알고 자랐다. 이것은 우리의 부모님 세대가 살았던 방식이었다. 그분들의 부모님도 그런 삶을 살았다. 하지만 오늘은 새로운 날이고 당신의 날이니 낡은 규칙들에 얽매이지 말길 바란다. 나는 꽤 다양한 경력이 있다. 신문을 배달하고, 집에 페인트를 칠하고, 위너슈니첼에서 핫도그를 팔고, 주유소에서 주유를 해 주고, 차를 주차해 주는 일도 해봤다. 또한 나는 변호사이자 강연가이며, 항공사 설립자기도 하다. 작가이자 외교관이고, 그 외에도 다양한 일을 한다. 그러나 이것은 내가 특별하다는 뜻이 아니라 그만큼 적극적이라는 뜻이다. 당신도 그렇게 될 것이다. 화려한 것은 잊어버리라. 당신의 믿음, 가족, 친구들과의 관계에 집중하라. 당신이 하는 일에 조금만 더 주의를 기울이면 많은 일이 일어날 수 있다.

내가 다양한 경력을 쌓고 많은 일을 해왔던 이유는 끊임없는 변화를 꿈꾸기 때문이다. 당신도 마찬가지다. 여러 가지 포부가 동시에 실현될 수도 있고 순차적으로 실현될 수도 있다. 방법이 잘못된 것이 아니라 단지 시기가 맞지 않았을 뿐이다. 자신의 현재 상태를 파악하라. 예전의 당신이 되려 하지 말고 당신이 되고 싶은 사람이 되어라. 하나님이 당신을 어떻게 창조하셨는지 알아내고 그와 관련된 일을 많이 하라. 낯선 사람만이 직책으로 당신을 기억할 것이다. 나쁜 일은 당신이 더 좋은 일을 준비하도록 도와주고, 더 좋은 일은 당신이 최고의 일을 준비하게 해준다. 나쁜 일을 불평하지 말고, 그 자리에 머무르지 말라. 우리의 유산은 우리가 세상에 전하는 사랑과 희망, 참여의 양, 자기 인식과 타인 인식 그리고 우리가 진화하면서 새로운 접근 방식에 적응하고 채택하려는 의지가 될 것이다.

우리가 하는 일이 우리 자신을 정의하는 것은 아니다. 책을 쓴다고 해서 모두 작가가 되는 것은 아니다. 철자를 잘 쓸 줄 아는 사람이라는 의미도 아니다. 그저 내가 노력하는 사람이라는 것을 의미할 뿐이다. 나는 스위트 마리아의 남편이자 린지와 리처드와 애덤(그리고 이제는 존과 애슐리도 포함)의 아빠다. 우리가 스스로를 강연가, 작가, 칼 던지는 사람 혹은 칼을 삼키는 사람이라고 자처하다가 어느 날 밤에 강연이나 글을 쓰는 것이나 칼 던지기를 잘못하거나 딸꾹질하게 된다면, 그것은 단순히 나쁜 밤이 아니라 정체성의 위기일 것이다. 가족과 친구와 예수님을 동일시하라. 일에만 목적의식을 가지고 몰두한다면 당신은 위험한 영역에 있는 것이다. 잘못된 것은 아니지만 구멍 난 바구니에 계란을 모두 넣지 않도록 조심해야 한다.

당신의 현재 모습은 지금까지 당신이 한 모든 일과 당신에게 일어난 모든 일이 누적된 결과다. 어떤 믿음은 당신을 제한했지만 아마도 당신은 더 많은 것을 발견하게 될 것이다. 거울에 비친 자신의 모습이 마음에 들 수도 있고 불만족스러운 부분이 있을 수도 있다. 당신이 나와 같다면 두 가지 모두 있을 것이다. 선택했던 모든 일들이 원하는 대로만 흘러가지는 않았을 것이다. 괜찮다. 우리도 모두 그런 경험을 했다. 우리는 끊임없이 다음 버전의 우리가 되고자 노력하고 있으며 이는 좋은 일이다. 꿈을 발견하고 그 시작을 촉진하는 이 여정에서 당신에게는 주어진 환경에 대한 수많은 선택권이 있다는 사실을 기억하라. 어제나 5분 전에 일어난 일을 바꿀 수는 없다. 하지만 내일은 모두 당신의 것이며, 다음에 무슨 일이 일어날지 결정하는 것은 당신에게 달려 있다.

Chapter 21
포기하는 사람이 돼라

새로운 것을 시작하는 방법은
다른 것을 그만두는 것이다.

나는 요트 경주를 하는 데 꽤 많은 시간을 보냈다. 남부 캘리포니아와 샌프란시스코에서 경주를 했고 하와이를 오가는 태평양 횡단도 두 번이나 했다. 이 과정에서 횡단에 성공하려면 큰 돛과 더 큰 용골을 가진 요트가 필요하다는 것을 알게 되었다. 용골은 흘수선(배가 물 위에 떠 있을 때 배와 수면이 접하는, 경계가 되는 선-역자 주) 아래에 매달려 있는 요트의 일부로, 콘크리트나 납과 같은 중금속으로 채워져 있다. 바람이 많이 불수록 용골은 요트를 안정적으로 똑바로 세워 앞으로 나아갈 수 있도록 도와준다.

그런데 이 용골에는 길이가 수백 피트에 이르는 긴 다시마 가닥들이 달라붙고는 한다. 요트가 멀리 이동할수록 더 많은 다시마들이 달라붙는데, 기본적으로 다시마를 끌어당기는 자석과 같은 역할을 하여 용골이 바다에 더 깊숙이 들어갈수록 더 많은 다시마가 걸리게 된다. 한번은 다시마 한 조각을 멀리 끌고 나간 적이 있었다. 오하우섬Oahu을 떠날 때 요트 뒤에서 느릿느릿 따라다니는 것을 보고 용골에서 떨어졌다고 생각했다. 그런데 금문교Golden Gate Bridge 아래를 지나면서 보니 다시마 조각은 여전히 거기에 있었다. 말 그대로, 나는 아무것도 모른 채 바다를 가로질러 그것을 끌고 다녔던 것이다. 용골에는 다시마가 붙어 있어도 바로 알아차리기는 어렵다. 당신의 삶처럼 요트는 계속 움직이고 있으며 흘수선 위에서는 보이지 않기 때문이다. 하지만 시간이 지나면서 더 많은 다시마가 달라붙게 되면 요트는 기어가는 것처럼 속도가 점점 느려질 것이다. 당신도 조심하지 않으면 삶에서 똑같은 일이 일어날 수 있다.

다시마가 사라지기를 바랄 수도, 계획을 세울 수도 없다. 다시마를 용골에서 떼어내는 유일한 방법은 '요트를 뒤로 움직이는 것' 뿐이다. 즉 요트가 바람이 불어오는 쪽을 향하도록 한 후 완전히 멈추어 바람이 요트를 뒤로 밀어내도록 기다려야 한다는 뜻이다. 이렇게 하면 용골에 가해지는 압력이 풀려 다시마가 떨어진다. 이것은 우리 삶에서도 적용해 볼 만한 가치가 있는 방법이다. 뒤로 물러서서 몇 가지를 내려놓으면 원하는 곳에 더 빨리 도달하는 데 도움이 될 것이다.

내 삶의 다시마를 제거하는 방법은 다음과 같다. 나는 일 년에 한 번씩 모든 것을 펼쳐 놓고 무엇을 유지하고 무엇을 버려야 할지 고민한다. 또한 내가 내리는 모든 사소한 결정 특히 정기적으로 내리는 결정을 되돌아 보고, 그 결정이 나에게 효과가 있는지 묻는다. 나의 포부를 이루는 데 도움이 되는지 아니면 방해가 되는지를 묻는 것이다. 당신도 시도해 보라. 그것은 직업일 수도 있고, 인간관계나 취미, 습관일 수도 있다. 운동을 더 많이 하거나 덜 하기로 한 결정일 수 있고, 책 읽기를 시작하거나 중단하기로 한 결정일 수도 있다.

당신도 믿음으로 그렇게 하라. 당신의 믿음을 저버리지 말라. 속도를 늦추고, 예수님께 집중하지 못하게 하는 불필요한 약속이나 어리석은 대화, 의견 충돌 등에서 물러나 배를 바로잡으라. 장담하건대 나중에는 더 가볍고 민첩해졌음을 느끼게 될 것이다. 가장 최신의 진정한 버전의 당신에게서 조용히 추진력을 훔쳐 가던 장애물에서 자유롭게 될 것이다.

일 년에 한 번 인생의 다시마를 제거하는 일 외에도, 나는 매주 이런 작업을 작은 버전으로 한 번 더 진행한다. 내가 매주 목요일마다 한 가지 일을 그만둔다는 사실을 이미 아는 사람도 있을 것이다. 가끔은 완벽하게 좋은 것을 그만두었다. 내가 이렇게 하는 이유는 삶은 항상 꽉 차 있는 경향이 있기 때문이다. 24시간이라는 매일의 정해진 가방 안에 30시간 동안 하고 싶은 일을 집어넣을 수는 없기 때문이다. 많은 사람들이 자신이 더 이상 성장하지 못하는 일에서 이상하리만큼 쉽게 벗어나지 못하는 이유는, 다른 사람들에게 자신이 그것을 그만두는 이유를 설명해야 한다고 생각하기 때문이다. 사람들에게 매주 목요일마다 한 가지 일을 그만둔다고 말하기 시작하면 더 이상 그것을 설명하려고 고민할 필요가 없을 것이다.

몇 주 동안 이것을 연습해 보라. 그것은 당신의 기분을 최고로 만들 것이다. 매주 다시마를 제거한다고 생각하라. 더 이상 효과가 없다면 그만두라. 나만 하는 것이 아니라는 것을 알 수 있도록 목요일에 그만두라. 목요일에 그만둔다고 본질적으로 마법 같은 일이 일어나는 것은 아니지만 몇 가지 면에서 도움이 된다.

사람들이 더 이상 효과가 없는 일에 집착하는 또 다른 이유는 그만두기에 적합한 조건을 고르고 싶어서다. 그러나 완벽한 시간은 절대 오지 않으니 그에 대한 고민은 하지 말라.

나는 삶에서 많은 것들을 그만두었다. 그리고 이러한 일에 전문가가 되려고 노력해 왔다. 다음은 내가 그만둔 일의 몇 가지 예다.

나는 트럭을 팔았다. 그날은 목요일이었고, 그러고 나서 몇 년 동안 스위트 마리아와 차를 같이 썼다. 우리가 더 많은 시간을 함께 보내기 위함이다.

나는 내 법률 회사를 그만두었다. 이 이야기는 앞에서 이미 들었겠지만, 그만두는 것은 큰일이었기 때문에 나열해 본다.

나는 지역 대학에서 강의를 그만두었다. 이 대학에서는 20년 넘게 학생들을 가르치고 있었다. 어느 목요일, 그냥 그만두었다. 이유는 목요일이었기 때문이다.

나는 한 조직의 이사직을 그만두었다. 그 조직이 이루는 일을 정말 좋아했지만, 이사회에서 봉사하는 것이 다른 일에 할애할 시간을 너무 많이 빼앗는 것 같았다.

나는 약속 잡기를 그만두었다. 재미있는 아이디어로 시작된 일이 다음 대화 시기를 결정하기 위한 전화나 이메일, 문자 메시지의 길고 지루한 사이클을 시작할 수 있다는 것을 아는가? 나는 회의를 하는 것보다 회의를 계획하는 데 더 많은 시간을 소비한다는 것을 깨달았다. 또한 그들이 전혀 나타나지 않는 아침과 정오, 3시 30분에도 다가올 회의를 생각하고 있었다. 이 모든 것이 나를 괴롭히기 시작했고, 그래서 약 5년 전 어느 목요일에 약속 잡기를 그만두었다. 그것은 내가 오랫동안 해온 일에서 4분의 1 만큼의 변화를 준 것이었고, 이 작은 변화는 모든 차이를 만들었다. 요즘에는 약속을 잡는 대신 사람들에게 내가 보고 싶으면 전화하거나 그냥 나타나라고 말한다. 사람들에게 내가 어디에 있을지 알려주면, 그들은 자신의 조건에 따라 나의 궤적과 교차해 나를 만날지 말지 결정할 수 있다. 나를 정말로 만나고 싶어 하는 사람들은 그렇게 할 것이고, 그렇지 않은 사람들은 그렇게 하지 않을 것이다. 그들이 결정하는 동안 나는 걸음을 멈출 필요가 없다.

자, 그래서 이번 주 목요일에 당신은 무엇을 그만둘 것인가? 당신은 어쩌면 이미 그만두어야 할 것을 알고 있을 것이다. 그리고 제발, 만약 해서는 안 될 일에 빠져 있다면 목요일까지 기다리지 말고 지금 당장 그만두라.

어쩌면 무언가를 그만두는 가장 효과적인 방법은 거절하는 방법을 배워 처음부터 시작하지 않는 것일지도 모른다. 꿈을 향한 길을 닦는 것은 때때로 거절하는 법을 배우는 것과 많은 관련이 있다. 많은 사람들이 이를 실천하기 어려워한다. 나도 그중 한 명이다. 정말 친절한 초대를 거절하는 것은 항상 엄청난 일처럼 느껴졌다. 그래서 우리는 모두 초대를 그냥 정직하게 받아들인다. 누구에게도 상처를 주거나 실망시키고 싶지 않기 때문이다. 하지만 생각이 항상 다른 곳에 있어서 우리가 곁에 있기를 바라는 사람들에게 상처와 실망을 주곤 한다. 문제는 그들도 우리에게 그러한 것을 말하기엔 너무 착하다는 것이다.

누군가에게 하나의 일을 더 하도록 권유받는 일은 기분 좋은 일이다. 이해한다. 그것은 우리가 사랑받고 필요한 존재라는 느낌을 받게 하는데, 이는 좋은 느낌이다. 문제는 얼마 지나지 않아 우리가 일정의 악몽에 시달리게 된다는 것이다. 우리는 지나치게 많은 일을 한다. 너무 많은 일에 동의하다 보니 다른 더 중요한 일들이 뒷전으로 밀려나게 된다. 우리의 마음을 차지하기 위한 싸움은 달력 페이지에서 벌어지고 있다. 선한 싸움을 하되 올바른 규칙을 사용하라. 당신은 '아니요'라고 말할 수 있다. 필요하다면 매일 아침 거울 앞에서 연습하라. 다음은 내가 수년에 걸쳐 터득한 거절하는 방법에 대한 몇 가지 팁이다.

거절해야 할 때를 알라. 저녁 식사 초대가 기회를 탐색하려고 잡은 약속과 겹치는가? 거절하라. 커피를 마시며 시간을 보내는 것이 인생에 도움이 되어서 하는 것인가, 아니면 단지 죄책감을 달래거나 의무감 때문에 하는 것인가? 거절하라.

예의 있게 거절하는 법을 배우라. 사람들이 당신의 거절을 받는 것을 영광스럽게 받아들일 수 있도록 예의 있게 거절 의사를 전달하라. 진심을 담아 말하고, 사과하지 않는 방식으로 거절하라. 친절하게 그리고 은혜로운 사랑을 담아 거절하라. 당신의 거절하는 능력이 얼마나 뛰어난지 가르치려는 순간으로 만들지 말라. 그냥 "아니요. 괜찮습니다. 저를 생각해 주셔서 감사합니다"라고 말하라.

즉시 거절하라. 대부분의 사람들과 마찬가지로 당신도 초대를 거절함으로써 다른 사람들을 실망하게 하고 싶지는 않을 것이다. 그래서 우리는 기다리게 된다. 잘 들으라. 그 순간에 즉시 거절하는 것이 나중에 예의 바르게 거절하는 것보다 더 낫고 명예로운 것이다.

"기도해 보겠다"라고 말하지 말라. 물론 기도하라. 모든 것을 기도하라. 당신의 다음 호흡을 두고도 기도하라. 그러나 이 말이 당신이 기도하지 않고 결정을 내리는 동안 단순히 자리를 메우는 것이라면, "기도해 보겠다"라는 말로 초대를 회피하지 말라. 팁을 주자면 그렇게 말한다고 해서 당신이 거룩해 보이지는 않는다. 오히려 진실하지 않은 사람으로 보일 가능성이 높다.

"나중에"라고 말하지 말라. 미루는 것은 어정쩡한 태도이며 솔직한 대답을 하지 않는 것이다. '나중'이 절대 오지 않을 것을 알면서 "나중에 만나자"라고 말하지 말라. 이것은 사람을 존중하지 않는 행동이다. 그들에게 지금 당장의 즉각적인 명예로운 대답보다는 잘못된 희망과 장기적인 실망감을 줄 수 있다.

거절하고 싶으면서 '예'라고 말하는 것은 정말 해로운 습관이 될 수 있다. 또한 당신을 지치게 하는 이런 나쁜 습관은 당신의 포부를 방해할 수도 있다. 나는 결혼 전에 침실에 있는 의자에 옷을 올려두는 정말 나쁜 습관이 있었다. 옷장까지 몇 걸음 더 가서 옷걸이에 손을 뻗는 일이 왠지 과중한 일처럼 느껴졌다. 그래서 의자가 넘어질 것 같을 때까지 셔츠와 청바지를 의자 등받이에 걸쳐 두곤 했다. 그러다가 의자 등받이에 걸쳐 둔 옷들과 균형을 맞추려고 의자의 앉는 부분에도 옷을 쌓아 올렸다. 얼마 지나지 않아 거의 모든 옷을 의자 위에 올려놓게 되었다. 청바지를 찾는 일은 고고학 발굴 작업과 같았고, 티셔츠보다 티라노사우루스T-Rex를 찾을 확률이 높아졌다. 결국 옷장의 모든 옷이 의자 위에 쌓여 있게 되어서야 용기를 내서 모든 옷을 제자리에 돌려놓았다. 그런 다음 주기가 다시 시작되었는데, 의자에 옷을 걸쳐두는 것이 실제로 옷을 놓기에 적합한 장소가 아니었음에도 정상적으로 느껴지기 시작했기 때문이다.

이 이야기는 당신에게 친숙하게 느껴질 수도 있고, 어쩌면 당신도 삶에서 무언가를 쌓아온 자신만의 '의자'가 있을 수도 있다. 이것은 우리가 이야기했던 스톡홀름 증후군의 또 다른 버전이다. 대부분의 사람들이 삶에서 일부 이상한 측면을 가지고 있지만, 너무 오랫동안 그렇게 해왔다는 이유로 그것을 정상적인 것으로 인식한다. 하지만 그래서는 안 된다. 삶에 체계성을 부여하려고 일상적인 일을 갈망하는 것은 정상이다. 그러나 당신의 일상이 바람직한지 스스로에게 물어 볼 필요가 있다. 반복할 가치가 있는 것인가? 그것이 당신의 삶을 지나치게 장악하고 있어서 더 새롭고 아름다운 포부를 향해 나아가는 데 방해가 되고 있지는 않는가?

길을 정리하고 오래된 습관에서 벗어남으로써 지금까지 해왔던 일을 왜 하고 있었는지 이해하는 데 진지하게 노력하라. 이렇게 하면 처음에는 삶이 조금 이상하고 공허하게 느껴질 수도 있다. 아마도 약간의 불안감과 낯섦을 느낄 것이다. 그러나 물러서지 말라. 이것은 좋은 일이다. 그것에 기대라. 그것이 바로 당신처럼 미묘한 변화를 꿈꾸는 사람들에게 필요한 것이다. 머릿속을 좀 비우거나 일정을 정리하고 방해받지 않고 생각할 시간을 가지기 위해 특정 활동이나 습관 등을 일시적으로 멈추어야 할 수도 있다. 배우자와 이직이나 재정 변화를 두고 솔직한 대화를 나눠야 할 수도 있다. 지금까지 '예'라고 말했던 몇 가지 일, 심지어 그것이 좋은 일이더라도 반드시 거절해야 할 일이 있을 것이다. 또한 당신의 승낙을 기대했던 몇몇 사람들을 실망시킬 수도 있다. 사람들이 당신의 승낙에 익숙해져 있거나, 그동안 아름다운 일을 위해 해왔던 자원봉사 활동을 더욱 아름다운 일을 시작하려고 끝내야 하는 경우에는 특히 더 어려울 수 있다.

나는 좀 특이한 사람이다. 아마 당신도 눈치챘을 것이다. 나는 이 모든 것을 스스로 염두에 두려고 일상에 적용하는 작은 일이 있다. 당신처럼 나도 청바지 오른쪽에는 주머니가 있지만 왼쪽에는 없다. 정확히 말하면 왼쪽 주머니는 모두 잘라 냈다. 그래서 휴대 전화를 왼쪽 주머니에 넣으면 신발 옆으로 빠져나오게 된다. 마치 실패한 마술 트릭 같다. 우리의 믿음과 삶이 우리가 매달려 있는 모든 것과 기꺼이 놓아버리고자 하는 모든 것의 합이라는 것을 매일 상기하려고 이렇게 한 것인데, 당신도 한번 해 보기를 추천한다. 가위를 가지고 와서 왼쪽 주머니를 잘라보라. 단, 자를 때 조심하라.

현실은 이렇다. 당신이 현재 사는 삶은 지금까지의 선택과 약속의 축적된 결과물이다. 만약 다른 삶, 흔하지 않은 삶을 원한다면 이를 위해 무언가를 바꿔야 한다. 오른쪽 주머니에서 왼쪽 주머니로 몇 가지를 옮겨야 한다. 누가 당신에게 상처를 입혔는가? 누가 당신을 실망시키거나 낙심하게 했는가? 승낙했지만 철회해야 할 사항은 무엇인가? 그 모든 것을 다른 주머니에 넣으라. 복부 둘레는 18인치(약 46센티미터)밖에 되지 않는다. 좋다, 20인치(약 51센티미터)라고 치자. 포부를 이루려면 그렇게 해야 할 것이다. 길을 정리하라. 처음에는 조금 이상하게 느껴질 수도 있지만 결국에는 그만한 가치가 있을 것이다.

Part 5

행동으로 옮겨라

Chapter 22
위험의 경계에서 산다는 것

편안한 사람들은 예수님이 필요 없다.
절망적인 사람들에게만 필요하다.

예순 살이 되었을 때 나는 세 가지 포부를 가졌다. 더트 바이크(비포장 도로용 오토바이-역자 주)로 점프하는 방법과 철사를 이용하여 차에 시동을 거는 방법 그리고 자물쇠를 따는 방법을 배우는 것이었다. 나는 각각의 포부를 두고 약간의 진전을 이루었다. KTM 500 더트 바이크를 구입해서 지금까지 30피트(약 9미터)를 이동했다. 문제는 바이크로는 20피트(약 6미터)밖에 나아가지 못했다는 것이었다. 나는 바로 핸들 바로 넘어가 버렸다. 아직 점화 장치를 합선시켜 차에 시동을 거는 방법을 잘 배우지 못했기에 드라이버와 스티어링 칼럼으로 시도하다가 망가뜨리고 말았다. 이 중 어느 것도 내가 생각한 대로 되진 않았지만, 그래도 자물쇠를 따는 방법은 배울 수 있었다.

나는 투명 자물쇠를 구입하여 종이 클립을 넣고 이리저리 움직일 때마다 자물쇠 내부의 일곱 개 핀을 볼 수 있도록 해서 배웠다. 투명 자물쇠를 통해 내부를 들여다보면서 자물쇠를 따는 건 그리 어렵지 않았다. 그러나 내부를 볼 수 없는 상황에서 자물쇠를 따려면 좀 더 많은 노력이 필요했다. 이것을 연습하려고 나는 투명 자물쇠를 테이블 아래에 놓고 연습했다. 보이지 않는 상황에서 자물쇠를 따려면 숙련된 자물쇠 따는 사람의 기술이 필요하다.

이 책에서 우리가 해온 많은 일들은 전략을 세우는 것을 멈추고 마침내 행동으로 옮기는 이 순간을 위한 것이다. 당신도 나와 같다면 이전의 모든 과정을 건너뛰고 바로 여기서부터 시작하고 싶었을 것이다. 하지만 나는 포부를 실현하기 위한 철저한 계획이 없으면 금방 흐지부지된다는 것을 배웠다. 나의 간절한 바람은 당신이 삶의 진전을 이루기 위해 지금 할 수 있는 모든 일을 해 보는 것이다. 다만 여기서부터는 포부를 이루려면 정교한 노력이 필요할 것이다.

캐나다의 우리 부지에는 40개의 폭포가 있는데, 그중 가장 높은 폭포는 높이가 수백 피트에 달한다. 이 폭포 앞에 서 있으면 숨이 멎을 것 같은 느낌이 들 것이다. 나는 그것을 보여 주려고 많은 친구들을 데려갔다. 몇몇 친구들과는 폭포 뒤로 갈 수 있는 좁은 통로를 따라 내려가기도 했다. 그런 다음 폭포를 함께 통과했다. 이것은 당신이 이 책에서 해왔던 것과 다르지 않다. 친구들을 폭포 뒤로 초대해 폭포 사이를 걸어가게 하면 그들은 항상 놀라움을 금치 못한다. 물은 빠르게 움직이고 힘이 엄청나며 수백 피트 상공에서 떨어지는 물의 양도 매우 많기 때문이다. 내가 하고 싶은 말은, 포부를 향해 전진하려면 삶과 포부를 단순히 앞뒤에서 바라보는 것에서 벗어나 어느 순간부터는 실제로 그 안으로 발을 들여놓아야 한다는 것이다.

친구들에게 폭포 속으로 들어가 보자고 제안했을 때, 그들은 반대편에 무엇이 있는지 보지는 못했지만 무엇이 있을지 꽤 잘 짐작하고 있었다. 그들에게 필요한 것은 시작을 위한 더 많은 정보나 지침을 줄 사람이 아니었다. 당신도 마찬가지일 것이다. 우리는 그저 폭포를 함께 통과해 줄 누군가가 필요한 것이다. 이것이 바로 이 책에서 말하고자 하는 것이다. 우리는 모두 한 걸음을 내디뎌야 하는데, 믿을 수 있는 사람과 함께 한다면 그 과정이 더 쉬울 것이다. 대체로 폭포 바로 저편에는 수많은 위대한 포부들이 우리를 기다린다.

아마도 당신은 자신의 포부를 거의 파악했을 것이다. 어쩌면 몇 가지 세부 사항은 아직 파악 중일 수도 있다. 어느 쪽이든 이제는 폭포를 통과해야 할 시간이다. 나는 새로운 꿈을 시작할 때마다 설렘과 기대 그리고 어떤 결과가 나올지를 두고 약간의 불안감이 뒤섞여 있다. 하지만 반대편에 무엇이 있는지 보려면 반드시 베일을 통과해야 한다. 우리가 앞으로 나아가기 시작할 때 인생이 우리에게 '슬쩍 보기 없기'라고 말하는 방식이 있다. 나에게는 이 순간을 나타내는 짧은 문구가 있다. 그것은 바로 '위험의 경계에서 산다는 것'이다.

나의 큰 포부 중 하나는 세계 곳곳의 무력 충돌을 종식하는 데 도움을 주는 것이었다. 내가 설립한 단체는 우간다, 이라크, 아프가니스탄 및 전쟁으로 폐허가 된 기타 여러 나라에서 이 임무를 수행해 왔다. 사람들이 무기를 내려놓게 하는 것은 정말 어려운 일이지만, 그렇다고 해서 노력을 멈추지는 않을 것이다.

1991년에 정부가 붕괴한 이후 소말리아는 거대한 분쟁이 계속되어 거의

30여 년 동안 내전을 치르는 중이다. 우리는 무력 분쟁의 엄청난 무게 속에서 자라나는 아이들이 있는 여러 나라에서 활동한다. 이라크에는 ISIS 칼리프가 있고, 우간다에는 소년병이 주도하는 반란이 있다. 아프가니스탄은 어느 시점에 이르러 거의 모든 세력에게 침략을 당했으며 모든 영역이 탈레반의 영향을 크게 받는 상태다. 소말리아는 12개의 부족이 서로 권력을 차지하려고 싸우는 중인데 현재는 알카에다가 엄청난 존재감을 드러내고 있다.

나는 소말리아의 모가디슈에 있을 때 세 군데의 호텔에 머물렀다. 세 곳 모두 지금은 폭파된 상태다. 소말리아는 분쟁과 갈등이 만연한 나라여서, 모가디슈에서 문제가 발생해도 옐프Yelp(미국의 대표적인 리뷰 서비스 플랫폼 회사-역자 주)에 안 좋은 리뷰는 함부로 남길 수 없다. 그곳에 가게 되면 도착하기 전에 혈액형을 알려줘서 그들이 미리 준비해 둘 수 있게 해야 한다. 또한 납치되어 몸값을 요구받을 것을 대비하여 믿을 수 있는 사람에게 생존 증명 질문을 알려줘야 한다. 내 대답은 이렇다. "이놈들에게 엿을 먹여라. 절대 한 푼도 주지 마라."

우리는 아이들의 고통을 조금이라도 덜어주고 작은 희망과 더 많은 기회를 가져다주고자 이러한 나라들에서 활동해 왔다. 어린아이들, 특히 어린 소녀들이 그들이 마땅히 누려야 할 인생의 기회를 누릴 수 있도록 돕는 것이 나의 포부 중 하나였기 때문이다. 단순히 총에 맞지 않도록 돕는 것만이 아니었다.

전쟁이 일어나면 모두가 피해를 보지만, 어린이 특히 어린 소녀들이 항상 가장 큰 대가를 치르는 것 같다. 나는 그들을 위해 공평한 세상을 만들고 싶다. 이들 국가의 많은 사람들이 모든 사람은 평등하게 태어났다는 데 동의

할 것이다. 그러나 실제로는 남자아이들이 여자아이들보다 훨씬 더 평등한 대우를 받는다. 우리의 포부를 추구하는 힘은 분노나 열정 또는 이 둘의 조합일 수 있다. 자신의 열정과 연결된 무언가를 발견했을 때, 그것을 추구하고 변화를 일으킬 수 있는 방법을 찾는 것을 목표로 삼아야 한다.

소말리아에 있는 알카에다 조직은 '청년'을 뜻하는 알샤바브al-Shabaab로 불린다. 그들은 교육을 제공하겠다는 기만적인 약속으로 자신들을 위해 싸울 청년들을 모집한다. 소년들은 자신들이 폭발 장치를 만들고 생명을 빼앗는 방법을 교육받게 된다는 사실을 나중에야 알게 된다. 어린 소녀들의 사정은 더 좋지 않다. 그들은 읽고 쓰는 법을 배우지 못하며, 많은 소녀들이 거의 십 대 때 강제 결혼으로 팔려 간다. 우리는 이들 국가에서 우리가 학교를 세우고 안전한 거처를 지을 수 있도록 초대할 때까지 기다리지 않았다. 포부를 추구하는 데도 초대는 필요 없다. 당신은 여기 있고, 살아 있고, 할 수 있다. 당신에게 필요한 초대장은 이것이 전부다.

모가디슈에서 가장 위험한 곳은 그린 존the green zone 안이다. '그린 존'이 가장 큰 보호를 받을 수 있는 곳처럼 들리기 때문에 다소 직관적이지 않을 수 있다. 하지만 그린 존은 사람들이 숨어 있는 곳이다. 적들이 경계를 늦춘 사람을 찾아낼 수 있다고 확신하는 곳이기도 하다. 그린 존은 우리에게도 가장 위험한 곳이다. 그럼에도 우리 중 많은 사람들이 삶의 대부분을 이곳에서 보낸다.

수년 동안 포부를 품고 있으면서도 세상에 내놓지 못했다면 그 이유를 스스로에게 물어볼 가치가 있다. 예수님은 누구에게도 안전하게 살라고 말씀하지 않으셨다. 당신은 용감해지려고 태어났다. 용감하게 행동하라. 이 진리를 따르라. 포부를 한 단계 도약시키고 싶다면 삶의 그린 존에서 벗어나 몇 가지 위험을 감수하라. 높은 벽을 쌓았다면 그 벽을 모두 허물 필요는 없다. 그냥 문을 한두 개 만들고 반대편으로 나가면 된다.

   소말리아에는 갈등과 불확실성이 많지만 희망도 많다. 어떤 사람들은 혼란 속에서도 적극적으로 희망을 찾는다. 당신도 이런 사람이 돼라. 우리는 대체로 가장 많은 시간을 투자한 것을 찾게 되기 때문이다. 우리의 삶도 마찬가지다. 포부를 이루지 못했다고 절망에 빠지지 말라. 아직 이루지 못한 가치 있는 일들이 있다는 사실에 기뻐하라. 희망의 정신을 키우고, 그린 존에서 벗어나게 되었을 때 삶에서 어떤 일이 가능해질지 끊임없이 기대하며 살아가라. 체크해야 할 목록은 없다. 단지 살아 나갈 삶이 있을 뿐이다.

&

   모가디슈로의 첫 여행을 떠나 비행기에서 내렸을 때, 우리는 우리를 맞이하려고 준비된 선팅된 창문이 달린 에스유브이SUV로 걸어 나갔다. 우리 앞에는 기관총을 든 여섯 명의 남자가 탄 트럭이 있었다. 우리는 차로 그린 존을 벗어나 시내로 향했다. 모가디슈는 20년간의 내전의 흔적을 고스란히 보여주고 있었다. 대부분의 건물에 총알구멍과 박격포 자국이 선명하게 남아 있었다. 마치 '콜 오브 듀티Call of Duty' 게임의 한 레벨 같았다. 살면서 정신 나간 행동을 많이 해봤지만, 호위대의 뒤를 따라 좁고 종종 막혀 있는 거리를 차로 이동하면서는 목덜미의 털이 곤두섰다. 이것은 마치 나의 한계에 도전하는 것처럼 느껴졌다.

모가디슈는 까다로운 곳이다. 아름다움과 희망이 가득하지만 동시에 폭력과 총알과 폭발이 끊이지 않는다. 누군가의 생명을 위협하려는 시도가 있을 때 그 사람의 차는 보호해 주던 사람들에게서 차단될 것이다. 그런 다음 나쁜 일이 일어난다. 차로 이동한 지 20분 정도 되어 모가디슈 시내의 구불구불한 길을 달리다가 좁은 길로 들어서는 데 차 한 대가 우리를 가로막았다. 우리 차의 운전사는 나를 향해 돌아보며 잔뜩 겁에 질린 목소리로 말했다. "이건 정말 안 좋은 상황이야!" 이제 소말리아에서 절대 듣고 싶지 않은 말이 두 가지 있다. '이건 정말 안 좋은 상황이야'와 '나는 이제 캡틴이다'다. 나는 다음에 무슨 일이 일어날지 예상하지 못했다. 앞의 트럭에서 우리를 보호하려고 기관총을 들고 있던 사람들이 총을 쏘기 시작했다. 나는 결코 말수가 적은 편이 아니었지만, 그 혼란 속에서 내가 할 수 있는 말은 "으악!"뿐이었다.

크고 깊고 신학적인 이야기로 들리지 않겠지만, 이것은 크고 깊고 신학적인 이야기다. 이유는 다음과 같다. 나는 인생을 점점 더 편안하게 살아왔다. 집도 있고 차도 있고 보트도 있다. 심지어 원치 않는 개도 키우고 있다. 그런데 내가 깨달은 것은 편안한 사람들은 예수님이 필요하지 않으며 자신의 포부를 좇지 않는다는 것이다. 절박한 사람들만 예수님이 필요하다. 우리가 포부를 좇는다면 하나님께서는 우리가 더 이상 편안함의 중심에서 사는 것을 원하지 않으실 것이다. 그는 우리가 위험의 경계에서 살기를 원하실 것이다.

포부를 좇고 싶다면 당신이 열심히 일해 만들어 낸 안락함에서 벗어나야 할 것이다. 이는 자신의 생활에 따라 주소를 변경해야 할 수도 있음을 의미한다. 이 모험에서 당신을 지지해 줄 믿을 수 있는 친구들에게서 중요한 메일은 여전히 받게 될 것이니 걱정하지 않아도 된다. 나머지 정크 메일은 모두 보낸 사람에게 반송되도록 하라.

모든 의견을 가진 것 같은 사람들이 얼마나 편안한지 알아차렸는가? 그러나 절망적인 사람들에게는 오직 예수님만 있다. 당신의 편안한 직장, 익숙한 환경, 평생을 들여서 쌓아 온 예측 가능성을 살펴보라. 어쩌면 이러한 것들이 당신의 포부를 방해하는 것일 수도 있다. 그것들이 당신을 인질로 잡고 있는 것은 아닌가? 위험의 경계에서 산다는 것은 무섭고 힘들 수 있으며 때로는 고통스러울 수도 있다. 그래도 괜찮다. 계속 숨을 쉬면서 머물러 있으라. 예수님이 기다리시는 당신 삶의 한계로 나아가라. 하나님은 우리를 가장 안전한 길로 인도하시는 것이 아니라 우리가 가장 많이 성장할 수 있는 길로 인도하신다.

Chapter 23
10:34~10:35

계획을 세우고 행동으로 옮기기까지의 1분이
몽상가와 진정한 꿈을 꾸는 사람 사이의 차이다.

내가 자란 곳 근처에 윈체스터 미스터리 하우스Winchester Mystery House라는 곳이 있다. 사라 윈체스터는 남편이 사망한 후 1800년대 후반에 서부로 이주했다. 윈체스터 소총을 발명했던 그녀의 남편은 그녀에게 오늘날 달러 가치로 환산했을 때 5억 달러에 해당하는 현금과 매달 75만 달러에 해당하는 돈을 추가로 남겨 주었다. 이 자금은 확실히 그녀가 가계를 유지하기에 충분했다. 그 후 38년 동안 그녀는 정말 이상한 집을 지었다. 그녀의 집에는 침실이 40개, 연회장이 2개, 벽난로가 47개, 굴뚝이 17개 등 161개의 방과 어디로도 연결되지 않는 계단, 문이나 창문이 없는 방 등 고개를 절레절레 흔들게 만드는 특징들이 가득하다.

한 이웃이 8년 가까이 건축 중에 있지만 언제 완공될지 모르는 자신의 집을 보여 주겠다며 나를 초대했다. 왜 그렇게 오래 걸리는지, 내부는 어떤지 궁금하여 가 보았다. 여러 가지 이상하고 불완전한 특징 중에서도 지하실에서 본 것이 가장 압권이었다. 천장 전체에 작고 반짝이는 조명들이 달려 있었는데, 그것들이 무엇인지 주인에게 물었더니 자신이 태어난 날의 별자리 배열이라고 했다. 그 이야기를 듣고 나니 내 생일 촛불이 왠지 빈약하게 느껴졌다. 이 집은 윈체스터 미스터리 하우스는 아니지만, 몇 년 후에 다시 확인하게 되면 공사가 끝나고 잔디밭에 페리에 물로 관수를 하는지 알아봐 주겠다. 나는 씁쓸하지 않다.

당신이 살아온 삶에서 당신도 그와 똑같은 기괴한 일을 하고 있다는 말을 들으면 놀랄 것인가? 내 말은, 당신이 더 많은 것을 만들고 만들고 준비하고 준비하지만, 실제로는 포부를 이루지 못하는 경우가 많다는 것이다. 그것은 당신만의 윈체스터 미스터리 하우스와 같다. 모든 것이 마법처럼 잘 맞아떨어질 것 같은가? 당연히 아니다. 약간의 세부 작업은 필요하겠지만 별들을 정렬하는 데 시간을 낭비하지 말라. 상황이 잘 맞아떨어질 때도 있고 그렇지 않을 때도 있을 것이다. 어쨌든 계속 움직여라. 세상이 길을 곧게 펴고 당신 발아래의 길을 평평하게 하여 여행하기 쉽게 만들어주고 싶게 하는 행동에는 무언가가 있다.

항상 쉬운 일만 있지는 않을 것이다. 변화를 시도하다 보면 약간의 저항에 직면하게 될 것이다. 새로운 것에 대한 저항이 보편적 상수와 같다는 것을 어딘가에서 읽은 적이 있는데, 그 말이 맞는 것 같다. 새로운 것을 창조하고 포부를 실현하고자 하는 사람은 누구든지 그에 맞서는 압력에 직면하게 될 것이다. 다음은 그중 몇 가지다.

미루는 습관과 무기력감 우리는 당신의 큰 포부들(아마도 중소 규모의 포부도 많을 것이다)을 확인했다. 또한 탐색할 수 있는 기회의 작업 목록을 확보하고 그 길을 정리했다. 이렇게 준비가 되어 있는데 누가 미루거나 엄지손가락이나 만지작거리고 싶겠는가? 하지만 사실은 많은 사람들이 그러고 있다. 당신도 그중 한 명일 수 있다. 만약 그렇다면 잠시 시간을 내어 그 이유를 알아보라.

자기 파괴 포부를 향해 나아가는 데 어려움을 겪는 사람들에게서 볼 수 있는 또 다른 동적인 요인은 자기 파괴다. 그들은 회의나 면접에 참석하지 않으려고 스스로 타이어를 찢는 일까지는 하지 않기에 보통은 덜 티가 나지만, 무력감을 느끼게 하는 것은 마찬가지다. 그들은 전화를 하는 대신 낮잠을 잔다. 마케팅 센터에 가는 대신 영화를 보러 간다. 도움을 주겠다는 사람에게 늦게 나타나거나 아예 나타나지 않는다. 포부가 구체화되기 시작하면 모든 핑계가 사라지기 때문에 어떤 일이 일어날지 두려워하는 것일 수도 있다. 하지만 사냥은 끝나고 개가 쫓던 버스를 잡는 순간이 올 것이다. 허세만 부리며 쫓아다니기만 할 수는 없다. 일이 제대로 진행되기 시작할 때를 대비한 계획을 세워야 한다. 꼭대기의 거품을 날려 버리면, 자신의 포부를 무의식적으로 파괴하는 사람들은 대개 성공을 두려워하며 성공했을 때의 안정감과 편안함 측면에서 자신들이 치러야 할지 모를 대가를 두려워한다.

반대론자들과 안티들 이것은 당신이 직면하게 될 가장 일반적인 저항일 수 있다. 만약 당신이 친구나 동료로 구성된 그룹에 속해 있다면, 그들은 당신에게 특정한 행동과 성취를 기대할 것이다. 그들은 당신의 삶이 위협을 느끼지 않는 특정 궤도를 따르고 있다고 생각한다. 아마도 당신은 수년 동안 또래 그룹을 중심으로 같은 궤도에 있었을 것이다. 당신이 그 궤도에 머물러 있으면 그들은 당신이 안전하고 예측 가능하다고 느낄 것이다. 그러나 당신이 궤도를 바꾸면 자신들의 불만족이나 추진력 부족을 반성하면서 그들이 이해하고 있거나 아직 이해하지 못한 다양한 감정을 유발할 수 있다. 진전을 이루다 보면 당신이 갑자기 그들의 적이 된 것 같은 느낌을 받을 수 있다. 물론 그것은 사실이 아니다. 당신은 단지 지금까지 머물러 있던 궤도에서 벗어나는 중일 뿐이다. 더 이상 달이 아니라 혜성이 된 것이다.

 때때로 사람들은 다른 사람들이 자신의 꿈을 향해 달려가는 모습을 보면 몹시 불안해한다. 부모님, 친구, 동료, 심지어 배우자까지. 당신의 새로운 모험에 위협을 느끼는 사람들은 종종 당신을 방해하는 것처럼 보이는 행동을 할 수 있다. 그러나 그것은 그들의 의도가 아니며, 아마도 그들은 자신들이 그렇게 하고 있다는 사실조차 모르고 있을 것이다. 당신은 당신의 성공이 그들의 삶에 일으키는 파동을 인지하고 있다. 그들은 당신의 포부를 변곡점 삼아 그들이 이해하려는 것을 큰 소리로 처리하는 중인 것이다.

 만약 당신이 결혼을 했다면 이 문제를 해결하라. 아직 결혼하지 않았다면 앞으로 맺게 될 중요한 관계를 위해 지금부터 연습하라. 힘들긴 하겠지만 인간관계를 이해하는 데 투자하는 모든 시간은 그만한 가치가 있다. 그들을 당신의 꿈에 끌어들이려고 하지 말고, 그들이 당신의 꿈을 이해하도록 도와주라. 결국에는 여전히 의아해할 수도 있겠지만 적어도 당신을 더 잘 이해하게 될 것이다. 그들이 당신에게 도움을 주겠다고 제안할 수도 있고, 가장 좋은 점은 그들이 자신만의 꿈을 꾸도록 영감을 줄 수 있다는 것이다. 아름다운 포부는 최악의 감기보다 더 전염성이 강하다.

&

    인류 역사에서 증오자들과 반대론자들이 세력을 행사하던 유명한 순간이 있다. 1903년 12월 17일, 윌버 라이트Wilbur Wright와 오빌 라이트Orville Wright라는 이름의 두 형제는 수년 간의 시행착오와 실험 끝에 노스캐롤라이나주 키티 호크의 모래 위를 성공적으로 동력 비행함으로써 역사를 바꾸었다. 그곳은 사실 킬 데빌 힐스Kill Devil Hills라고 불렸던 곳인데, 100년 후에 그 이름으로는 상품이 많이 팔리지 않을 것이라고 생각한 누군가가 모든 책에서 이름을 바꿔 놓았다. 동전 던지기를 한 끝에 오빌이 차고에서 만든 비행기를 조종하기로 결정되었다.

    역사학자들은 다른 사람들이 먼저 비행했다고 말하지만, 오빌이 지표면에서 떨어진 정확한 시간은 오전 10시 35분이었다. 지속적인 비행이 가능하다는 것을 알게 된 순간이었다. 그 순간 이전에는 무슨 일이 일어날지 아무도 몰랐다. 거의 모든 사람이 그것이 가능할 것인지 의심했다. 나는 오빌과 윌버가 오전 10시 34분에 비행기가 날아오르기 1분 전에 무슨 생각을 하고 있었을지 항상 궁금했다. 우리는 모두 어느 시점에서 자신의 포부를 두고 같은 것을 궁금해한다. 우리의 포부는 날아갈 것인가, 아니면 추락하고 타버릴 것인가?

    아무도 10시 35분에는 살지 않는다. 당신도 그렇고 나도 그렇다. 우리는 모두 10시 34분에서 자신의 삶을 살면서 포부를 실행한다. 우리의 삶이 어떻게 될지는 아무도 알 수 없으며, 아이디어가 성공할지 아닐지는 더욱 알 수 없다. 나는 여행을 다니면서 훌륭한 아이디어를 가진 좋은 사람들을 많이 만나는데, 그들 중 상당수가 자신의 아이디어를 절대 실행하지 않는다. 이유는 간단하다. 아이디어가 성공하면 자신이 무엇을 해야 할지 두렵고, 실패하면 자신이 형편없어 보일까 봐 두렵기 때문이다.

아마도 당신을 1분 일찍 멈추게 한 것은 검증이었을 것이다. 당신은 공적으로 큰 실패를 할까 봐 걱정하고 있을 수도 있고, 아니면 사적으로 더 큰 실패를 할까 봐 시도하지 못하는 중일 수도 있다. 어찌 됐든 당신의 인생에서 시계는 10시 34분에서 멈춰 버렸다. 좋은 소식은 10시 35분이 우리 모두에게 일어나는 데 1분밖에 남지 않았다는 사실이다. 그 1분은 짧은 시간이지만, 당신의 인생에 큰 변화를 불러올 수 있는 시간이다. 실패에 대한 의지만 있으면 된다.

                                              &

대학에 다니려고 처음 샌디에이고로 이사를 왔을 때, 내가 정말로 하고 싶었던 것은 서핑뿐이었다. 솔직히 수업을 들어야 할 시간의 상당 부분을 파도를 타는 데 보냈다. 결국 서핑을 꽤 잘하게 되었다. 남부 캘리포니아에 있었던 두 번째 해에, 허리케인이 태평양을 가로질러 휘몰아치기 시작하여 해안에 거대한 파도를 일으켰다. 남쪽의 너울을 잡기에 완벽한 장소는 선셋 클리프Sunset Cliffs라는 곳이다. 이 절벽은 각 방향으로 몇 마일씩 뻗어 있는데, 물에 들어가려면 70피트(약 21미터) 높이의 절벽을 내려가야 한다.

나는 해변에 차를 세웠다. 수평선 위로 어둡고 검게 물든 하늘이 위협적으로 느껴졌다. 완벽하다고 생각했다. 이건 정말 역대급일 것이라 생각했다. 나는 절벽 끝까지 달려가서 아래로 내려와 물속으로 뛰어들었다. 노를 저어 멀리 나갈수록 파도는 더욱 사나워지는 것 같았다. 어쩌면 이것이 그다지 좋은 생각이 아니었을지도 모른다는 생각이 들기 시작했다.

대부분의 파도는 너무 커서 잡으려고 시도조차 할 수 없었다. 마침내 좀 더 작은 파도가 하나 들어왔고, 나는 그것을 잡으려고 몸을 돌려 온 힘을 다해 노를 저었다. 어쨌든 그것은 효과가 있었고 잠시 파도의 표면을 타고 날아가고 있었다. 하지만 오래 가지 못했고 나는 폭포 아래로 떨어졌다. 그 후 한 시간 동안 나는 계속 노를 저어 부서지는 파도를 뚫고 나오려고 애썼지만 아무런 성과도 얻지 못했다. 사실 내가 30피트(약 10미터) 정도 빠져나올 때마다 다음 파도가 나를 다시 절벽 쪽으로 100피트(약 30미터) 가까이 밀어붙이면서 원래의 진입 지점에서 점점 더 멀어지게 했다. 결국 파도 하나가 엄청난 힘으로 나를 절벽으로 밀어붙였다. 내 서프보드는 순식간에 여러 조각으로 부서졌다.

나는 계속해서 파도에 맞으면서 절벽에서 벗어나려고 파도 아래로 몸을 숙이고 있었다. 얼마 지나지 않아 기력이 떨어져 아무것도 남지 않게 되었다. 죽게 될 것을 확신하게 되었는데, 이상하게도 나는 이 진리를 받아들이면서 하나님 안에서 평안을 누리게 되었다.

몰랐는데, 절벽 꼭대기를 걷고 있던 한 남자가 내게 무슨 일이 일어나고 있는지 보고 있었다. 그는 절벽 아래로 내려와 나를 도우려고 물속으로 들어와 주었다. 거기서 내가 구원을 받았다. 여기서 내가 말하는 '구원'은 신앙 공동체에서 일부 사람들이 의미를 두어 말하는 '구원'이 아니라, 나 자신의 확실한 죽음으로부터의 '구원, 구해짐'을 말하는 것이다. 매년 성탄절이 되면, 절벽 꼭대기에 서서 나에게 성경 구절을 외치는 대신에 나를 따라 물속으로 들어와 주었던 한 남자를 보내 주셨던 하나님께 감사드리기 위해 그 장소에 찾아간다.

몇 년 후, 나는 두 친구와 함께 선셋 클리프에 갔다. 우리는 멋진 일몰을 보려고 오토바이를 타고 갔다. 기록해 둘 만한 장면이었기에, 몇 장의 사진을 찍은 후에 우리는 집에 돌아가려고 오토바이로 향했다. 그때 누군가가 "119에 신고해!"라고 소리쳤다. 듣자 하니 절벽 꼭대기 가장자리에 있던 한 청년이 휴대 전화를 만지작거리다가 균형을 잃고 절벽에서 떨어진 것 같았다. 우리는 가장자리로 달려갔고 70피트(약 21미터) 아래의 바위 위에 있는 그를 보았다.

나는 몇 년 전에 한 남자가 나를 구하려고 어떻게 절벽 아래로 내려왔는지 보았기 때문에 이 청년에게 다가가려면 어떻게 내려가야 하는지 알고 있었다. 내 친구들과 나는 그가 쓰러져 있는 곳으로 내려갔다. 그는 상태가 좋지 않았다. 정말로 좋지 않았다. 그는 심폐소생술과 그 이상의 도움이 필요했다. 우리는 그를 소생시킬 수 있었지만 그는 안정되지 않았다. 그 후 한 시간 동안, 우리는 도움이 도착하기를 기다리면서 그의 곁에서 그를 위로하려고 노력했다. 소방차가 왔고 의료진이 절벽 아래로 내려왔을 때 그는 이미 죽은 사람이었다. 나는 크게 죄책감을 느꼈다. 우리는 최선을 다했지만 그를 살리는 데는 충분하지 않았다. 내 포부 중 하나가 언젠가 누군가의 생명을 구하는 것이었는데, 기회가 있었지만 실패했다.

하지만 중요한 것은 이것이다. 지켜보다가 실패하는 것보다는 시도하다가 실패하는 편이 낫다. 이 청년의 큰 실수에 대한 소식은 모든 텔레비전 채

널에서 보도되었다. 그러나 그 이야기는 어리석게도 휴대 전화에 정신이 팔린 한 청년의 이야기였지, 한 가족이 겪게 된 엄청난 상실감에 대한 이야기는 아니었다. 몇 달 후, 자신이 사는 곳과 가까운 도시에서 내가 강연이 있다는 소식을 들은 그의 어머니에게서 연락이 왔다. 보아하니 경찰 보고서에서 내 이름을 발견했던 모양이었다. 그녀는 우리가 만날 수 있는지 물었다. 나는 당연히 가능하다고 대답했는데, 그렇게 대답한 후에 죄책감과 수치심의 모든 감정이 다시 나에게 넘쳐났다. 뭔가 다른 일을 했더라면, 좀 더 적극적으로 조치를 취했더라면 그를 구할 수 있지 않았을까 싶은 생각이 들었다. 그의 추락을 두고 나 자신을 비난할 수 없다는 것은 알았지만 여전히 죄책감을 느꼈다. 그래도 나는 그의 어머니를 위로할 수 있는 이번 기회를 놓치고 싶지 않았다.

그때, 내가 일몰 사진을 찍었다는 것이 기억났다. 그가 쓰러져 있으면서 보았던 것과 똑같은 노을이었다. 나는 그 사진을 수수한 액자에 담아 그녀에게 주었다. 우리는 그가 저질렀던 실수를 이야기하는 대신에 그가 보았을 아름다움에 대해 이야기했다.

우리의 행동은 완벽할 수 없다. 종종, 심지어 완벽과는 거리가 멀기도 할 것이다. 당신의 포부가 무엇이든 그것을 계속 추구하라. 성공할지는 아무도 모른다. 그러나 시도하다가 실패하더라도 지켜보다가 실패하지는 말라.

아름다운 진실은 일단 포부를 세우고 나면 실망에 굴복하지 않는 한 아무리 실패해도 다시 시도할 수 있다는 것이다. 당신이 원하는 것이 무엇이고 왜 그것을 원하는지 명확히 안다면, 거기에 도달하는 데 필요한 만큼의 많은 시도를 할 힘이 생길 것이다.

무언가를 해 보라. 절벽을 내려가라. 파도를 헤쳐 나가라. 구경만 하지 말고 게임에 참여하라. 행동으로 옮기지 않는 이상 포부를 실현할 방법은 없다. 실수할지도 모른다는 생각은 하지 말고, 앞으로 보게 될 아름다움을 생각하라. 다음 단계로 넘어가기까지는 1분 정도밖에 남지 않았다.

Chapter 24
하루 천 개의 단어

산만하지 않은 삶을 살라.

나는 쉽게 주의가 산만해진다. 당신은 어떠한가? 몇 가지 예를 들어보겠다. 이쑤시개는 나의 주위를 산만하게 한다. 왜 그런지는 잘 모르겠다. 이쑤시개를 볼 때면 식탁에서 누군가의 구강위생으로 길을 잃은 소고기 조각에 내 이마를 맞을까 봐 두렵다. 다리를 흔드는 사람들도 나를 산만하게 만든다. 그들이 불안해 보여서 나도 불안해지게 된다. 또 다른 예를 들자면, 나는 호텔 방에 있을 때 전화선이 꼬여 있으면 잠들기 전에 그것을 모두 풀어야만 잘 수 있다. 정신이 이상해 보이는가? 내 친구 중에는 스피어민트 껌 냄새를 못 견디는 사람이 있다. 사실 나도 껌은 그다지 좋아하지 않는다. 또 다른 지인은 접시에 서로 다른 야채가 닿아 있는 것을 못 견뎌 한다. 또 다른 지인은 누군가와 왼쪽 어깨를 부딪치면 손을 뻗어 오른쪽 어깨를 만져서 균형을 맞춰야 한다. 심지어 화장실 휴지가 롤의 위쪽이 아닌 아래쪽에서 흘러나오면 화를 내는 친구도 있다. 내 생각에 우리는 모두 조금씩은 이상한 것 같다. 그렇지 않은가? 당신의 주위를 산만하게 하는 것들은 무엇이 있는지 생각해 보라. 당신도 분명 이상한 점이 있을 것이다. 인정하라.

포부를 열심히 추구하다 보면, 그 과정에서 많은 방해 요소에 직면하게 될 것이다. 따라서 궤도에서 벗어나지 않도록 삶에 들어오는 모든 입력 정보를 걸러내는 방법을 알아내야 한다. 그렇다고 해서 목적이 명확하지 않으면 즉흥적인 기분에 휩쓸리거나 회의에 참여해서는 안 된다는 의미는 아니다. 다만 당신이 하려고 했던 일의 과정에서 잠재적으로 이탈할 가능성이 있다는 사실을 스스로에게 미리 알려주란 뜻이다.

다음은 방해받지 않고 포부를 향해 나아가는 데 도움이 되는 몇 가지 아이디어다.

포부 목록을 작성하라. 내 사무실에는 16개의 정사각형으로 나누어진 폼코어 보드가 있다. 각각의 사각형은 나의 포부를 나타낸다. 나는 내가 어떤 것에 집중하고 있는지 명확히 알고 있다. 내가 원하는 것이 무엇인지, 왜 그것을 원하는지 그리고 그것을 위해 어떻게 해야 할 것인지 알고 있다. 새로운 기회가 찾아오면, 나는 보드에 다른 정사각형을 하나 더 추가할 가치가 있는지 아니면 그냥 넘길지 결정한다. 정사각형이 3개가 될 수도 있고 30개가 될 수도 있다. 중요한 것은 목록에 포함된 이유와 포함되지 않은 이유를 아는 것이다.

자신과의 약속을 만들라. 나는 거의 매일 하는 몇 가지 습관이 있다. 당신도 있을 것이다. 일단 염두에 둔 포부가 있고 그 포부를 향해 나아가려고 몇 가지 행동을 계획했다면, 그것을 달력에 기록해 두라. 그것을 절대 놓칠 수 없고 늦어서는 안 될 데이트처럼 여기라. 누군가에게 "미안하지만 다른 약속이 있어서 참석할 수 없습니다"라고 말하는 것은 잘못된 것이 아니다. 물론 당신 자신과의 데이트이며 아마도 당신이 한 최고의 데이트는 아닐 것이다. 그러나 그것이 당신에게 가장 중요한 약속인 것처럼 대하라. 포부를 위해 할애할 시간을 따로 마련하고 지키는 것은 포부를 향한 많은 진전을 이룰 수 있는 좋은 방법이다.

하루에 한 통씩 전화를 걸어보라. 당신의 포부를 이루는 데 도움을 줄 수 있는 사람들에게 하루에 한 명씩 연락하기를 도전하라. 어쩌면 당신은 회사의 CEO나 교황, 달라이 라마에게 연락하려고 할 수도 있다. 목록을 만들지 말고 그냥 전화하라. 누구든 상관없으니 연락해 보라. 매번 연결되지 않거나 원하는 대화를 나누지 못할 수도 있다. 하지만 매일 작은 행동이라도 취하면 엄청난 결과를 가져올 수 있다. 시도하지 않으면 그런 일은 일어나지도 않을 것이다. 한번 시도해 보고 어떤 가능성이 열리는지 확인해 보라.

모든 곳에 알람을 설정해 두라. 나는 포부를 좇을 때마다 그에 대한 알람을 곳곳에 설정해 둔다. 전력을 다해서 도전하라. 그것을 손이나 화장실 거울 등 어디에나 적어 두라. 계기판에 스티커 메모를 붙여 놓으라. 개에게 타투를 해 주라. 필요하다면 경비행기를 빌려 동네 상공에 글을 쓰거나 현수막을 걸어라. 케이크에 장식으로 당신의 포부를 적어서 자신에게 선물하라. 아니면 그것을 나에게 보내주면 전화하겠다. 스코틀랜드의 검에 당신의 포부를 새기고 킬트(스코틀랜드 전통 의상, 체크무늬로 된 천으로 만들어진 스커트 형의 남자용 하의-역자 주)에 걸어두라. 화면 보호기나 벨 소리로 설정해 두라. 휴대 전화를 들거나 전화를 받을 때마다 당신이 원하는 미래와 그것을 이루기 위한 포부를 떠올리게 될 것이다. 상상력을 마음껏 발휘하라. 상품을 계속 주시할 수 있는 트리거들로 매일 자신을 놀라게 하라. 이렇게 하면 집중력을 유지하고 에너지를 얻게 될 것이다.

행정적인 도움을 받으라. 매주 최소 한 시간 이상 가상 비서를 고용할 수 있다는 사실을 알고 있었는가? 당신을 돕고 싶어 하는 사람들로 가득 찬 수십억 달러 규모의 산업이 있다. 한번 알아보라. 당신의 포부를 도와줄 비서를 고용하는 것을 고려해 보라. 한 달에 50달러에서 100달러 정도만 내면 된다. 이러한 비서들은 당신이 포부를 좇는 데 방해가 되는 세부 사항을 처리하는 데 도움을 줄 수 있다. 책을 쓰는 것이 포부라면 근처 대학교에서 관련 전공자를 찾아 도움을 청하라. 어차피 그들은 학생이어서 아직 취업은 불가능할 것이다.

점진적인 이정표를 설정하라. 어떤 포부는 너무 거대해서 한 번에 조금씩만 달성할 수 있다. 결국에는 모든 것이 이루어지겠지만 모든 것이 한꺼번에 이루어지는 경우는 거의 없다(사실 하루 만에 달성할 수 있는 포부라면 좀 더 큰 포부를 선택하는 것이 좋다). 작은 이정표를 설정하여 스스로에게 진전을 이루고 있음을 상기시키라. 다음 중도 지점에 도달할 때마다 그것을 축하하고 자신에게 보상해 주라. 디즈니랜드에 가든 콜드스톤에 가든 어디든 상관없다. 중요한 것은 당신이 진전된 상황을 인정하는 것이다.

진전을 이룰 때마다 스스로에게 보상을 해 주라. 예를 들면 미용실에 가거나 사탕 한 봉지를 사는 등의 행동이 될 수 있다. 어떤 일이든 포부를 향한 단계를 세분화할 수 있다. 목록에서 체크한 항목이 많아질수록 그것을 실현하는 데 더 가까워질 것이다.

하루에 천 개의 단어를 써 보라. 나에게 연락하는 많은 사람들은 언젠가 책을 쓰고 싶다는 포부가 있다. 나는 이 점을 응원하며 모든 사람은 최소 한두 권 분량의 이야기가 있다고 생각한다. 중요한 것은 그 이야기를 글로 표현하는 것이다. 책은 놀랍고 말 그대로 세상을 변화시킬 수 있다. 나는 글을 쓰는 것이 당신을 변화시킬 것이라고 장담한다.

내가 쓴 모든 책은 하루에 천 개의 '부적당한' 단어를 쓰는 것에서 시작되었다. 여기서 '부적당한'이란 욕설을 말하는 게 아니라 완벽하지 않은 단어를 쓰려고 노력한다는 뜻이다. 이렇게 하면 좋은 단어를 써야 한다는 부담감이 사라진다. 이 단어들은 나중에 더 나은 단어로 바꾸려고 노력한다. 내가 처음부터 좋은 단어를 쓰려고 기다렸다면 당신은 이 글을 읽지 못했을 것이다. 당신이 생각하는 가장 좋은 단어를 찾아서 그 단어로 시작하라. 이것은 올림픽이 아니다. 첫 번째 시도에서 트리플 플립을 해 좋은 결과를 얻을 필요는 없다. 일련의 불완전한 시도를 통해 포부를 향해 나아가라. 나에게 하루에 천 개의 단어를 쓰는 것은 여전히 개념으로만 남아있는 포부와 한 권의 책이 되는 길에 있는 단어들의 차이다.

책을 쓰는 것이 당신의 포부가 아니더라도 매일 종이에 생각을 적어 두는 것은 추천한다. 지금 생각하는 것을 적어 두지 않으면 20분 안에 사라져 버릴 것이다. 내가 하루에 100통이 넘는 이메일을 어떻게 나에게 보내는지 말했던 것을 기억하는가? 그 이메일들은 내가 좀 더 깊이 생각해 보고 싶은 아이디어들이다. 나중에 책이나 소셜 미디어 게시물, 강연에 등장할 단어들이다. 다른 이유가 없더라도 자신의 생각을 적어두면 생각을 명확히 하는 데 도움이 될 것이다.

&

이러한 일들을 하는 것은 당신이 집중력을 유지하여 집중을 방해하는 요소들을 극복하는 데 도움이 될 것이다. 또한 당신이 포부를 향해 나아갈 때 깨어 있는 삶을 유지하도록 도움을 줄 것이다. 반짝이는 것이 무엇이든 옆눈길을 사로잡으면 눈에 띄지 않게 치우라. 방이 너무 추워서 짜증이 난다면 잠시 시간을 내어 온도를 높이라. 당신의 개가 계속 문 앞에서 짖는다면 간식을 주라. 아니면 내가 우리 집 개에게 해 보고 싶은 일을 해 보라. 문을 열어주어 개가 새 주인을 찾으러 이웃집으로 달려가는지 확인해 보라. 주의가 산만해지는 것은 정상이다. 그러나 그것이 당신이 휴식을 취하는 자세가 되지 않도록 주의하라. 산만하지 않은 삶을 살기 위해 노력하면 자신의 포부를 더 명확하게 보게 될 것이다.

Part 6

좌절을 예상하라

Chapter 25
베스파를 선택하라

우리는 겉모습으로
점수를 받지 않는다

우간다로 여행을 갔을 때, 한 번은 아들 리치가 우리가 그곳에 세운 학교를 도우려고 나를 따라왔다. 나는 여행 친구가 있어서 좋았고, 추억을 기념으로 가져갈 수 있도록 함께 뭔가 재미있는 일을 하고 싶었다. 그래서 여러 가지 선택 목록을 작성한 끝에 빅토리아 호수에서 흘러나오는 나일강에서 래프팅을 하기로 결정했다. 리치와 나는 아웃핏터the outfitters(래프팅 장비 대여 업체-역자 주)에 가서 보트를 내려 강 위에 놓는 것을 도운 후 보트에 올라탔다. 패들의 어느 쪽 끝을 잡아야 할지 고민하는데, 강 가이드가 우리의 작은 구명보트를 물살에 밀어 넣으며 보트 안으로 뛰어들었다. 처음에는 꽤 잔잔했지만, 얼마 지나지 않아 물살이 점점 빨라지기 시작했다.

첫 십 분이 지나지 않아 가이드는 우리가 5급 급류를 타고 올라가는 중이라고 말했다. 이번이 첫 래프팅 여행이었기에 '5급'이 무엇을 의미하는지 몰랐다. 6급 급류는 없고 오직 죽음뿐이라는 것은 나중에 알았다. 첫 번째 수중 바위를 넘었을 때 나는 리치를 바라보았다. 리치는 열심히 노를 저으면서 가이드가 파도 너머로 외치는 지시를 따르고 있었다. 나도 마찬가지였다. 우리는 산만한 파도를 두 번 더 통과한 후(끝난 것이 아니다), 거대한 바위 뒤의 소용돌이 속으로 빨려 들어갔다. 강이 조금 진정되는 것 같아서, 나는 리치를 안심시키기 위한 미소와 함께 엄지손가락을 치켜세우려고 그가 있는 쪽을 바라보았다. 하지만 리치는 거기에 없었다. 5급 급류와 충돌 중 보트 밖으로 튕겨 나가 강물에 휩쓸려 간 것이었다.

불편하게 오랫동안 바위 뒤의 소용돌이에 갇혀 있던 가이드와 나는 리치를 찾으려고 노를 저어 다시 급류 속으로 들어갔다. 소용돌이치는 물살과 강둑을 따라 20~30분을 찾아보았지만 아무런 성과가 없었다. 크게 걱정이 된 나는 스위트 마리아에게 리치를 아프리카에 데리고 갔다가 다시 데려오지 못했다고 어떻게 말할 것인지 연습하기 시작했다. '리치가 당신과 함께 있는 줄 알았어'라고 하거나 '다른 아이를 하나 더 만들어 보자'라고 말하는 것은 불가능해 보였다. 그러던 중 강가에서 리치가 나뭇가지에 매달려 있는 것을 발견했다. 우리는 물살을 거슬러 약간 상류 쪽으로 열심히 노를 저었다. 마침내 리치에게 다다랐고 그를 다시 보트 안으로 끌어 올렸다. 모두가 어느 정도 진정이 된 후, 나는 리치의 눈을 똑바로 바라보며 이 모든 일을 비밀로 하겠다고 맹세하게 했다. 그는 누구에게도, 특히 그의 엄마에게 말하지 않겠다고 약속했다. 하지만 우리가 집에 도착해 팔을 흔들며 현관문을 들어서자마자 리치가 했을 첫 번째 이야기가 뭔지 추측해 볼 수 있겠는가? 역시 아이들이다.

실패는 이러한 강이나 급류와 매우 비슷한 면이 있다. 큰 포부를 가지고 시작했지만 배 밖으로 내던져지게 될 무언가를 하다가 하류로 휩쓸려가게 된다. 우리는 현재와 싸울 수 없기에 숨을 헐떡이며 매달려 있을 무언가를 찾게 된다. 이런 일이 일어났을 때 우리에게 필요한 것은 강의나 정보, 책망이 아니다. 우리를 다시 보트 위로 끌어당겨 줄 손이나 혹은 리치처럼 약간의 은혜가 도착할 때까지 매달려 있을 나뭇가지만 있으면 된다.

&

이 여정에서 당신은 한두 번은 보트에서 떨어지게 될 것이다. 괜찮다. 좌절은 우리가 이해해야 할 실패이며, 장애는 우리가 우회하거나 통과해야 할 장애물일 뿐이다. 이러한 장애물은 다양한 형태와 크기로 나타난다. 크고 거대하면서 공공적이고 쇠약하게 만드는 좌절이 있고, 작고 다소 평범한 좌절도 있다. 당신은 포부를 추구하는 전체 과정에서 각각의 틀을 어떻게 구성할지 알아내야 한다. 어떠한 좌절도 당신이 그렇지 않다고 말한다면 영구적이지 않다. 때로는 단순히 접근 방식을 바꾸거나 전략을 바꾸기만 하면 될 때도 있다. 예를 들어보겠다.

나는 오토바이를 좋아해서 몇 대 가지고 있다. 내가 가장 좋아하는 것은 사이드카가 달린 할리 데이비슨 소프트레일 스프링거다. 전에 몇몇 친구들과 함께 오토바이를 타는 법을 배우기로 한 후에 구입했다. 첫 주행으로 우리는 멕시코에서 캐나다까지 북미 대륙을 횡단했다. 크게 시도해 볼 만하지 않은가?

여행을 시작했을 때만 해도 우리 중 누구도 오토바이를 타고 고속도로에 나가본 적이 없었다. 그렇지만 우리는 시동 거는 방법을 알아냈고, 뒷바퀴를 굴려 티후아나 국경 너머에 두고 엔진의 속도를 높여 북쪽으로 향하는 방법을 알아냈다. 샌프란시스코에 도착했을 때 우리는 기어를 바꾸는 방법과 방향 지시등을 사용하는 방법까지 알게 되었다.

나는 수년 동안 오토바이를 타왔지만 오토바이 면허증은 갖고 있지 않다. 사실 사이드카가 달린 오토바이는 명백히 자동차로 간주하기 때문에 나는 이미 합법이었다. 몇 년이 지난 후, 운전면허를 추가로 취득하는 것도 나쁘지 않을 것 같아서 차량관리국DMV으로 가서 오토바이 시험에 응시하려고 등록했다. 그곳에 도착했을 때, 천국은 일부 신앙 공동체보다는 차량관리국과 훨씬 더 비슷할 것 같단 생각을 했던 기억이 난다. 정신적으로 부유하고, 인종이 놀라울 정도로 다양하며, 일에 열중하는 사람들이 많았다. 다만 입장을 위한 줄이 너무 길지 않기를 바랄 뿐이다.

차량관리국에서는 먼저 필기시험을 치르고 몇 주 후에 실기 시험을 치른다. 필기시험에서는 연석 위로 올라가 차를 추월할 수 있는지, 혼잡한 교차로와 쇼핑몰에서 휠리wheelie(자전거나 오토바이를 탈 때 앞바퀴를 드는 것-역자 주)를 해야 하는지 등을 묻는다. 정해진 기준 이상의 문제들을 정확하게 맞히면 도로 주행 능력 시험을 치를 수 있다. 필기시험에는 합격했지만, 나는 쇼핑몰에서 휠리를 하는 공상을 했다. 이미 북미 대부분을 횡단한 경험이 있으니 도로 주행 능력 시험은 어렵지 않을 거란 생각이 들었다. 나는 애덤의 할리 초퍼Harley chopper(초퍼, 개조한 오토바이-역자 주)를 빌리고 가죽 재킷을 입고 차량관리국으로 향했다. 교통콘 사이를 주행해 통과하고, 버거를 먹은 후 면허증을 받아 집으로 돌아갈 생각이었다.

가죽 재킷과 선글라스를 착용하고 오토바이에 올라섰을 때 차량관리국의 심사관은 나를 보고 미소를 지었다. 거짓말이 아니라 나는 멋져 보였다. 터미네이터 같으면서도 덜 근육질이었고, 스테로이드가 적었으며, 총도 없었다. 심사관은 주황색 교통콘 몇 개를 설치하더니 아무것도 치지 말고 그 사이를 통과하라고 말했다. 교통콘이 늘어선 끝의 아스팔트에는 또한 흰색 원이 그려져 있었다. 그는 앞바퀴를 흰색 원 위에 두고 그 원을 두 바퀴 돌아야 한다고 했다. 그렇게 하면 면허증은 온전히 내 것이 되는 것이었다. 아주 간단한 일이었다.

시동을 거는데 몇 대의 자동차 경보 알람 소리와 함께 출발하게 되는 바람에 웃었다. 하지만 심사관은 웃지 않았다. 그 차 중 한 대가 그의 차였을 거란 생각이 들었다. 교통콘 쪽으로 향했는데, 놀랍게도 모든 콘을 맞혔다. 내가 그것들을 목표로 한 것처럼 보였을 것이다. 앞바퀴는 흰색 원에 3피트(약 1미터) 정도만 닿았고, 나머지 시간은 같은 주차 공간에 머물려고 내내 애썼다. 내가 심사관 앞에 오토바이를 세우자, 그는 고개를 절레절레 흔들었다. 그는 내 성적표에 큰 F를 적어 주었다. 항상 낙관주의자인 나는 그에게 성적표를 받아 들고 수줍은 표정으로 "환상적Fantastic이란 뜻인가요?"라고 물었다. 심사관은 나에게 오토바이를 집까지 밀어서 가거나 도로변에 두고 택시를 타는 것을 고려해야 한다고 말했다. 그는 나에게 등을 돌리고 가버렸다.

한 달 후 나는 다시 시험에 등록했다. 이번에는 체크무늬 바람막이 옷을 입고 노란색 베스파Vespa를 탔다. 농담이 아니다. 거기에는 가짜 꽃이 담긴 바구니가 있었고 핸들 바에는 작은 스팀이 나오고 있었다. 나는 수염을 기른 열세 살 소녀 같았다. 시내를 가로질러 가는데, 아이들은 엄마의 미니밴 뒷좌석에서 나를 가리키며 웃었다. 보조기를 사용하여 길을 건너던 한 할머니는 나에게 엄지손가락을 치켜세워 주셨다. 바이커 바를 지나가는 도중 한 남자를 지나쳤을 때 그는 나에게 손 키스를 날렸다. 나는 매우 우스꽝스럽게 된 기분이 들었다.

차량관리국에 도착했을 때 이전과 동일한 심사관을 배정받았다. 그는 베스파를 탄 나를 바라보더니 다시 고개를 저었다. "좋네요." 그가 한 말은 그게 전부였다. 그는 아직 내 타이어 자국이 남아 있는 교통콘들을 한 팔 가득 안고 내 옆을 지나가면서 "이번에는 치지 않도록 조심하세요"라고 말했다. 나는 그에 화답하듯 베스파의 엔진에 시동을 걸었다. 그것은 태엽 달린 장난감만큼의 힘만 갖고 있었다.

그런데 이번에는 무슨 일이 일어났는지 아는가? 나는 콘들 사이를 통과하면서 바로 헤쳐 나갔다. 마치 올림픽 슬랄럼 선수가 된 것 같았다. 또한 흰색 원도 완벽하게 성공했다. 앞바퀴가 흰색 줄에 딱 붙어 있었다.

마지막 동작 후에 나는 깜짝 놀란 차량관리국의 심사관 앞에 베스파를 세웠다. 휠리를 하려고 했지만 작동하지 않아서 핸들 바의 벨을 울리며 두 발을 공중으로 최대한 높이 들어 올렸다. 그는 클립보드를 내려다보더니 절취 노트의 첫 페이지를 찢어주면서 알겠다는 미소를 지었다. 이번에는 '합격'이라고 적혀 있었다. 그는 그 위에 웃는 얼굴을 그리고 그 아래에 '멋져요!'라고 써 놓았다.

포부의 진전을 이루는 데 방해가 되는 무언가가 있다면 회피하지 말라.

문제가 무엇인지 파악하고 접근 방식을 바꾸라. 나의 첫 번째 시도에는 두 가지 문제점이 있었다. 첫째, 나는 오토바이 라이더처럼 보였지만 균형 감각이 아주 부족했다. 둘째, 확실히 애덤의 할리 초퍼는 나를 꽤 멋져 보이게 했지만 좁은 공간에서는 조종하기가 어려웠다. 나는 보이는 모습보다는 시험을 통과하는 데 더 관심을 가졌어야 했다. 원하는 것을 얻고자 하였다면 접근 방식을 바꿔야 했다. 차량을 바꾸는 것은 물론이고 그 이상의 변화가 필요했다. 나 자신부터 무언가를 바꿔야 했다.

포부를 성공적으로 좇는 사람들은 그것을 이루는 데 자신의 자존심을 기꺼이 내려놓는다. 그들은 그 일을 하는 동안 자신이 어떻게 보일지 신경 쓰지 않는다. 그들은 할리 대신 베스파를 기꺼이 선택한다.

당신은 어떤가? 일련의 시도는 많이 하지만 좋은 마무리를 하지 못하는 사람들을 아는가? 그들은 항상 새로운 취미나 새로운 사업 아이디어에 관해 이야기하지만 지난 것들을 결코 진정으로 마무리한 적이 없다. 그들과 함께 있는 것은 재밌을 수는 있겠지만, 가끔 당신은 계속 이야기하는 모든 것의 결론이 어디에 있는지 궁금해질 것이다. 그들은 자신의 좋은 아이디어나 나쁜 아이디어를 일단 내세우기만 하고 끝까지 살펴보지 않은 채 다른 일로 넘어간다. 자존심이 방해되지 않도록 하고, 이런 부류의 사람이 되지 말라. 간단히 말해서 베스파를 타거나 집에 가라.

오토바이 면허를 취득하는 것은 나에게는 확실히 '작은 포부'의 범주에 속하며 삶에 활력을 불어넣어 주는 빠른 성취 중 하나다. 그런데 이를 위한 노력에서 배울 수 있는 교훈도 무시하지 말아야 한다. 꿈의 해안선에서 당신을 휩쓸어 버릴 수 있는 큰 파도가 닥쳤을 때, 당신은 굳센 의지와 은혜로 대응할 수도 있고 포기를 선택할 수도 있다. 주목할 것은 작은 교훈들이 당신이 큰 시도를 할 수 있도록 준비시켜 줄 것이라는 것이다. 좌절에 부딪혔을 때 어떻게 대처할 것인지 미리 결정해야 한다. 그렇지 않으면 포기하고 싶은 유혹이 깊이 파고들어 당신이 실제로 무엇을 이루고 있는지 알아내는 것보다 훨씬 강하게 느껴질 것이다.

직면하게 될 피할 수 없는 미래의 좌절에 대비하는 한 가지 방법은 과거의 좌절에 어떻게 대응했는지 목록을 작성해 두는 것이다. 이는 당신의 성향에 대한 몇 가지 커닝 노트를 줄 것이다. 만약 당신이 평소에 장애물을 쉽게 돌파하는 사람이라면, 이전에 어디서 그런 힘을 얻었는지 생각해 보라. 만약 당신이 포부를 향해 나아가는 과정에서 중요한 인간관계를 소홀히 했다면, 어떻게 다르게 대처할 수 있었을지 생각해 보라. 만약 당신이 소극적인 경향이 있다면 그것이 어디에서 비롯되었는지 자문해 보고, 스스로에게 약간의 너그러움을 베풀면서 투지를 찾을 수 있는 몇 가지 전략을 세우라. 그리고 언젠가 필요한 때가 올 테니 이 메모들을 손쉽게 참고할 수 있는 곳에 잘 보관해 두라.

신앙 공동체에서 많은 사람들이 하나님을 아파트 건물의 관리인처럼 묘사하며 문에 관해 이야기하곤 한다. '그가 문을 열어주셨다' 또는 '그가 문을 닫으셨다'라는 말이 매우 자주 사용된다. 분명히 말해두자면 나의 세계관은 이렇다. 하나님께서 우리의 모든 발걸음을 정하시지만, 우리 또한 우리가 결정한 행동에 대한 선택의지가 있다는 것이다.

물론 열린 문과 닫힌 문에 대한 개념은 이해한다. 다만 하나님께서 모든 상황에서 우리와 함께 '무궁화꽃이 피었습니다' 놀이를 하신다는 전제를 받아들여야 할지는 확신이 서지 않는다. 나는 하나님께서 우리의 마음과 포부가 그분을 향할 때 깊은 관심을 두실 것 같단 생각은 하지만, 그분이 반드시 문 앞에 서서 문을 여닫는 분이라고는 생각하지 않는다. 만약 당신이 음악가인데 노래를 잘 부르지 못한다면 "하나님께서 내 경력의 문을 닫으셨다"고 성급하게 말해서는 안 될 것이다. 대하기 어려운 진실이겠지만, 어쩌면 당신은 노래 실력을 향상시켜야 할 수도 있다. 당신이 나처럼 작가이고 나처럼 종종 영감이 떨어지는 글을 쓴다면, 그것을 예수님 앞에 가져가되 예수님 탓으로 돌리지는 말라. 내가 말하고 싶은 것은 좋지 못한 결과에 신의 개입을 쉽게 떠올리는 경향이 있다는 것이다. 그것에 속아 넘어가지 말고 더 나아지려고 노력하라.

하나님께서는 보이지 않는 방식으로 우리의 삶에 관여하신다. 분명히 그렇다. 얼마나 많은 수호천사가 당신과 나쁜 결과 사이에 개입했는지 누가 알겠는가? 좌절이 찾아와도 궤도에서 벗어나지 말라. 몇 번의 좌절이 항상 하나님께서 당신에게 보내시려는 비밀스럽고 암호화된 메시지는 아니다. 어쩌면 당신이 시도한 것이 원하는 대로 되지 않았을 뿐일 수도 있다. 당신이 정말로 내면에서 믿어야 할 것은 하나님의 경제에서는 아무것도 낭비되지 않는다는 것이다. 당신의 고통도, 실망도, 좌절도 마찬가지다. 이것들은 당신의 도구다. 나중에 최고의 작품을 위한 레시피를 위해 사용될 수 있다. 그러니 반죽을 던져 버리지 말라.

하나님은 우리가 올바른 결과를 얻을 때까지 점수표에 연필을 두드리며 우리의 모든 움직임을 면밀히 조사하는 차량관리국의 심사관이 아니시다. 그분은 우리가 어려움을 헤쳐 나가는 동안 우리와 함께하시겠다고 말씀하셨다. 우리는 모두 자주 실수를 한다. 그러나 계속 앞으로 나아가야 한다. 다른 사람에게 어떻게 보일지 신경 쓰기보다는 예수님께 시선을 고정해야 한다. 만약 우리가 예수님께 초점을 맞추면, 그분은 우리가 우리 자신을 알아가는 동안 그분에 대해 더 많이 알게 될 것이라고 약속하셨다.

　우리가 시도하는 일 중에는 효과가 있는 것도 있고 효과가 없는 것도 있을 것이다. 이는 당연한 일이다. 성공이나 좌절에서 배울 수 있는 것을 배우고 계속 전진하라. 어느 쪽에도 과도하게 몰입하지 말라. 우리의 실패가 우리의 이름을 정하는 것이 아니라 하나님이 정하시는 것이다. 만약 당신이 큰 실패나 좌절을 겪었을 때 어깨 너머로 속삭이는 '사랑하는 자'라는 소리를 듣지 못했다면 그것은 예수님이 말씀하시는 것이 아니다.

Chapter 26
세 가지 대실패

우리의 실패는 우리를 정의하지 않는다.
우리에게 알려 줄 뿐이다.

    나는 매년 세 번의 대실패를 한다. 단순히 '아뿔싸!' 하는 정도의 실패가 아니라 완전히 엉망인 실패를 말하는 것이다. 당신도 몇 번은 실패를 경험해 보는 것이 중요하다. 진지하게 말하는데, 나는 살다 보면 누구나 엉망이 될 수 있다는 사실을 깨닫는 것에 대한 중요성을 상기하려고 작은 크기의 빨간색 카니발 티켓 세 장을 가지고 다닌다. 지갑에 이 세 장을 넣어두면 기억하는 데도 도움이 된다. 아직 1월 첫째 주인데 이미 두 장을 사용했다면, 나는 케이던스cadence(프로젝트 전체에 걸쳐 수행되는 활동 주기-역자 주)를 조정해 보려 노력할 것이다.
    몇 년 전, 나는 인도에서 이 티켓 중 한 장을 사용했다. 알다시피 나의 큰 포부 중 하나는 불리한 상황에 있는 어린 소녀들을 위한 안전한 공간을 만드는 것이다. 우리는 인도에서 흔히 볼 수 있는 매춘업소에서 몇몇 어린 소녀들을 구출하려고 했다. 우리는 뭄바이에서 남쪽으로 10시간 정도 떨어진 곳에 있었는데, 그곳에서 학대와 방임의 악순환에 갇힌 11살짜리 소녀를 발견했다.

우리는 잠재 고객으로 가장하여 십여 명의 어린 소녀들을 찾아냈다. 비디오를 제작하고 급습 준비를 마쳤다. 다음 날, 소녀들은 구조되어 판사 앞에 나타났고 판사는 어린 소녀 중 한 명을 그녀의 부모에게 돌려보내 주었다. 문제는 그 부모가 애초에 소녀를 매춘업소에 팔아넘긴 사람들이었다는 것이었다. 소녀가 부모에게 보내졌다는 사실에 분노한 우리는 차를 타고 밤새도록 운전하여 그들이 사는 마을을 찾아갔다. 우리가 도착하자 한 남자가 칼을 들고 우리에게 달려들었다. 이유는 간단했다. 그들이 그 어린 소녀를 같은 매춘업소에 40달러에 다시 팔았기 때문이었다.

우리는 그 소녀를 찾으려고 다시 매춘업소로 돌아갔다. 전날 밤의 급습과 그곳에서 벌어지는 사악한 사업의 방해로 그 지역은 여전히 뜨겁게 달아올라 있었기 때문에, 우리는 그 소녀를 찾도록 현지 수사관을 보냈다. 우리 쪽 사람들이 매춘업소로 향하는 동안 우리는 홍등가 입구 밖에 있는 에스유브이에 앉아 있었다.

갑자기 내 휴대 전화가 울렸다. 수사관 중 한 명이었다. "도와주세요!" 그는 휴대 전화에 대고 소리쳤다. "폭도들이 저를 포위했어요!" 우리는 운전사에게 말해 에스유브이를 타고 서둘러 그 지구 안으로 달려갔다. 매춘업소에 가까이 다가가자 백여 명의 폭도들이 수사관을 둘러싼 모습이 보였다. 우리는 무리 가운데로 차를 몰았고, 차에서 뛰어내려 폭도들에게서 수사관을 구해내려고 씨름했다. 폭도들은 300명이 넘는 악당들로 늘어났다. 솔직히 말하자면 모두가 서로에게 주먹질하고 있었지만, 결국 우리는 수사관을 에스유브이에 태울 수 있었다.

우리가 모르는 사이에, 폭동이 격화되자 우리 차의 운전사가 겁에 질려 목숨을 걸고 도망가 버렸다. 차 안에서 폭도들에게 둘러싸여 있던 나는 시동을 걸려고 앞좌석으로 몸을 옮겼다. 그러나 불행하게도 운전사는 도망가면서 차 열쇠도 가지고 가버렸다. 그래서 우리 넷은 에스유브이를 탄 채 홍등가에서 악당 무리에게 둘러싸여 있는 상황이 되었다. 상황이 이보다 더 나빠질 수는 없다고 생각하고 있었는데 더 나빠졌다. 앞쪽에서 거대한 돌덩이가 뚫고 들어오면서 앞 유리창이 깨졌고, 그다음으로 옆 유리창 하나가 산산조각이 난 후 나머지 유리창들도 모두 깨졌다. 그 후 45분 동안 우리는 돌에 맞았다.

우리는 경찰에게 그 어린 소녀를 데리러 다시 들어갈 것이라고 말하지 않았다. 그럴 시간도 없었고, 솔직히 말해서 경찰은 종종 매춘업소 주인과 공모하기 때문에, 그들이 제보할 위험을 감수하고 싶지 않기도 해서였다. 결국 경찰이 도착해 무리를 해산시켰고, 우리는 지역 병원으로 이송되었다가 인도 감옥으로 이송되었다. 나는 그동안 그날을 위한 여러 가지 대안적인 결말을 상상해 왔었는데 이 결말은 그중 하나가 아니었다. 그날 밤, 나는 집에서 멀리 떨어져 있는 것처럼 느껴졌다.

듣자 하니 무슨 일이 일어났는지 목격했던 수사관 중 한 명이 스위트 마리아에게 전화를 걸었다고 했다. 나중에 그녀에게 들은 바에 의하면, 지지직거리는 소리와 함께 그녀가 들을 수 있었던 것은 "밥과 그의 친구들이 폭도들에게 돌로 맞았습니다… 그는 병원…에 있어요… 그는… 감옥으로 끌려갔습니다"라는 말이었다고 했다. 그리고 나서 휴대 전화는 꺼졌고, 마리아는 바닥에 쓰러졌다고 했다. 모든 면에서 엄청난 대실패였다.

여기서 내가 말하고 싶은 것은 포부가 크고 대담할수록 실패도 더 클 수 있다는 것이다. 당신의 포부는 바다 건너편이나 길 건너편에 있을 수 있지만, 대실패의 가능성은 항상 존재한다.

그러나 당신이 엄청난 실패를 하더라도 당신은 혼자가 아니다. 성경에는 우리가 공감할 수 있는 많은 사람들이 있다. 예로 들어 창세기에서는 아브라함이 하나님과 먼저 상의하지 않고 항상 자신의 방식대로 행동했다는 것을 읽을 수 있다. 그런데도 하나님께서는 아브라함에게 모든 믿음의 계보가 그를 통해 직접 이어질 것이라고 말씀하셨다. 다윗은 간음과 살인 등 누구나 들어봤을 법한 꽤 큰 실패들이 있었다. 그러나 예수님의 계보는 그를 통해 나왔다. 심지어 그는 하나님의 마음에 합한 사람으로 묘사되기도 했다. 이 얼마나 믿기 어려운 일인가? 우리 문화에서는 이보다 훨씬 덜한 이유로 대통령을 파면하고 목사를 파문했다. 모세는 사람을 죽였었다. 그런데도 하나님께서는 우리가 어떻게 살아야 하는지에 대한 하나님의 말씀을 돌판에 새겨 전할 자로 그를 선택하셨다. 그 후 그는 한 민족을 약속의 땅으로 인도했다. 하나님께서는 우리의 실패가 우리를 실격시키는 것이 아니라 준비시킨다는 것을 계속해서 보여주신다.

사실 대부분의 사람들은 자신들이 실제로 실패하는 일 자체보다 다른 사람들이 자신의 실패하는 모습을 보는 것을 더 걱정한다. 그래서 우리는 모두 어느 정도는 전혀 실패하지 않는 것처럼 행동하려고 노력한다. 나는 아직 누군가가 연애를 포기하거나 유혹에 굴복하는 모습을 보여주는 소셜 미디어 게시물을 본 적이 없다. 정상에서 50피트(약 1미터) 떨어진 곳에서 포기하거나, 시험에서 부정행위를 하거나, 이성을 잃은 모습을 보이거나, 국세청의 감사를 받거나, 자기 아이에게 소리를 지르는 모습을 보여주는 사진도 본 적이 없다. 이런 검증에 대한 욕구는 우리의 머리를 혼란스럽게 할 수 있다. 이 시대에 크고 작은 실패를 겪는 사람이 우리뿐이겠는가? 당신만 어려움을 헤쳐 나가는 유일한 사람이라고 생각하지 말라. 실패는 가짜가 항상 놓치는 기회를 만들어낸다. 티켓을 한두 장 찢어버리라. 괜찮다. 대실패의 이면에는 우리가 사랑과 은혜, 도움이 절실히 필요하다는 것을 이해했을 때만 탄생할 수 있는 동일한 규모의 아름다움과 진정성이 있을 수 있다.

당신이 좌절에 직면하게 되면 수많은 거짓말이 홍수처럼 당신에게 밀려올 것이다. 당신은 이 일을 이루기에 부족하다, 당신에게는 이 일을 해낼 능력이 없다, 도대체 무슨 생각으로 이런 일을 하려고 한 것인가, 당신은 절대 해낼 수 없다, 시간 낭비하지 말라 등이 그것이다. 그러나 포부를 향하는 길에서 실패를 경험한다면 이것을 기억하라. 당신이 실수했다고 해서 자격이 상실되는 것은 아니란 사실을 말이다. 오히려 사람들이 당신의 말을 진지하게 듣도록 하기 위해 당신에게 필요한 평판을 얻게 될 것이다.

실패는 또한 새롭고 중요한 발견으로 이어질 수 있다. 이미 언급했듯이 나는 캐나다에 오두막을 짓는 데 거의 25년이 걸렸는데, 이 기간은 화재가 발생해 오두막이 소실된 후 재건축하느라 걸린 5년을 포함한다. 이것은 우리가 계획하지 않았던 반전이었지만, 이에 따라 이야기에 숨겨진 서사가 드러나게 되었다. 설명해 주겠다.

나는 오두막이 불길에 휩싸였다는 전화를 받았을 때를 절대 잊지 못할 것이다. 내 전화기가 울린 것은 한밤중이었다. 우리가 오두막에 없을 때는 수십 년간 우리를 도와주고 있는 몇몇 훌륭한 사람들이 대신 그곳을 맡아준다. 그들은 자신들이 있던 곳에서 무언가가 붉게 타오르는 것을 보았고 연기 냄새도 맡았다. 그들이 오두막에 불이 났다는 사실을 깨달았을 때 오두막은 이미 화염에 완전히 휩싸여 있었고, 그들은 오두막이 완전한 소실되리라는 것을 예감했다.

참화 현장의 여파 속에서 우리는 화재의 원인이 무엇인지 알아냈다. 오두막은 전체가 통나무 목재로 만들어져 주기적인 보수가 필요한데, 이때 사용하는 목재용 염료는 가연성이 매우 높아 도포한 것이 마르기 전까지는 집 전체가 라이트유를 뿌려 둔 것과 같은 상태가 된다. 또한 페인트 작업자들이 기름진 헝겊 한 무더기를 남겨두었다는 것이 밝혀졌다. 이 천의 얼룩 잔여물이 과열되면서 자연 발화가 일어났던 것이다.

스위트 마리아와 나는 피해 상황을 점검하려고 다음 날 출발했다. 우리는 그것이 실은 평생 추억에 작별을 고하러 가는 길이라는 것을 알고 있었다.

오두막의 상실은 나를 정말 슬프게 했고 스위트 마리아에게도 큰 상처를 주었다. 그녀는 이 이야기를 이 책에 공유해도 좋다고 허락했다. 우리는 함께 상담사를 찾아갔는데, 상담사는 마리아에게 "오두막을 잃고 가장 힘들었던 점은 무엇이었습니까?"라고 물었다. 그러자 그녀는 "그곳은 내가 지구상에서 안전하다고 느꼈던 유일한 장소였습니다"라고 대답했다. 상담사가 계속 질문을 이어감에 따라 우리는 더 이상 오두막을 주제로 이야기하고 있지 않다는 것을 깨닫게 되었다. 우리는 수십 년 전에 그녀에게 끔찍한 짓을 저지른 한 남자에 대해 이야기하고 있었다. 나는 스위트 마리아에게 말했다.

"당신이 이 문제를 진지하게 받아들이고 진정성 있게 다루기 위해 우리의 오두막이 불타야 했던 거라면, 내가 직접 성냥에 불을 붙였을 거야."

오두막을 잃은 것은 우리 가족에게 큰 좌절이었다. 하지만 그 깊은 고통이 없었다면 스위트 마리아는 치유되지 않은 채 남아 있었던 또 다른 상처를 인식하지 못했을 것이다. 이것을 기억해 두라. 하나님께서는 우리가 인생의 진리에 도달하는 데 필요하다면 모든 것을 불태워 버리실 것이다.

당신은 이 여정에서 좌절에 직면하게 될 것이다. 그중 일부는 작은 규모일 것이다. 어떤 좌절은 꽤 오랫동안 당신을 곤경에 빠뜨릴 수도 있다. 좌절의 책임은 당신이 믿었으나 당신을 실망시켰던 사람에게 있을 수도 있다. 심지어 당신 자신이 좌절의 원인이 될 수도 있다. 포부를 향해 큰 발걸음을 내딛고 싶다면 다른 사람에게 용서를 베풀거나 용서받기를 기다리는 동안 당신 자신에게도 은혜를 베풀겠다고 지금 당장 결정하라.

어떻게 대응할 것인지 전략을 세우라. 빨간색 티켓 몇 장을 가지고 다니라. 좌절에 대비하여 '열어 보세요'라고 적힌 라벨이 붙은 편지를 자신에게 직접 써보라. 삶에서 당장의 실패보다 더 크고 진실한 것들을 키우라. 무언가 잘못되었을 때 토라지거나 자기 연민의 소용돌이에 빠지지 말라. 고개를 들어라. 그것을 가리지 말고 인정하라. 당신은 엉망이었다. 이렇게 하는 것은 당신이 엉망이라는 뜻이 아니라, 기꺼이 위험을 감수하고, 몇 개의 흠집을 얻고, 재를 치우고, 새로운 기반을 구축하려는 꿈 꾸는 자라는 뜻이다.

Part 7

믿음을 유지하고
비행기를 착륙시키라

Chapter 27
밧줄을 점검하라

올바른 것에 자신을 고정하라.

내가 암벽 등반을 처음 접한 것은 대학교 때였다. 잭이라는 친구와 다른 세 명의 남자와 함께한 침실 아파트에서 살았다. 카우치 서핑couch surfing과 비슷했지만, 아무도 나가지 않아 소파에서 살고 있는 남자들이 많았다. 아파트는 초라했지만 주차비와 공과금을 포함해 각자가 매달 48달러만 내면 되었다. 그만큼 열악했다. 잭과 내가 그곳을 발견하고 지역 신문에 광고를 내어 룸메이트 두 명을 구했다. 이들이 조금 이상하다는 사실을 나중에 알게 되었지만, 가격대와 주거 환경을 고려했을 때 그다지 놀랍지 않았다. 이사한 지 얼마 지나지 않아 그중 한 명이 거실에서 자동차 엔진을 개조하기 시작했고, 아침에 시리얼용 숟가락이 보이지 않으면 소켓 렌치를 집어서 사용하고 식기세척기에 던져 넣곤 했다.

또 다른 룸메이트는 유명한 암벽 등반가였는데, 나는 그에게 암벽 등반하는 법을 우리에게 가르쳐 줄 수 있는지 물어보았다. 그는 등반하는 방법 등 자신이 잘하는 것을 가르쳐 주었고, 우리는 그에게 낙법과 같은 자연스럽게 익힌 것들을 가르쳐 주었다. 그는 또한 서로 빌레이 하는 방법도 알려 주었다. '빌레이'란, 한 사람이 등반하는 동안 다른 사람이 밧줄의 여유분을 잡아주어 등반가가 미끄러져도 멀리 떨어지지 않도록 하는 것을 말한다. 때로는 아래에서 빌레이 하기도 하고, 때로는 산 정상에 있는 사람이 자신을 향해 올라오는 사람을 위에서 빌레이 하기도 한다. 어느 쪽이 되었건 우리가 누군가를 빌레이 할 때, 그 사람은 우리에게 자신의 무게를 실은 채 의존하고 있다고 룸메이트가 말해 주었다. 안전한 빌레이에 관한 모든 것이 중요하지만, 특히 중요한 것은 등반가가 넘어져도 함께 끌려가지 않도록 먼저 자신을 바위에 고정하는 것이라고도 말해 주었다.

한 번의 개인지도를 마친 후 잭과 나는 자신감 있게 그다음 주말에 절벽으로 향했다. 동전을 던져 누가 암벽을 올라갈 것인지와 따를 것인지를 정했다. 진 사람이 먼저 올라가기로 했는데, 그 사람은 예상대로 나였다.

잭이 밧줄을 고정하고 아래에서 빌레이 하는 동안 나는 등반을 시작했다. 선두에 선 사람이 카라비너에 밧줄을 연결해 두면 아래에 있는 사람이 밧줄을 잡고 있기 때문에 발을 헛디뎌도 멀리 떨어지지 않는다. 나도 암벽에서 미끄러지면서 손을 놓쳐 밧줄에 매달리게 되는 일이 여러 번 있었다. 그러나 잭이 고정되어 있어서 내 몸무게를 지탱할 수 있었다. 그는 내가 곧 손과 발을 안전한 곳에 올려놓고 계속 등반하리라는 것을 알고 인내심을 가지고 위를 올려다보고 있었다.

시간이 좀 걸리긴 했지만, 나는 암벽 꼭대기에 도달해서 두어 번 주먹 세리머니를 했다. 그런 다음 위에서 잭을 빌레이 하기 위해 서둘러 밧줄을 준비했다. 앉아서 잭에게 빌레이 준비 중이라고 말한 후 밧줄을 몇 번 잡아당겨 준비되었다는 것을 알렸고, 그가 등반을 시작했다. 잭이 암벽의 절반쯤 올라왔을 때, 나는 내 발밑에 엉켜 있는 밧줄을 내려다보았고, 내가 정상에 도달한 기쁨에 빠져 바위에 몸을 묶는 것을 완전히 잊고 있었단 것을 깨달았다. 물론 묶여 있는 것처럼 보였지만 실제로는 그렇지 않았다. 움직이지 않을 바위에 몸을 묶는 대신, 실수로 아무것도 묶여 있지 않은 밧줄에 내 몸을 다시 끼웠던 것이었다.

포부를 좇다 보면 원하는 만큼 빨리 전진하지 못하는 날이 있을 수도 있고, 때로는 한 계절 전체가 지나갈 수도 있다. 우리는 당신이 몇 가지 좌절에 직면하게 될 것이라고 이미 이야기했다. 나도 몇 번 겪었고 당신도 그럴 것이다. 그 과정에서 희망이 사라졌을 때 주변 사람들에게 그것을 숨기려고 하지 말아야 한다. 당신의 믿음과 지속 가능한 대상에 묶여 있는 것처럼 보이는 것에 만족하지 말라. 실제로는 그렇지 않으면서 사람들로 하여금 당신이 고정되어 있다고 생각하게 하는 것은 도움이 되지 않는다.

당신의 발 주변에 얽혀 있는 수많은 밧줄처럼 복잡하게 얽힌 활동들을 목적 있는 삶이라고 착각하지 말라. 준비된 것처럼 보이는 것과 준비된 것 사이에는 큰 차이가 있다. 흐름을 잃어버렸다고 생각되면 잠시 휴식을 취하면서 믿음을 되찾고 자신의 믿음을 이해하는 데 필요한 시간을 가지라. 주변 사람들에게 당신이 휴식을 취하기 위한 안전한 장소를 찾기를 원한다는 사실을 알리라.

성경은 바위를 많이 언급한다. 사실 하나님은 반석, 즉 우리가 항상 의지할 수 있는 흔들리지 않는 분으로 종종 묘사된다. 내가 아는 사람 중에서 예수님께 자신의 삶을 맡긴 사람들은 예수님께서 자신들을 넘어지지 않게 지켜주실 것으로 생각해서 인생을 맡긴 것이 아니라, 자신들이 넘어졌을 때 예수님께서 그들의 실패 무게를 감당하실 수 있다고 믿었기 때문에 그렇게 한 것이다.

포부를 좇고 싶다면 나처럼 바위 주변에 있는 것이 아니라 바위에 묶여 있어야 한다. 좌절의 무게를 견디면서 계속해서 믿음을 유지하려면 바위가 필요하다. 여기에는 투지와 결단력이 동등하게 필요하지만, 접근할 의지만 있다면 두 가지 모두를 충분히 얻을 수 있다.

내가 묶여 있지 않다는 것을 깨달은 후, 나는 최대한 침착하게 잭을 불러 내가 바위에 밧줄을 묶는 동안 안전하게 머물러 있을 난간을 찾으라고 말했다. 여기서 중요한 것은 주변 사람들에게 솔직하게 상황을 이야기하는 것이다. 그들에게 잠시 쉬었다가 다시 진행해야 할 것 같다고 말하라. 이것은 부끄러운 일이 아니라 오히려 현명한 일이다.

상황을 정리한 후 잭에게 암벽을 타고 올라오는 일을 계속해도 된다고 말했고, 그도 결국 정상에 올랐다. 재미있는 점은 잭은 자신이 위험에 처해 있었다는 사실을 전혀 몰랐다는 것이다. 나 또한 내 상황을 평가할 수 있을 정도로 충분한 시간을 멈추어 있기 전까지는 내가 위험에 처해 있었다는 사실을 몰랐다. 반직관적으로 보일 수도 있지만 믿음을 유지하는 것은 자신이 처한 상황을 인식하고, 곤경을 인정하며, 다시 마음을 다잡고 당면한 일로 복귀하는 일인 것 같다. 자신을 무엇에 묶을지 신중하고 현명하라. 이것이 이번 과정에서 당신이 내려야 할 정말 중요한 결정 중 하나다.

내가 실수해서 잭이 곤경에 처하게 되었다는 사실을 깨달았을 때, 나는 또한 내가 무엇을 어떻게 말해야 할지 신중하게 생각해야 했다. 나는 당황하거나 횡설수설하지 않고 침착하고 진실하게 말했다. 잭을 안전한 곳으로 이동시키기 위해 내가 잭에게 한 말은 매우 중요했다. 제대로 말할 기회는 아마도 한 번 이상 없을 테니 말이다. 그 이후로 나는 항상 그런 마음으로 내가 하는 모든 말을 생각하려고 노력하지만, 항상 잘하지는 못한다. 이 교훈은 내 첫 책을 읽은 한 여성의 전화를 받았을 때 더욱 깊이 새겨졌다.

한 여성이 매우 안 좋은 소식을 들었을 때 친구로부터 내 책을 선물로 받았다. 그녀는 자신이 뇌종양에 걸렸다는 사실을 막 알게 되었다고 했다. 나는 그녀가 너무 안 됐단 생각이 들었고, 그 소식을 들었을 때 얼마나 무서웠을지 상상조차 되지 않았다. 그녀는 그 소식이 파도처럼 자신을 덮쳤다고 말했다. 때로는 헤엄치는 것 같은 느낌이 들었고, 때로는 가라앉는 듯한 느낌도 들었다고 했다.

그런데 그녀가 나에게 또 다른 놀라운 사실을 알려 주었다. 종양을 발견하게 된 것이 그녀가 알게 된 가장 무서운 소식이 아니었다. 의사들이 그녀에게 종양을 제거하기 위해 다음 주에 수술을 해야 한다고 말했는데, 그것도 그녀에게 가장 무서운 소식은 아니었다. 가장 무서운 소식은 종양에 접근하려면 그녀의 말하는 능력을 담당하는 뇌 부위를 통과해야 한다는 것이었다. 그녀는 어쩌면 마지막일 지도 모를 몇 번의 대화 기회 중 하나로 나에게 전화를 걸었던 것이다. 나는 할 말을 잃어버린 채 전화를 받았다.

내가 하루에 얼마나 많은 단어를 말하는지 세어본 적은 없지만 아마도 수천 개는 될 것이다. 어느 책에서 우리가 하루에 1만 개에서 2만 개의 단어를 사용한다는 글을 읽은 적이 있다. 그것이 맞는지 틀리는지 많은지 적은지는 모르겠지만, 확실한 것은 우리가 많은 단어를 사용한다는 사실이다.

나는 그녀에게 수술을 앞둔 지난 며칠 동안 친구들과 무슨 이야기를 나누었는지 물어보았다. 만약 내게 말할 수 있는 날이 며칠밖에 남지 않았다면, 아마도 하루 동안 말할 수 있는 단어의 개수 기록을 날마다 경신하게 될 것이란 생각이 들었다. 최소한 10만 개는 될 것 같았다. 그런데 그녀가 나에게 뭐라고 말했는지 아는가? "저는 제가 무슨 말을 하면 좋을지 정말 신중하게 고르고 있어요."

나는 당황해서 물었다. "고른다고요? 말을 많이 하지 않았다는 말씀이신가요?"

"네, 남기게 될 몇 마디의 말들이 지금까지 했던 모든 말보다 더 큰 의미를 가졌으면 좋겠단 생각이 들어서요."

그녀는 단순히 더 많은 말이 아닌, 아름답고 진실한 말을 하고 싶어 했다.

나는 이 여성에게 수술 후 금요일에 다시 통화할 수 있는지 물어보았다. 그녀는 기꺼이 수락했다. 비록 그녀가 인간으로서의 중요한 부분을 잃어가고 있긴 했지만, 나는 그녀가 자신에게 도움을 주기 원하는 사람들이 있다는 것을 알기를 원했다. 그녀와 연락할 시간이 되어 나는 그 번호로 전화를 걸었다. 전화벨이 몇 번 울린 후 전화가 연결되었는데, 우리는 둘 다 아무 말도 하지 않았다. 우리의 침묵은 수많은 말보다 더 강력해졌다.

포부에 대한 믿음을 유지하고자 한다면, 절망과 실망이 깃든 무의미한 대화는 기본으로 하지 말라. 사용할 단어를 신중하게 선택하라. 그중 몇 개만 있어도 충분하다. 더 나은 말, 더 의미 있고 오래 기억될 말을 선택하라. 다음과 같은 말로 시작해 보라. "두려워하지 말라." 이것이 당신을 위한 단어인지 아닌지는 당신이 알게 될 것이다. 더 명확하게 표현할 수 있는 다른 단어가 있다면 그 단어를 사용해도 좋다.

친구 하나가 그의 아름다운 아이를 잃었다. 아무도 예상하지 못했다. 한 여성이 그의 상실에 대한 소식을 듣고 "나도 당신의 기분이 어떤지 알아요. 내 강아지도 죽었거든요"라고 말했다. 그 순간 그의 마음이 어땠을지 나는 짐작할 수 있었다. 그러나 그는 호흡을 길게 가다듬고 자신의 상실을 강아지의 죽음과 동일시한 그 여성에게 정당한 분노로 반응하는 대신, 그녀의 어깨에 손을 얹고 "당신의 강아지 이름은 무엇이었나요?"라고 물었다. 그는 고통은 고통이고 상실은 상실임을 깨달았다. 하나님은 이러한 일들을 상대 평가하지 않으신다.

이 여정에서 당신은 몇몇 까다로운 사람들을 만나게 될 것이다. 놀라운 사실은 당신도 그중 한 명이라는 것이다. 다루기 힘든 사람을 만나게 되면 말하게 될 단어 선택을 신중히 해야 한다. 우리는 서로에게 볼과 스트라이크를 외치는 심판이 아니다. 최선을 다해 일할 때, 우리는 홈을 향해 최대한 빨리 달리려는 사람들을 응원하는 베이스 코치와 같다. 예수님이 그 모범을 보여주셨다. 그분은 옆에 있던 십자가에 달린 사람을 조사하지 않으셨다. "무슨 일 때문에 여기 있느냐?"라고 묻지도, "그 일을 후회하느냐?"라고 묻지도 않으셨다. 다만 그를 향하여 몸을 돌리시고 "네가 오늘 낙원에서 나와 함께 있을 것이다"라고 근본적인 말씀을 하셨다. 누군가가 당신에게 골칫거리더라도 걱정하지 말라. 모든 공을 칠 필요는 없다. 그들에게는 천국에서 만나자고 말하고 자리를 뜨면 된다. 내가 목소리를 높이게 될 유일한 때는 요들송을 부를 때뿐일 텐데, 아직은 불러본 적이 없다

말에는 엄청난 힘이 있다. 어쩌면 우리 모두가 실제로 가진 가장 강력한 힘일지도 모른다. 이러한 힘을 현명하게 사용하라. 아껴서 사용하라. 의도를 가지고 그 힘을 발휘하라. 올바른 말 몇 마디가 당신을 지탱할 힘이 있다는 것을 인식하라.

또한 말 만큼이나 행동도 중요하다는 것을 잊지 말아야 한다. 좋은 말을 골라 사용하라. 어리석은 선반은 매우 널찍하고 그 위에는 집을 수 있는 물건들이 항상 많이 있다. 그런 곳으로 가지 말라. 조금 더 높이 손을 뻗어보라. 사람들이 나를 위해 이렇게 해 주었을 때, 그들은 나에게 잊지 못할 존재가 되었다.

Chapter 28
지면 효과

바퀴를 땅에 닿게 하라.

나는 인도에서 '담보 노동bonded labor'이라는 제도 때문에 노예로 팔려 간 사람들을 만났다. 우리는 한 작은 교회에서 한밤중에 만났는데, 이 교회는 일반적으로 생각하는 교회의 모습이 아니었다. 그곳은 목회자가 마을 사람들과 만나는 허름한 단칸방 건물이었다. 전기 시설도 없었고 촛불만 있었다. 의자도 없고 가구 몇 점과 다리 하나가 빠진 작은 나무 테이블만 있었다. 그러나 그 임시 교회의 사람들은 예수님에 대해 배워 온 것보다 더 많은 것을 나누었다. 그들은 대부분의 기준으로 볼 때 빈약했지만 자신들이 가진 모든 것을 나누었다.

테이블 위에는 쌀이 담긴 두 개의 진흙 항아리가 놓여 있었다. 담보 노동자들이 어둠 속에서 안으로 들어오는 것을 보며, 나는 목사님에게 그 항아리들의 용도를 물어보았다. 그는 나에게 하나는 모든 사람이 자신이 할 수 있는 만큼 가진 것을 나눌 수 있는 그릇이고, 다른 하나는 필요한 만큼 가져갈 수 있는 그릇이라고 말했다. 규칙은 단 하나였다. 원하거나 필요한 만큼 자주 주고받을 수 있지만, 한 번에 한 움큼씩만 가져오거나 줄 수 있다는 것이었다. 한 움큼이면 한 끼 식사를 하거나 한 끼 식사를 대접하기에 충분한 양이라고 했다. 그런데 가장 놀라운 점은 두 항아리 중 어느 것도 비어 있지 않았다는 것이다. 정말 멋지지 않은가?

이 여행과 비슷한 시기에 나는 콘퍼런스를 열고 싶은 포부가 생겼다. 그동안 많은 콘퍼런스에서 강연을 해왔지만 한 번도 주최한 적은 없었다. 그런데 왠지 재미있을 것 같단 생각이 들었고, 인도의 목사님에게서 받은 영감으로 모임에서 새로운 경제 구조를 만들 수 있을지 알아보고 싶은 마음도 들었다. 설명하겠다.

콘퍼런스를 개최하려면 장소가 필요했다. 몇몇 친구들과 나는 이런 유형의 콘퍼런스를 많이 개최하지 않은 도시의 컨벤션 센터를 임대하기로 했는데, 솔직히 그 센터가 크게 좋은 곳은 아니어서였다. 그런데 알고 보니 이곳은 임대료가 너무 비싸서 나는 우리 집을 담보로 내걸어야 했다. 나는 세계 곳곳에서 음악을 연주하거나 강연을 하는 친구들에게 연락하였다. 오기로 한 이들에게 피자와 집으로 돌아갈 버스 요금을 제공하기로 했는데, 몇 주 지나지 않아 콘퍼런스는 매진되었다.

프로그램을 준비하는 동안, 나는 인도에 있는 친구 목사님에게서 배운 것과 그 마을 사람들이 서로의 필요를 채우려고 어떻게 한 움큼의 쌀을 주고받았는지에 대한 생각을 멈출 수 없었다. 우리는 콘퍼런스에서도 같은 일을 시도해 보기로 했다. 우리는 로비의 문 옆에 두 개의 커다란 그릇을 두었다. 한 그릇에는 돈을 가득 담아 두고 사람들에게 필요한 만큼 가져가도록 안내했다. 다른 한 그릇은 비워 두었다. 나는 사람들에게 하나는 가져가기 위한 그릇이고 다른 하나는 주기 위한 그릇이라고 설명하였다. 사람들은 필요한 것을 가져가거나, 원할 경우 자신들이 가진 것을 기부할 수도 있었다. 콘퍼런스 기간에 우리는 그릇을 단속하거나 관찰하지 않았다. 우리의 역할은 사람들이 공정하고 공평하게 행동하는지 확인하는 것이 아니라, 자리를 마련해 두고 사람들이 도착했을 때 그들이 어떤 일을 할 것인지 결정하도록 하는 것이었다. 첫째 날 저녁이 끝났을 때, 우리는 컨벤션 센터 직원들도 필요한 것을 가져갈 수 있도록 그릇을 그대로 두었다.

행사를 마치고 나니 '기부 그릇'은 가득 차 있었고 '수급 그릇'에도 충분한 양이 남아 있었다. 우리는 두 그릇에 있는 모든 것을 기부했다. 얼마나 많은 돈이 그릇을 통해 흘러갔는지는 모르겠지만 꽤 많았던 것은 확실하다. 우리는 그 목사님의 아이디어를 바탕으로 우리만의 경제를 만들었다. 당신도 할 수 있다. 서로 의지하고 자신이 가진 모든 것을 나눌 의지가 있는 사람들이 모인 공동체를 찾으라. 그리고 그 사람들 중 한 명이 되어라. 이것이 당신의 포부를 실현하는 길이 될 것이다.

이 경험에서 비롯된 한 이야기가 마침내 우리에게 돌아왔다. 콘퍼런스에 참석했던 한 여성이 5달러짜리 지폐 한 장을 집으로 가져갔다. 일 년 후, 내가 다른 콘퍼런스에서 강연을 하는데 이 여성이 찾아왔다. 그녀는 나에게 기내용 캐리어 크기의 더플백을 건네주었다. 부피가 크고 무거웠다. 지퍼를 열었더니 고무줄로 묶인 5달러짜리 지폐 묶음들이 맨 위까지 가득 차 있었다. 마치 마약 거래가 이루어지는 것처럼 보였을 것이다.

알고 보니 이 여성은 우리 콘퍼런스에 왔을 때 포부가 있었다. 그녀는 아프리카에 있는 상처받은 아이들을 돕고 싶었다. 하지만 바다를 건너고 싶지는 않았기에 동네 공예품 가게에서 그 일을 해냈다. 그녀는 그릇에서 가져간 돈으로 5달러 상당의 구슬을 샀다고 했다. 물론 한 움큼에 불과한 구슬이었지만 무언가를 만들기에는 충분했다. 그녀는 자신의 보석을 팔고 그 수익금으로 10달러 상당의 구슬을 샀다. 이제 이야기가 어떤 방향으로 흘러가는지 짐작이 갈 것이다. 그녀는 구슬 수를 계속 늘렸고, 결국 그녀의 큰 포부를 이루었다. 그녀는 이 모든 것을 한 번에 한 움큼씩 모아 이루었다.

그녀는 단순히 비행장을 선회하는 데 그치지 않았고 자신의 아이디어로 비행기를 착륙시켰다. 당신도 할 수 있다. 준비되었는가?

&

당신은 누구인가? 당신은 어디에 있는가? 당신은 무엇을 원하는가? 아마도 당신은 인생에서 이 세 가지 큰 질문에 신뢰할 만한 답을 얻었을 것이다. 당신은 지금 적절한 자리에 있다. 당신이 발견한 것으로 무엇을 할 것인가?

바라기는 당신이 주변 세계와 당신 안의 가능성에 더 많은 관심을 가졌으면 한다. 당신은 이 여정에서 함께 여행할 사람들을 확인했고, 당신이 가진 능력과 당신을 방해하는 두려움에 대한 개인적인 검토를 마쳤을 것이다.

당신은 당신의 포부를 구체적으로 표현했고, 취해야 할 행동을 위한 조치 목록을 작성하였으며, 추진력을 얻으려고 몇 번의 도약을 했고, 새로운 시도를 위한 자리를 마련하기 위해 삶의 일부 공간을 정리하였다. 어쩌면 시작하기 위해 몇 가지 일들도 처리했을 것이다. 몇 번의 좌절이 있었다면 그것은 좋은 일이다. 비행기의 착륙용 보조 날개landing flaps를 내린 것과 마찬가지기 때문이다.

만약 당신이 5달러의 포부를 완성된 큰 그릇으로 바꾸길 원한다면, 이제 비행기를 착륙시킬 시간이 된 것이다.

&

비행기를 탔거나 다음번에 타게 된다면 착륙 직전에 무슨 일이 일어나는지 주목해 보라. 조종사가 비행기를 감속할 때, 때로는 활주로 끝의 숫자를 넘어선 후에 엔진을 끈다는 것을 알 수 있을 것이다. 이때 비행기는 여전히 지면에서 10~15피트(약 3~5미터) 정도 높이를 유지하며 맴돈다. 비행기가 착륙하기 전에 잠시 활주로 위에 떠 있는 것처럼 보이는 이유가 궁금한 적이 있는가? 바로 '지면 효과'라고 불리는 현상 때문이다. 날개의 아래쪽을 지나가는 바람이 지면을 밀고 올라가면서 아래쪽에서 날개를 밀어 올려 생기는 것이다. 그런데 포부를 추구할 때도 이러한 지면 효과를 경험할 수 있다. 이것은 당신의 포부를 10피트(약 3미터) 이상 더 높이 유지하게 해준다.

계획 과정에서는 무언가 안전하고 편안한 느낌이 있다. 그렇지 않은가? 이것은 우리의 포부에도 항상 일어나는 일이다. 하지만 이 과정의 마지막 단계는 실행 중인 모든 계획을 당장 중단하는 것이다. 항공편을 예약하든, 반지를 사든, 거실에서 첫 모임을 개최하든, 그것이 무엇이든지 간에 당신의 꿈에서 10피트 지점이 되면 멈추라. 조금 더 앞으로 나아가면 바퀴를 땅에 닿게 해야 하니 말이다

이렇게 할 때 완벽을 목표로 하지 말라. 당신의 포부가 세상에서 구체화되고 있다는 증거를 찾으라. 모든 일이 순조롭게 진행될 것으로 생각하지 말라. 착륙할 때의 충격에 대비하라. 일이 잘못될 수 있는 이유나 시도해서는 안 되는 이유를 모두 차단하라. 당신의 포부가 그만한 가치가 있다는 것을 상기하기 위해 이 책에서 얻은 모든 통찰력과 명확성을 되짚어 보라. 전부를 말이다. 당신이 포부에 들이게 될 모든 노력과 헌신은 그만한 가치가 있다. 당신의 아이디어를 현실로 실현하는 데 필요한 모든 희생도 감수할 가치가 있다.

역설적이거나 직관에 반하는 것처럼 보일 수도 있지만, 이 책의 궁극적인 목표는 당신이 이 책을 내려놓고 시작하는 것이다. 물론 필요에 따라 다시 참고는 하라. 그러나 당신이 읽은 내용만 생각하거나 여백에 낙서한 것만 생각한다면, 당신이 가진 것은 그저 한 뭉치의 끄적여진 글에 불과할 것이다. 저 너머 어딘가에서 누군가는 당신이 펜을 내려놓고 행동에 나서기를 기도하고 있다. 언젠가 하고 싶은 일에 대한 이야기는 그만두라. 지금 당장 시작하라. 적절한 날, 보름달이 뜨는 날 혹은 나비가 당신의 코에 착지할 때까지 기다리지 말라. 필요하다면 일주일 중 여덟 번째 요일을 만들어 그날을 '시작하는 날'이라고 부르라.

&

조종사 면허를 취득하기 위한 훈련을 받았을 때 그들이 내게 마지막으로 가르쳐 준 것은 비행 중 엔진이 멈췄을 때 대처하는 방법이었다. 그 부분이 나의 관심을 끌었다. 그들이 나에게 시킨 일은 수천 피트 상공까지 날아간 다음 엔진의 동력을 차단하는 연습이었다. 나는 연습을 하기 전에 부조종사 좌석에 앉은 교관을 바라보며 "정말 내가 이 일을 하길 원하시는 거지요?" 라고 물었다. 사실 엔진의 모든 동력을 차단하는 것은 약간의 불안함 그 이상이다. 당신이 나와 같다면 비행기 엔진의 윙윙거리는 소리가 약간 거슬릴 수 있지만, 그보다 훨씬 더 기분 나쁜 것은 완전한 침묵일 것이다. 그 순간 당신은 정말 좋은 비행기가 정말 형편없는 글라이더로 변했다는 사실을 깨닫게 된다. 그런데 조종사가 그 이후에 하는 일은 당신이 포부를 이루는 방법과 많은 유사점이 있다.

엔진의 동력을 차단하면 그들은 당신에게 '기울이기$_{Pitch}$, 선택하기$_{pick}$, 가리키기$_{point}$' 프로세스를 알려준다. 기울이기$_{Pitch}$란 비행기 조종 장치를 앞으로 밀어서 비행기를 지면 쪽으로 '기울이는' 것을 의미한다. 프로펠러가 회전을 멈추면 지구가 더 이상 친구처럼 느껴지지 않기 때문에, 이를 위해서는 우리가 앞에서 이야기했던 뇌에 새로운 홈을 새기는 일이 필요하다. 만약 당신이 본능에 따라 비행기 조종 장치를 뒤로 당기면 더 나쁜 일이 일어나게 되는데, 틀림없이 시동이 꺼져 추락하게 될 것이다. 우리는 모두 우리의 방안을 따르다가 시동이 꺼졌다. 이런 일이 일어나면 뒤로 물러서기 쉽다. 그러나 내가 배우고 있는 것은 앞으로 나아가는 것이다.

두 번째로 하는 일은 첫 번째보다 좀 더 의미가 있다. 착륙할 곳을 '선택하기$_{pick}$'다. 그곳은 들판이 될 수도 있고, 도로나 주차장이 될 수도 있다. 방안은 수역이나 소 떼가 아닌 다른 곳을 선택하는 것이다. 만약 당신이 아무 곳도 선택하지 않는다면 결과에 영향을 줄 기회를 잃게 되는 것이다. 우리의 삶도 마찬가지다. 나는 내 포부를 두고 다음에 착륙하고 싶은 곳을 선택하지 않았을 때 가장 혼란스러웠다. 당신의 착륙 지점은 당신을 포함해 당신의 모험에 함께하는 사람들에게 영향을 미치기 때문에 좋은 선택자가 되는 것은 노력할 만한 가치가 있다.

  앞으로 나아가 착륙 지점을 선택한 후에 마지막으로 해야 할 일은 선택한 지점을 계속 '가리키기$_{point}$'다. 아주 간단해 보이지만 비행 중이거나 일상에서는 주의가 산만해지기 쉽다. 우리는 모두 방황하기 쉽다. 시선이 방황하면 관심사와 집중력도 방황하게 되면서 올바른 것을 가리키던 것을 멈추게 된다. 아름답고 진실한 것을 가리키기보다는 어두운 것이나 단지 재미만 주는 것을 가리킨다. 바울은 우리의 시선을 예수님께 고정하는 것에 대해 말했다. 반드시 그렇게 하고, 그렇게 하면서 예수님과 관련된 당신의 모든 아름다운 포부에 주목하라. 그렇지 않으면 지속적이고 목적이 있는 것을 가리키는 대신에 단지 작동하거나 쉽게 이용 가능한 것들에 안주하게 된다. 옥수수밭에 착륙할 수도 있겠지만, 내가 비행을 통해 배운 것은 모든 것을 선택하고 아무것도 목표 삼지 않는 것보다 내 모든 에너지를 쏟을 만한 가치가 있는 것을 선택해야 한다는 것이다. 그리고 일단 목표를 정하면 그 목표에서 눈을 떼지 말고, 최고의 상황이든 최악의 상황이든 계속해서 그것을 가리켜야 한다. 이렇게 하면 당신은 아이디어를 실행하면서 비행기를 착륙시키게 될 것이다.

Chapter 29
마음의 문제들

때때로 가장 큰 포부는
가장 작은 속삭임에서 시작된다.

나에게는 켈리라는 친구가 있다. 켈리와 그녀의 남편 크레이그는 나와 멀지 않은 남부 캘리포니아에 산다. 나는 이 친절한 두 사람을 몇십 년 전에 처음 만났고 그 이후로 계속 친구 관계를 이어오고 있다. 그들은 즐거운 모험심과 기대감으로 가득 차 있어서 사람들을 자석처럼 끌어당기는 매력이 있다. 당신이 그들을 만난다면, 그들은 마치 당신이 금속으로 만들어진 것처럼 당신을 끌어당길 것이다. 우리의 우정이 깊어지면서 나는 그들이 어떻게 만나게 되었는지, 어떤 포부를 가졌는지 그리고 어떤 어려움을 함께 극복했는지 물어보았다. 내가 그들에게 배운 것은 상상 이상이었다.

크레이그와 켈리는 둘 다 야외 활동을 좋아한다. 그들은 긴장을 풀려고 가파른 산길을 20마일(약 32킬로그램)씩 등반하고, 돌아와서는 진짜 운동을 하려고 장거리 달리기를 한다. 어느 날 켈리는 등반을 마치고 집에 왔는데 약간의 어지러움을 느꼈다. 심장이 평소처럼 천천히 강하게 뛰는 대신에 빠르게 뛰고 있었고, 잠시 휴식을 취해도 속도가 느려지지 않았다. 켈리는 증상을 진단받으려고 병원에 갔는데, 의사는 모든 것이 켈리의 머릿속에서 비롯된 것이며 그녀가 단지 공황 발작을 겪고 있는 것이라고 말했다. 공황 발작을 겪어 본 적이 없는 사람들을 위해 잠시 설명해 주자면, 그것은 마치 머리에 마대를 뒤집어써서 숨을 쉴 수 없는 것처럼 느껴지는 것과 동시에 심장을 피뢰침에 찔린 것과 같은 느낌이라고 한다. 죽을 것 같기도 하고 살 것 같기도 한 느낌이 동시에 드는 것이라고 들었다.

이러한 일은 재미 삼아 60파운드(약 27킬로그램)짜리 배낭을 메고 아찔한 절벽 위를 걷는 것을 즐기는 여성에게 무서운 일은 아니다. 그러나 켈리는 공황 발작에 대한 설명이 자신에게 해당하는 것 같지 않단 생각이 들었다. 그래도 켈리는 의사의 조언을 받아들여 심리학자를 몇 차례 만났고, 심리학자에게 유용한 조언을 받았다. 하지만 켈리는 더 깊은 곳에 무언가 더 있다는 것을 느꼈다.

몇 주 후에 켈리의 심장이 다시 빠르게 뛰기 시작했다. 이번에는 전보다 훨씬 더 빠르게 뛰었다. 심장이 규칙적인 리듬을 버리고 빠르게 뛰면 근육은 혈액을 몸 전체로 퍼뜨리기 위해 열리고 닫히는 대신 혈액을 그저 두드린다. 이에 따라 신체에 필요한 산소가 원래 가야 할 곳까지 도달하지 못하게 된다. 켈리는 계속되는 어지럼증에 병원으로 갔다. 무언가 확실히 잘못되고 있었다. 담당 의사는 이것이 다른 의사들이 의심했던 것처럼 머리 쪽의 문제가 아니라는 것을 알아차렸다. 심각한 심장 질환이었다. 켈리의 심장은 바이러스에 감염되어 금방이라도 박동이 멈출 지경이었다. 어디에서 감염되었는지는 아무도 몰랐다. 켈리는 UCLA 메디컬 센터로 이송되었고, 그곳에서 켈리는 자신과 자신이 사랑하는 사람들에게 살겠다고 약속했다. 이것이 켈리가 가리키는 포부였다. 켈리는 파이터다. 그녀는 친절하면서도 투지가 강한데, 이 일에는 그녀가 가진 모든 것이 필요했다.

    켈리가 병실에 도착해 쇠약해진 심장을 모니터링하는 여러 대의 기계에 연결한 지 얼마 지나지 않아, 의사가 켈리가 있는 방에 들어왔다. 그는 켈리 옆에 의자를 끌어당겨 앉아 몇 장의 차트를 훑어보더니, 켈리의 심장이 돌이킬 수 없을 정도로 손상되어 죽어가고 있다는 충격적인 소식을 전했다. 켈리에게는 선택의 여지가 없었다. 새 심장을 이식받거나 살아남지 못하거나였다.

&

    앨리스는 동부 해안에 살았고, 말을 좋아했으며, 말을 탈 수 있는 기회가 생기면 언제나 환영했다. 그녀에게도 우리 모두와 마찬가지로 포부가 있었다. 앨리스는 자신보다 더 큰 목적을 위해 자신의 삶을 가치 있게 살고 싶어 했다. 우리가 그렇듯이 그녀도 자신보다 더 오래 지속될 무언가의 일부가 되기를 원했다. 그녀에게는 사랑하는 딸이 있었고, 둘은 함께 비눗방울을 불며 앞으로 함께 하게 될 모험을 속삭이곤 했다.

    아름다운 가을날, 앨리스가 말을 타고 있었을 때였다. 비극적인 순간이 발생하여 그녀는 끔찍한 사고를 당하고 말았다. 그런데 앨리스의 목숨을 앗아간 것은 부상이 아니라 병원에 있는 동안 얻게 된 합병증으로 발생한 뇌

동맥류였다. 그녀는 뇌사 판정을 받았다. 가족들에게는 말로 표현할 수 없는 슬픔의 순간이었다. 그러나 앨리스는 이런 상황에 대비해 준비되어 있었고, 자신의 장기 기증 카드로 의사들이 장기를 사용할 수 있게 해주었다. 서류 작업이 정리되었고, 비록 앨리스의 삶은 끝났지만 앨리스에게는 아직 나누어 줄 수 있는 선물이 하나 더 남아 있었다.

켈리의 병원에 전화벨이 울렸다. 행정관은 그녀와 크레이그에게 그들이 기도하며 기다리고 있던 소식을 전했다. "당신의 아내를 위한 심장을 찾았습니다."

&

숙련된 의사와 간호사들은 켈리의 심장을 앨리스의 심장으로 성공적으로 교체했다. 수술이 마무리되자 의사는 켈리의 새 심장을 가볍게 두드렸고, 심장이 켈리의 가슴에서 뛰기 시작했다. 몇 년 전만 해도 사형 선고나 다름없었던 일이 서로의 포부가 아름답게 어우러져 이러한 변화가 일어난 것이다. 수십 년간 수련하면서 자신들의 포부를 추구해 오며 심장 이식 방법을 배워야 했던 의사 팀, 자신보다 더 오래 지속될 무언가의 일부가 되어 세상에 변화를 만들고 싶었던 앨리스라는 이름의 여성 그리고 더 많은 산을 오르려는 켈리의 포부와 의지가 그것을 가능하게 한 것이다.

심장 치환술Heart replacement은 거대하고 복잡한 수술로 켈리에게 지속적인 신체적 영향을 미친다. 필요에 따라 환자의 머리와 심장을 연결하는 많은 신경을 절단해야 하기 때문이다. 결론적으로 머리와 심장 사이에 항상 정확한 메시지가 전달되지 않을 수 있다. 복잡한 문제지만, 기본적으로 켈리의 새 심장은 항상 해수면에 있는 것으로 인식한다. 이것은 높은 산에 오르기를 좋아하는 여성에게 복잡한 문제를 야기한다. 그러나 켈리는 열정을 포기하는 대신에 자신의 새로운 심장이 주변 환경을 이해할 수 있도록 달래는 방법을 터득했다.

  켈리는 이제 말 그대로 자신의 심장에 속삭여야 한다. 등반을 시작할 때면 그녀는 자신이 하는 일이 정말 힘든 일이어서 더욱 열심히 뛰어야 한다는 것을 새로운 심장에 알려 주어야 한다. 이런 진실을 말하는 것이 등반을 가능하게 하는 것이다. 마찬가지로 정상에 도달한 후에는 다시 심장에 속삭여 일이 끝나서 이제 쉴 시간이라는 것을 알 수 있게 해 주어야 한다.

&

  수술 후 켈리가 받은 치유는 신체적인 면에서뿐만 아니라 정서적인 면에서도 함께 이루어졌다. 생명의 선물에 끝없이 감사하긴 했지만, 켈리는 자신의 가슴에 있는 다른 사람의 심장과 관련된 다른 가족에게 주었을 상실감으로 진정한 평안을 누리지 못해왔다. 끊임없는 감사와 슬픔의 연속 가운데 사는 것이 혼란스럽고 힘들었지만, 그녀는 그 감정을 떨쳐버릴 수가 없었다. 그래도 켈리는 자신이 인생에서 얻은 두 번째 기회를 얻었고 그것을 낭비하지 않을 것을 알고 있었다.

  켈리와 크레이그는 계속해서 산을 올랐다. 그들은 켈리의 좌절을 자신들이 여전히 가지고 있던 포부를 키우고 다른 사람들에게 동기를 부여하는 기회로 삼았다. 장기 기증의 아름다움과 힘으로 주목을 받은 켈리는 새로운 마음으로 세계 최고봉을 등반해 왔다. 그녀는 요세미티 국립공원의 하프돔, 휘트니산, 세계 7대 정상 중 하나인 킬리만자로산, 마터호른산, 뉴질랜드의 롤링핀산, 아르헨티나의 카혼 데 아레날레스 등을 등반했다. 그녀는 자신에게 주어진 새로운 삶을 한순간도 낭비하지 않았다.

그러던 어느 날, 크레이그와 켈리의 집에 전화가 왔다. 아무도 받지 못했다. 크레이그는 집에 없었고 켈리는 부모님을 방문 중이었기 때문이다. 크레이그가 집으로 돌아왔을 때 전화 자동 응답기에는 메시지가 한 통 남겨져 있었다. 젊은 목소리였다. "이 번호가 켈리의 전화번호 맞나요?" 긴 침묵이 흘렀다. "얼마 전에 엄마가 돌아가셨는데, 기사에서 켈리에 대한 글을 읽었습니다." 또다시 긴 침묵이 흘렀고 그녀는 감정에 북받친 작고 확신이 없는 목소리로 말했다. "당신이 우리 엄마의 심장을 가지고 있는 것 같아요." 메시지는 여기서 종료되었다.

크레이그는 깜짝 놀랐고 어떻게 해야 할지 확신이 서지 않았다. 이것이 합법적인 상황인가? 그녀에게 다시 전화해야 하는 걸까? 만약 그녀가 앨리스의 딸이라면 그녀와 관계를 형성하려고 노력해야 하는 것일까? 크레이그는 켈리가 자신에게 두 번째 기회를 준 앨리스의 가족이 겪고 있을 상실감과 씨름하고 있다는 것을 알고 있었다. 어쩌면 이것은 치유의 기회가 될 수도 있고 상황을 더 악화시킬 수도 있을 것이다. 그렇지만 이 젊은 여성을 무시한다는 것은 크레이그에게는 상상도 할 수 없는 일이었다. 그는 그녀에게 전화를 걸어 모든 상황을 설명했다. 그녀의 말이 맞았다. 켈리의 가슴에서 뛰고 있는 것은 앨리스의 심장이었다. 그러나 크레이그는 여전히 이 상황이 켈리에게 어떤 영향을 미칠지 확신이 서지 않았다.

크레이그와 앨리스의 딸은 여러 차례에 걸쳐 앨리스와 앨리스가 가졌던 포부, 앨리스가 세상에 준 선물과 켈리에게 준 생명의 선물을 두고 이야기했다. 크레이그는 켈리가 앨리스의 선물에 항상 감사해하면서도 그것이 의미하는 상실감에 부담을 느끼는 중이라고 머뭇거리며 말했다. 알고 보니 앨리스의 딸도 앨리스만큼 착했다. 그녀는 켈리에게 치유를 가져다주고 자신과 자신의 어머니 사이에 마무리를 줄 수 있는 아이디어를 생각해 냈다. 그들은 그것을 다음 등반에서 진행하기로 했다.

&

켈리와 크레이그는 장기 기증 인식을 높이려고 일본으로 갔다. 더 많은 사람들이 장기 기증을 할 수 있도록 새로운 법안을 통과시킨 그 나라의 정부에 감사하기 위해서였다. 그들은 또한 후지산 정상에 올라 새로운 법안에 대한 관심을 끌고자 했다. 두 사람 모두 평소처럼 배낭을 메고 있었지만, 크레이그의 배낭에는 몇 가지 특별한 물건이 들어 있었다.

밤새도록 등반을 한 후 정상에 도달하자 서서히 동이 트기 시작했다. 산꼭대기에서 구름바다를 내려다보는 동안 해가 떠올랐다. 정말 멋진 광경이었다. 각자의 배낭을 내려놓은 후, 켈리와 크레이그는 켈리를 감싸는 익숙한 감사와 슬픔의 감정을 느끼며 그들 아래에 펼쳐진 광활한 풍경을 내려다보았다. 다른 등반에서 그랬던 것처럼 그들은 정상에서 비눗방울을 불어서 그것들이 상쾌한 아침 공기 속으로 떠다니는 모습을 지켜보았다.

간식을 먹고 물을 마신 후, 크레이그가 손에 작은 병을 들고 켈리에게 다가갔다. 켈리는 당황한 표정으로 크레이그를 바라보았다.

"이게 뭐예요?"

"당신에게 하고 싶은 말이 있었어. 하지만 적절한 때를 기다려야 했지." 크레이그가 말했다. 잠깐의 침묵이 흐른 뒤에 그는 다시 말을 이어갔다.

"당신이 부모님을 방문하러 간 동안 앨리스의 딸이 우리에게 연락을 했었어. 자동 응답기에 저장된 그녀의 메시지를 듣고 그녀에게 연락해 몇 번 대화를 나눴지."

켈리는 깜짝 놀라서 할 말을 잃은 채 크레이그를 바라보았다.

"나는 앨리스의 딸에게 당신이 그들의 상실감을 생각하며 슬픔과 씨름하고 있는 것을 말했어. 그녀도 마음을 정리하고 싶어 했어. 그녀는 당신이 앨리스의 유골을 이 산꼭대기에 뿌린다면 당신과 그녀 모두에게 의미 있는 일이 될 것이라고 생각하고 있어."

켈리는 울기 시작했다. 켈리가 짊어지고 있던 무게는 한결같았고 때로는 혼자서 감당해야 했다. 켈리는 자신이 그것을 극복할 수 있을 것이라고 생각하지 못했다. 하지만 이제 앨리스 딸의 사려 깊은 마음 덕분에 그것이 가능할 수 있다고 생각하게 되었다. 켈리는 자신을 위해 가져온 것을 받으려고 두 손을 내밀었다.

두 사람은 정상의 가장 바깥쪽으로 걸어갔다. 태양은 이제 완전한 빛을 내며 아래에 있는 구름의 잔물결에 빛을 비추고 있었다. 미풍이 상쾌한 공기를 몰고 왔다. 켈리는 병을 내려놓고 잠시 눈을 감았다.

"당신이 겪은 일을 정말 안타깝게 생각하고, 나에게 이런 기회를 준 것에 정말 감사드립니다. 나는 당신의 삶을 기리는 방식으로 내 삶을 살 것을 약속합니다." 그녀는 병을 열고 바람이 빛의 바다를 휩쓸고 지나가는 동안 그것을 기울였다.

그리고 나서 심장에 속삭였다.

"이제 쉴 시간이야."

에필로그 EPILOGUE

켈리의 이야기에는 이 책 전반에 걸쳐 우리가 이야기해 왔던 내용이 담겨 있다. 어쩌면 당신도 같은 방식으로 당신의 마음을 다독여 주어야 할지도 모른다. 일이나 인간관계, 포부로 어려운 시간을 보내고 있는가? 만약 그렇다면 현실을 직시하고 그것에 대해 마음과 솔직하게 대화해 보라. 당신이 처해 있는 지금의 상황이 단순히 힘든 것이 아니라 정말 힘들다는 것을 마음이 알게 해주라. 어쩌면 이제까지 보다 더욱 힘차고 강하게 뛰어야 한다고 속삭여 주어야 할지도 모른다. 당신의 감정을 공유할 수 있는 믿을 만한 사람들을 찾아보라. 세상에는 좋은 상담사들이 많이 있으니 상담사를 찾아보는 것도 좋은 방법이다. 이것은 당신의 산을 오르는 데 필요한 정서적 지혜다.

과도한 스트레스와 바쁜 상황에 처해 있는가? 수년 동안 극도의 스트레스와 압박에 시달리며 정신없이 일해왔는가? 아마도 당신의 삶은 끊임없는 긴장 상태에 있었을 것이다. 분명히 많은 활동을 해왔고 어쩌면 많은 돈도 벌었겠지만, 결과적으로는 전혀 진전이 없었을 수도 있다. 어쩌면 이제 쉬어야 할 시간이라고 마음에 속삭여야 할 때인지도 모른다.

켈리가 자신의 심장에 속삭이는 것처럼 당신도 당신의 마음에 속삭일 때다. 하고 싶은 말이 많겠지만, 우선 이렇게 시작해 보자.

"큰 꿈을 꾸기 위한 시간이야."

<드림 빅> 프레임워크

성찰 질문과 실행 아이디어

환영한다. 이 부분은 내가 책의 시작 부분에서 언급했던 섹션으로, 당신이 가장 가치 있는 포부를 발견하고 그것을 향해 나아가는 데 활용할 수 있는 몇 가지 질문과 행동 지침을 모아두었다. 이 섹션을 당신의 꿈을 위한 허브로 생각하라. 본문의 각 장을 읽으면서 사용해도 좋고, 본문을 모두 읽은 후에 사용해도 좋다. 선택은 전적으로 당신의 몫이다. 이것은 당신의 포부를 현실로 바꾸는 데 필요한 명확성과 자신감, 추진력을 얻는 데 도움이 될 것이다.

여기에서 찾을 수 있는 대부분의 내용은 내가 진행하는 <드림 빅> 워크숍 그룹에서 사용하는 것과 동일한 종류의 프롬프트와 연습 문제다. 당신과 같은 수천 명의 사람들이 이러한 문제들과 씨름하며 큰 진전을 이루었다. 당신도 그렇게 될 것이라고 믿는다.

나는 당신이 모든 생각을 기록할 수 있는 전용 공간을 마련하는 것을 추천한다. 목록을 작성하고, 스스로에게 편지를 쓰고, 몇 가지 어려운 질문에 답하고, 꿈을 향해 나아가면서 취해야 할 단계들을 기록하게 될 것이다. 일기장이나 노트, 구글 문서 등 당신이 사용하기에 가장 적합한 것을 선택하라. 당신의 생각과 반응을 꼭 담아내라. 그 답변들은 어떤 의미에서 보면 바로 당신 자신이다. 이것은 당신이 누구이며 하나님이 당신을 어떻게 만드셨는지 이해함으로써 당신 안에 잠재되어 있을 포부를 발굴하는 선하고 힘든 작업이다. 우리는 그 포부가 당신 안에만 머무르지 않고 당신 주변의 세상에 영향을 미칠 수 있도록 도울 것이다. 준비되었는가?

[PART 1] 큰 꿈을 꾸기 위한 준비

Chapter 3. 만년설 아래로 들어가라

우리는 '만년설 아래로 들어가는 것'을 주제로 이야기했다. 그곳에서 세 가지 중요한 질문인 '당신은 누구인가?', '당신은 어디에 있는가?', '당신은 무엇을 원하는가?'에 답하기 위한 여정이 시작된다. 다음은 발견의 과정을 시작하면서 생각해 볼 수 있는 몇 가지 질문이다.

Chapter 4. 당신은 누구인가?
- 당신의 행동과 선택에 반복되는 주제가 있는가? 예를 들어 두려움이나 부족할 것 같은 느낌 때문에 행동하는 경향이 있는가?
- 당신은 자신이 부족하다고 생각하는가?
- 가짜 용기로 인생을 살고 있거나 항상 다른 사람들을 기쁘게 해 주어야 한다고 생각하는가?
- 자신이 하는 일을 왜 하는지 생각해 보는 시간을 가지라. 이를 위한 시간이 좀 걸리더라도 괜찮다. 특히 처음으로 스스로에게 이러한 질문을 하는 경우

라면 더욱 괜찮다. 당신의 진솔하고 정직하며 참된 것을 표현하는 데 필요한 만큼의 시간을 투자하라.

Chapter 5. 당신은 어디에 있는가?

- 기억하라, 지리적인 위치가 아니라 현재 삶의 상황에 초점을 맞추어야 한다. 어떤 전공을 선택해야 할지 혼란스러운가? 진로 선택에 막막함을 느끼지만 어떻게 바꾸어야 할지 모르겠는가? 빚에 허덕이고 있는가? 결혼 생활이나 다른 중요한 관계에서 행복한가?
- 물론 우리가 물어볼 수 있는 질문은 무궁무진하다. 하지만 당신은 이미 자신이 삶에서 어느 지점에 있는지 알고 있을 것이다. 지금 당신이 어디에 있는지 정확히 설명하는 시간을 가져보라. 잔인할 정도로 솔직하라. 자신의 답변이 마음에 들지 않더라도 괜찮다. 나를 포함해 거의 모든 사람이 자신의 삶에서 변화를 원한다.
- 솔직하게 이야기를 나눌 수 있는 가까운 친구를 떠올린 다음, 다음 문장을 완성하라. "나는 내가 지금 어디에 있는지 정확히 알려 주고자 스타벅스에서 OOO을 만날 것이다." 그런 다음 그 친구에게 문자를 보내거나 전화를 걸어서 약속을 잡으라.

Chapter 6. 당신은 무엇을 원하는가?

- 이 책의 대부분은 바로 이 질문의 답을 찾는 데 초점을 맞추고 있다. 프레임워크의 이 부분에서, 당신이 원하는 것의 목록을 작성하는 첫 번째 시도를 할 것이다. 더 큰 집을 원하는가? 무료 식사를 제공하는 일을 크리스마스

전통으로 만들고 싶은가? 퍼시픽 크레스트 트레일을 등반하거나, 아니면 최종적으로 파리에 가고 싶은가? 체중을 감량하고 싶은가? 아버지와 화해하고 싶은가? 이 모든 것이 가능하며 그 이상도 가능하다.

- 당신의 목록은 당신에게 완전히 독특해서 아마도 당신을 매우 흥분시킬 것이다. 그게 바로 핵심이다! 목록을 더 고상하거나 거룩하게 보이도록 '편집'해야 하는 것을 걱정하지 말라. 그냥 솔직해지라. 지금 꿈꾸는 모든 것을 생각해 보고 목록에 적어 보라. 최소 50장 이상의 빈 페이지가 있는 노트를 사라. 그중 한 장만 채워도 좋고 전부 채워도 좋다. 모든 내용을 빠짐없이 기록하라. 나중에 목록을 선별하고 꿈을 정리하여 실현 가능한 목표들로 만들어 나갈 것이다. 지금은 그냥 모두 적어 보라. 즐겁게!

- 만약 '미래의 당신'이 '현재의 당신'에게 이 여정에서 성취하고 경험한 모든 것을 두고 편지를 쓸 수 있다면 어떨 것 같은가? 미래의 당신이 현재의 당신을 돕고 격려하려고 어떤 말을 할 것 같은가? 15분에서 20분 정도 시간을 내어 편지를 써보라. 작성한 편지를 봉투에 넣고 당신이 받을 주소를 적은 후 몇 개월 후의 날짜를 적어두라. 6개월 정도면 적당할 것 같다. 그날이 바로 당신이 편지를 열어서 읽게 될 날이다.

Chapter 7. 지프를 쫓아라

- 당신은 예수님께 삶의 방 전체를 내어드렸는가, 아니면 구석에 그분을 가두어 두려고 하는가? 예수님을 위한 공간을 마련하기 위해 당신의 삶에서 제거해야 할 것은 무엇인가? 그분이 당신 삶의 중심이 되시도록 충분한 공간을 내어 드린다면 당신의 믿음은 어떻게 변할 것 같은가?

- 좋은 성적, 더 나은 직장, 다른 동네에 있는 집, 남자 친구 등 당신이 추구하는 모든 것을 가져다가 테이블 위에 늘어놓는다고 상상해 보라. 이러한 것들은 당신의 신앙생활에 어떻게 영향을 미치고 있는가? 이제 그것들을 하나씩 가져와서 당신의 믿음과 삶에 다시 추가해야 할지 여부를 결정한다고 상상해 보라. 테이블에서 쓰레기통으로 옮겨야 할 것이 있는가? 무엇을 다시 추가하겠는가?

Chapter 8. '새로운' 부분으로 이동하기

- 가장 믿기 어려운 것은 당신을 완전하고 무조건적으로 사랑하신다는 하나님의 섭리일 것이다. 이것에 문제가 있다고 생각하는가? 하나님의 사랑을 받으려면 변화해야 하고, 더 나아져야 하고, 무언가 다른 일을 해야 할 것 같은 생각이 마음속에 숨어 있는가? 하나님의 사랑을 향한 완전하고 지속적인 믿음이 당신의 삶을 어떻게 변화시키고 당신의 꿈에 활력을 줄 것 같은지 생각해 보라.
- 우리가 일상에서 하는 모든 일은 결국 우리가 알려지고 기억되는 방식이 될 것이다. 당신의 평범한 화요일의 일상이 당신의 믿음을 어떻게 이야기해 줄 것 같은가?
- 두려움은 우리 삶의 일부다. 우리 중 가장 용감한 사람도 두려움을 직시하고 어떤 방식으로든 행동하기로 결심해야 한다. 1에서 10까지의 척도(1은 '매우 적음'이고 10은 '항상 그렇다') 중에서 두려움이 당신의 삶에서 차지하는 비중은 얼마나 되는가?
- 자신의 재능을 아는 것은 자신의 꿈에 대해 생각하는 데 좋은 출발점이 된

다. 타고난 재능이라고 생각하는 자신의 10가지 특징을 적어 보라. 어쩌면 당신은 천성적으로 친절하거나 낙천적일 수도 있다. 어쩌면 기하학에 뛰어나거나 노숙자들을 돕는 데 관심이 많을 수도 있다. 이러한 것들은 우리 문화가 정의하는 '재능'으로는 보이지 않을 수 있다. 이러한 것들은 당신에게 너무 본능적이어서 그저 제2의 천성처럼 느껴질 수도 있다. 그러나 이것들은 당신의 재능이다. 목록을 작성하고 스스로에게 박수를 쳐 주라. 만약 10가지를 생각해 내는 데 어려움이 있다면 주변에 있는 사람들에게 당신의 재능이 무엇이라고 생각하는지 물어보고 힌트를 얻으라. 아마 10가지보다 훨씬 긴 목록이 나올 것이다.

- 어떤 사람들은 자신의 재능이 자신의 정체성을 구성하는 유일한 요소라고 생각한다. 그들은 성공이나 인정을 받으려고 재능에 크게 의존한다. 당신도 자신의 재능과 은사에 과도한 자존감을 부여하고 있지는 않은가? 재능에 대한 지나친 의존이 어떻게 '거짓 긍정'을 만들어 꿈을 향해 나아가는 방법에 영향을 미칠지 생각해 보라.

Chapter 9. 몽유병

- 당신은 반만 깨어 있는 삶을 살고 있진 않은가? 어쩌면 당신은 반복되는 일상에 익숙해져서 새로운 것을 시도해 볼 힘을 잃어버렸는지도 모른다. 보다 완전히 깨어날 필요가 있다고 생각하지 않는가?
- 성경을 읽은 적이 있는가? 성경에 나오는 기적 중 가장 기억에 남는 것은 무엇인가? 하나님께서 당신을 위해서도 기적을 준비하고 계신다는 사실을 믿어 보는 건 어떤가? 소파 쿠션을 뒤집어보고 침대 밑을 살펴보는 등 우리가

구석구석을 둘러보며 하나님께서 이미 우리를 위해 기적을 행해 오신 것을 알게 된다면, 당신의 삶은 어떻게 달라질 것 같은가? 삶에서 하나님의 기적처럼 느껴졌던 일들을 몇 가지 적어 보라.
- 누구나 일이 곧 발전이라고 생각하는 함정에 빠질 수 있다. 올바른 일을 하고 있다면 어떤 의미에서는 사실일 수 있다. 하지만 이루고자 하는 목표에 너무 집중한 나머지, 분주하게 스스로를 고운 가루로 만들고 있을 수도 있다. 적절한 휴식을 취할 수 있는 삶의 리듬이 있는가? 잠은 충분히 자는가? 강박적으로 일하다가 자신이 지쳤다는 사실을 너무 늦게 깨닫진 않았는가? 오늘과 이번 주에는 어떻게 휴식을 취할 수 있는가? 삶의 리듬에 어떻게 휴식을 더할 것인가?

Chapter 10. 하루 100통의 전화

- 포부를 향해 나아가는 여정에서 사람은 필수적이다. 다른 사람의 도움과 격려, 지원 없이 꿈을 이루기는 이루는 것은 어려울 것이다(아마도 불가능할 것이다). 그러나 어떤 사람들은 이 사실을 받아들이지 못하기도 한다. 당신은 혼자의 힘으로 포부를 이루어야 한다고 생각하는 사람인가? 다른 사람의 도움을 받는 것이 불편한가? 그렇다면 그 이유는 무엇인가?
- 삶에서 당신이 더 많은 도움을 줄 수 있는 세 사람을 나열해 보라. 오늘과 이번 주에 그들의 삶에 더 많은 도움을 주고자 무엇을 할 것인가?
- 많은 사람들이 끊임없이 다른 사람들을 바라보며 '이 사람이 나에게 무엇을 해줄 수 있을까?'라는 생각을 한다. 비즈니스계에서는 항상 일어나는 일이고 어떤 면에서는 괜찮다고 생각한다. 그러나 일상에서도 그런 일이 벌어진

다면 어떨 것 같은가? 주변 사람들에게 무엇을 얻을 수 있을지 파악하려고 주변을 살피고 있는가? 상황을 바꾸어 '여기 있는 모든 이들에게 내가 무엇을 줄 수 있을까?'라고 생각한다면 당신의 삶은 어떻게 바뀔 것인가?

Chapter 11. 해달

Chapter 12. 피날레

Chapter 13. 비교는 멍청한 짓이다.

- 잠시 시간을 내어 당신의 인생에서 친구로 생각하는 다섯 명의 이름을 나열해 보라. 각각의 이름을 살펴보면서 가장 최근에 그들에게 표면적인 질문을 넘어 탐색적인 질문을 했던 때가 언제였는지 생각해 보라. 그들과의 관계도 생각해 보라. 가장 최근에 취약하고 진솔한 이야기를 공유했던 때는 언제였는가? 일반적으로 당신은 다른 사람들과 깊이 있는 관계를 맺고 싶어 하는 사람이라고 말할 수 있는가?

- 다른 사람들을 위한 기회를 찾을 방법을 생각하는 것이 이상하게 보이거나 비생산적인 일처럼 느껴지는가? 너무 많이 베풀면 자신에게 남는 것이 없게 될까 봐 두려운가?

- 다른 사람에게 가능성의 길을 열어준 적이 있는가? 도움받는 것이 아닌 도움 주는 역할을 하게 된 기분이 어땠는가?

- **Chapter 13**에서 우리는 비교의 사악한 힘을 이야기했다. 비교는 당신의 삶에서 어떤 역할을 하는가? 당신은 다른 사람들이 자신보다 더 잘하고 있거나 더 많은 것을 가졌다고 생각하는 사람인가? 삶에서 '자신의 시험지에만 집중'하도록 애쓰는 몇 가지 방법이 있다면 나열해 보라.

[PART 2] 비현실적인 기대치 설정하기

Chapter 14. 잎을 모으라
Chapter 15. 평가하기
Chapter 16. 드럼보다는 스틱을 먼저 잡아라

- 앞부분에서 작성한 포부 목록을 다시 확인해 보라. 목록에서 당신이 느껴지는가, 아니면 진실과 다르게 느껴지는 부분이 있는가? <드림 빅> 프레임워크를 진행하기 전에 목록이 정직하고 진실한지 확인하라. 당신의 목록은 당신이 누구이며 무엇을 정말로 원하는지를 반영한 자서전처럼 느껴져야 한다. 목록을 다시 살펴 보고 필요에 따라 수정하라. 추가하거나 삭제해야 할 부분이 있는가? 여기에는 옳고 그름이 없다는 것을 기억하라. 유일하게 중요한 것은 당신의 목록이 정직해야 하며 당신을 진정으로 반영해야 한다는 것이다.
- 목록에 너무 모호한 항목들이 있지는 않는가? 항목이 충분히 구체적이지 않으면 실제로 그것들을 달성했는지 확인하기 어렵다. 목록을 살펴보고 세분화하여 당신의 포부를 구체적이고 명확하게 설정하라.
- 나는 5초마다 아이디어가 떠오르는 사람이다. 나의 고민은 꿈이 없는 것이 아니라 너무 많다는 것이다. 당신 또한 나와 같을 수 있고 혹은 정반대일 수도 있다. 어느 쪽이든 괜찮다. 다만 꿈을 향해 나아가고 싶다면 몇 가지 우선순위를 정해야 한다. 모든 꿈을 동시에 좇을 수는 없으며 그렇게 해서도 안 되기 때문이다. 목록의 각 항목을 작은 꿈, 중간 꿈, 큰 꿈의 세 가지 범주로 분류해 보라. 커피를 좋아한다면 톨, 그란데, 벤티로 분류해도 좋다.

목록에 있던 모든 항목을 세 범주 중 한 곳에 배치하라. 이 작업을 정확히 해야 할지 걱정하지 말라. 이 연습은 당신이 빠르게 추구할 수 있는 것과 시간이 걸릴 수 있는 것을 명확히 하는 데 의의가 있다.

- 벤티의 범주로 분류한 각 항목을 주제로 다음의 세 가지 질문에 답해 보라.

    = 의미 있는 꿈인가?(이 꿈은 나의 가장 아름다운 가치관과 희망을 반영하는 것인가?)

    = 지속 가능한 꿈인가?(이 꿈은 시간의 시험을 견딜 수 있는가? 내 평생 지속되거나 심지어 내 평생을 넘어 지속될 만한 것인가?)

    = 다른 사람들에게도 도움이 되는 꿈인가?(이 꿈은 단지 내 모자에 있는 또 다른 깃털일 뿐인가, 아니면 주변 사람들에게 영향을 미칠 수 있는 일인가? 규모는 중요하지 않다. 당신의 꿈이 선한 영향력을 미칠 수 있는 폭발적인 반경만 있으면 된다.)

- 세 가지 범주로 분류한 목록을 가져온 후, 범주별로 각 항목을 한 줄로 길게 적어 행을 만들라. 이제 '작은 꿈'의 범주에 속하는 각 항목을 살펴보면서 그것이 같은 범주의 꿈에 연결되어 있거나 '중간 꿈'이나 '큰 꿈'으로 이어질 수 있다면 선을 그어 보라.

- 답변하기 어려울 수도 있겠지만 꼭 물어봐야 할 질문이 있다. 당신은 목록에 있는 몇 가지 항목을 칭찬받고 싶은 마음이 있는가? 선생님이나 목사님이 그 항목을 보고 긍정적으로 평가해 주기를 원하는가? 배우자나 가장 친한 친구가 당신이 올바른 선택을 했다고 생각하기를 원하는가? 솔직해져 보라. 목록에 있는 항목이 다른 사람의 기대에는 부응하지만 정작 자신의 진정한 꿈은 아닌 것이 있다면, 그것을 추가한 이유를 생각해 보고 목록에서

삭제하는 것을 고민해 보라. 가져야 한다고 생각은 하지만 실제로는 가지지 않은 꿈을 좇는 것은 가장 바람직하지 않은 일이다.

[PART 3] 기회를 탐색하라

Chapter 17. 달을 창문에 머물게 하라
Chapter 18. 백악관 전화번호는 (202)456-1414다

- 이전 챕터에서 기록하고 검토한 꿈들이 여전히 목록에 남아 있는 이유는 당신이 그것을 아직 달성하지 못했기 때문이다. 왜 이루지 못했는가? 당신은 어떤 일의 첫걸음을 내딛기 전에 완벽한 계획이 필요한 사람인가? 두려움이나 다른 사람들의 시선 때문에 시작하기도 전에 혹시 멈춰버린 것은 아닌가? 아니면 가족이 있거나 정규직에 종사하고 있어서 꿈을 향해 나아갈 시간을 따로 낼 수 없었는가? 잠시 시간을 내어 스스로에게 '내 꿈을 추구하는 데 방해가 되는 것은 무엇인가?'라고 질문해 보라. 아직 이러한 장애물에 대한 해결책을 만들진 않았지만, 장애물을 식별하는 것은 중요한 과정이다(해결책 부분은 나중에 다루겠다).
- 꿈을 이루는 데 필요한 지식이 무엇인지 생각해 보라. 당신은 아직 모든 것을 알지 못할 가능성이 크다. 꿈이 완전히 실현되었을 때 알아야 할 것을 배우기 위해 어떤 과정을 거쳐야 하는가?
- 당신의 꿈이 진전을 이루는 데 지금 당장 도움을 줄 수 있는 세 명의 이름을 말해 보라. 그들에게 다가가 도움을 청할 의향이 있는가? 만약 그렇다면 언

제 어떻게 도움을 청할 것인가?
- 당신이 꿈을 향해 나아가는 데 도움을 줄 수 있는, 당신이 알고 싶은 세 명의 이름을 말해 보라. 그들과 연락할 방법이 있는가? 그들의 전화번호를 찾아 전화해 볼 수 있는가? 그들의 이메일 주소는 무엇인가? 꿈을 이루는 데 중요한 역할을 할 수 있는 누군가를 만나려고 얼마나 멀리까지 갈 의향이 있는가?
- 꿈 목록을 살펴보면서 가장 마음에 드는 꿈을 선택하고, 그 꿈을 향해 앞으로 나아가는 데 필요한 다음 행동을 적어 보라. 단, 한 가지만 적도록 하라! 연속된 사건들을 도미노를 나열하듯 적고 싶은 유혹이 있을 것이다. 하지만 꿈을 이루기 위한 한 가지 행동만 적는 것이 더 큰 힘이 된다(물론 그 일이 완료되면 다음 항목을 적을 수 있다. 결국 완성된 단계들이 연결되어 데이지 체인daisy chain처럼 이어지게 될 것이다!).
- 꿈을 향해 나아가는 데는 어느 정도의 기회비용이 따른다. 좇기 위한 하나의 꿈을 선택한다는 것은 다른 꿈을 기다려야 할 수도 있다는 것을 의미하기 때문이다. 그러므로 당신의 시간이나 에너지, 자원 등을 어떻게 사용할지 매우 까다롭게 결정해야 한다는 사실을 잊지 말아야 한다. 목록을 살펴보았을 때 그만한 가치가 없어 보이는 항목이 눈에 띄는가? 단연 돋보이면서 당신을 크게 설레게 하는 큰 꿈이 한두 가지 있는가? 좋은 징조다. 이동 경로를 따라 당신을 크게 설레게 하는 한두 가지 꿈을 찾아보라.

[PART 4] 길을 정리하라

Chapter 19. 인질 협상
Chapter 20. 4분의 1 변화를 주라
Chapter 21. 포기하는 사람이 돼라

- 이 파트는 은행 강도 사건 이야기에서 시작하여 오늘날 우리가 스톡홀름 증후군이라고 부르는 현상으로 이어진다. 우리는 왜 삶에서 우리를 억압하는 것들, 즉 우리를 제한하는 요인들에 집착하는 것일까? 현재 당신의 삶을 내적, 외적으로 살펴보았을 때 당신을 제한하는 요인들이 있는가? 만약 있다면 그것들은 얼마나 강력하게 당신의 삶에 영향을 미치고 있는가? 당신을 제한하는 요인들의 이름을 명명하고, 그것들이 당신을 제한하는 데 어떤 역할을 하는지 명확히 지적할 필요가 있다면 잠시 시간을 내어 생각을 정리하고 적어 보라.
- 당신은 부모님의 제한적인 믿음 속에서 성장하였는가? 해마다 교사나 목사, 코치, 친구에게 인정받으려면 무엇이 필요한지 지속적으로 들어왔는가? 삶에서 어떤 확실한 이야기를 당신이 누구인지에 대한 '보편적인 진리'로 믿게 되었는가? 그 이야기는 무엇이며 어디에서 왔는가?
- 제한적인 믿음을 확인하였다면, 이제 그것들이 어떻게 당신이 현재 가지고 있거나 원하지만 추구하길 주저하는 대담한 꿈을 방해할 수 있을 것 같은지 생각해 보라.
- '두려워하라'라는 말을 들어 본 적이 있는가? 용기란 두려움이 없는 것이 아니라 두려움에 맞서 기꺼이 행동하려는 의지라고 들은 적이 있다. 당신의 삶

에서 두려움이 하는 역할을 생각해 볼 때, 당신의 큰 꿈을 이루고자 이 감정을 어떻게 극복할 생각인가?

- 꿈을 향해 나아갈 때 감사하며 집중할 수 있는, 시작을 촉진하는 믿음(제한적인 믿음의 반대 개념)이 있는가? 지금까지 살아오면서 사람들이 당신을 두고 일관되게 말해온 세 가지 긍정적인 특성을 생각해 보라. 어쩌면 당신은 타고난 낙관주의자일 수도 있고 이타적이거나 열심히 일하는 사람일 수도 있다. 다른 사람들의 관심을 꾸준히 끄는 타고난 기술과 능력이 있을 수도 있다. 스티커 메모나 휴대 전화 잠금 화면, 욕실 거울 등 자주 보는 곳에 알람을 설정해 두어 당신에게 내재된 본질적인 좋은 점과 진실한 점을 기억하는 데 도움이 되게 하라.

- 사람들이 꿈을 이룰 수 없다고 말하는 흔한 이유 중 하나는 그들이 현재 가진 포기할 수 없는 모든 약속 때문이었다. 이해한다. 나도 당시에는 좋을 것 같아 약속했지만, 결국에는 그것이 나를 특정 지점에 묶어두는 족쇄가 된 적이 있다. 매일 또는 매주, 공간과 에너지를 빼앗는 약속은 무엇인가? 만약 당신이 한 가지, 단 한 가지를 선택해서 그 일을 그만두기로 결심한다면 어떻게 될 것 같은가? 어쩌면 그것은 사직서처럼 큰 결심일 수도 있고, 일주일에 하루는 도시락을 싸는 대신 학교 급식비를 내는 것처럼 간단한 결심일 수도 있다. 내 직감은, 당신은 스스로가 생각하는 것보다 더 많은 것을 내려놓을 수 있다는 것이다. 한 가지를 선택하고 무슨 일이 일어나는지 결과를 지켜보라.

- 당신이 자신의 약속을 얼마나 책임지기로 결정했느냐에 따라 꿈을 위한 시간과 공간과 에너지를 상대적으로 더 많이 확보할 수 있다. 나는 당신이 모

두를 버리고 신뢰할 수 없는 사람이 되라고 말하는 것이 아니다. 약속을 지키는 것은 중요하다. 그러나 당신은 변화하거나 전환할, 적응하거나 민첩성을 발휘할 권한도 있다. 현재 짊어진 짐의 일부를 내려놓고 그것들을 당신이 성취할 꿈에 더 가까이 다가갈 수 있는 활동으로 대체하게 될 가까운 미래의 하루를 상상해 보라.

- 목요일이 다가오고 있다. 매주 반복되는 날로, 믿을 수 있는 사실이다. 이번 주 목요일에 그만두고 싶은 일을 한 가지 말해 보라. 그것은 집안일일 수도 있고, 업무일 수도 있고, 일상의 습관일 수도 있다. 자원봉사일 수도 있고, 습관이나 부정적인 태도일 수도 있다. 정말로 무엇이든 그만둘 수 있다. 당신이 결정했던 일이 더 이상 도움이 되지 않는다고 판단된다면 말이다. 그만두기를 원하는 것을 적고, 달력에 이번 주 목요일의 일정으로 표시해 두라. 그만둘 시간이다!

- 거절은 대부분의 사람들에게 즐거운 경험이 아니다. 그러나 꿈을 위한 공간을 확보하려면 반드시 필요한 기술이다. 때로는 거절하는 연습이 필요할 때도 있다. 화장실 거울을 보며 '아니요'라고 말하는 연습을 백 번 해 보라. 친한 친구 몇 명과 함께 '아니요' 파티를 열어보라. 현관 밖으로 나가서 목청껏 외쳐 보라. 삶에서 도저히 거절할 수 없을 것처럼 보이는 몇 가지 일상적인 일들을 생각해 보고, 다음번에 요청이 왔을 때는 거절할 수 있도록 준비해 두라. 사실 우리가 이번 챕터에서 논의한 것처럼 올바른 방식으로 거절하면 사람들은 그것을 존중한다. 거절은 꿈을 향한 여정에서 진정으로 자유롭고 강력한 도구다.

[PART 5] 행동으로 옮겨라

Chapter 22. 위험의 경계에서 산다는 것
Chapter 23. 10:34~10:35
Chapter 24. 하루 천 개의 단어

- 삶에서 편안함과 익숙함을 추구하는 것은 자연스러운 일이다. 불확실성으로 가득 찬 삶은 너무 혼란스럽고 스트레스가 많기 때문이다. 그러나 적당한 스트레스는 우리의 감각을 일깨우고 잠재력을 발휘하는 데 도움이 된다. 이런 긴장감은 꿈을 이루는 과정에서 필수적이다. 당신은 어떠한가? 위험의 경계에서 살아가는 것이 두려운가? 아니면 그런 상황이 당신을 흥분시켜 세상에 도전하게 만드는가? 꿈을 향해 한 걸음 내딛고자 할 때 당신의 기본 반응은 무엇인가?
- 세상은 미루는 사람과 미루지 않는 사람으로 나눌 수 있다. 중요한 시험을 앞두고 밤늦게까지 벼락치기 공부를 하는 사람과 몇 주 동안 체계적으로 공부한 사람처럼 말이다. 스스로에게 솔직해져 보라. 혹시 일을 미루는 경향이 있는가? 시작하지 말아야 할 이유 열두 가지를 찾고 있지는 않은가? 꿈을 향한 첫걸음을 내디딜 때 어떻게 대응할 것인지 지금 결정하라.
- 때때로 행동하지 않으려는 저항은 우리 내부에서 비롯되기도 한다. 어떤 때는 주변 사람들에게서 오는 경우도 있다. 당신의 꿈을 저지하려는 사람 한두 명을 꼽아볼 수 있는가? 그들이 당신의 시도를 방해하기 시작하면 어떻게 대응하겠는가?
- 나는 당신이 꿈을 향해 나아가기 위한 구체적인 계획을 세우는 데 도움이 될

몇 가지 아이디어를 공유했다. 자신과의 약속 만들기, 하루에 한 통 전화하기, 점진적인 이정표 설정하기 등을 말이다. 목록을 다시 살펴보고 마음에 드는 몇 가지에 집중하라(혹은 이미 사용 중인 몇 가지 요령과 전략이 있다면 그것들도 생각해 보라). 하고 싶은 일들의 목록을 작성하고, 그것을 언제 어떻게 할 것인지 미리 결정하라. 달력에 적어 두라. 친구에게 전화해서 당신이 실제로 그 일을 했는지 확인해 달라고 하라. 무슨 일이 있어도 행동하겠다고 지금 결정하라.

- 완벽주의는 우리의 꿈을 가로막는 큰 장애물이 될 수 있다. 우리는 자신이 원하는 대로 완벽하게 해 낼 수 없다면 아예 하지 않는 게 낫다고 생각하는 경향이 있다. 이런 생각에 빠지지 말라. 혹시 당신은 처음부터 완벽하지 못할 것 같아서 일을 덜 하는 완벽주의자인가?
- 실패에 대한 두려움은 꿈을 이루려고 고군분투하는 사람들이 말하는 또 다른 큰 장애물이다. 실패를 극복하고자 일부러 실패해 보는 것은 어떤가? 사실 실패는 우리 모두에게 현실이다. 당신도 같은 상황에 봉착하면 꿈을 향한 모든 시도가 성공할 수는 없다는 사실을 깨닫게 될 것이다. 진정한 도전은 '실패에 어떻게 대응할 것인가?'다. 잠시 시간을 내어 계획대로 일이 진행되지 않을 때 어떻게 대응할 것인지 한두 단락 정도 작성해 보라.

[PART 6] 좌절을 예상하라

Chapter 25. 베스파를 선택하라
Chapter 26. 세 가지 대실패

- 믿음과 실패의 접점은 까다로울 수 있다. '하나님이 문을 여셨다' 또는 '하나님이 문을 닫으셨다'는 말을 들어본 적이 있을 것이다. 어쩌면 당신도 그런 사람 중 한 명일 수 있다. 우리의 좌절을 잘못된 방향으로 가고 있다는 하나님의 신호로 해석하고 싶은 유혹이 있을 수 있다. 하지만 나는 그렇지 않다고 생각한다. 왜냐하면 우리가 꾸는 꿈은 하나님이 주신 선물이라고 믿기 때문이다. 당신은 어떻게 생각하는가? 삶에서 발생하는 일련의 사건들이 모두 하나님의 암호 메시지라고 생각하는가? 그렇다면 그 이유는 무엇인가?

- 나는 우리의 오두막이 불타 버린 이후에 있었던 스위트 마리아에 관한 이야기를 나누었다. 그 상실감 속에서 그녀에 대한 강력하고 소중한 것을 배웠다. 그 재앙은 나에게 모든 그을린 대들보와 목재 조각만큼이나 가치 있게 되었다. 좌절을 겪을 때 고통을 가능한 한 빨리 극복하거나 지나치려고 노력한 적이 있는가? 잠시 시간을 내어 상황을 다시 생각해 보라. 좌절로 자신에 대한 어떤 것을 배울 수 있는지 생각해 보라.

- 때로는 좌절이 우리를 더 나은 자격을 갖춘 사람으로 만들어 주기도 한다. 당신의 삶과 계획대로 진행되지 않았던 몇 가지 시도를 생각해 보라. 어쩌면 당신은 실패했거나, 돈을 잃었거나, 소중한 사람에게 상처를 주었을 수도 있다. 그러나 그 좌절에서 한 걸음 물러나 보면 다른 사람들이 같은 좌절을 피할 수 있도록 도울 수 있는 권위도 얻었음을 알 수 있을 것이다. 당신

이 겪었던 어려운 경험으로 다른 사람이 같은 실수를 하지 않도록 도와주었던 경험이 있는가? 과거의 좌절이 같은 실수를 피하는 데 도움이 되었던 때를 기억하는가?
- 당신은 자신과 실패와의 관계를 어떻게 설명하겠는가? 무슨 수를 써서라도 피하려고 하는가? 만약 그렇다면 이유는 무엇인가? 실패를 두고 무엇을 두려워하는 것인가?
- 믿음과 우정은 꿈을 향한 큰 좌절에 직면했을 때 우리에게 동기를 부여하는 필수 도구다. 이런 상황을 대비하여 비상 키트를 준비해 두라. 당신의 삶을 응원하시고자 하나님께서 사용하신, 당신이 가장 좋아하는 성경 구절이 있는가? 힘든 시간이 닥쳤을 때 용기를 북돋아 주는 친한 친구가 한두 명 있는가? 그 성경 구절과 친구들의 이름을 특별한 곳에 두라. <드림 빅> 여정에서 장애물에 부딪혔을 때 그 구절들을 꺼내어 읽고 친구에게 연락하라. 필요할 때 격려와 진실을 찾는 것을 두려워하지 말라.

[PART 7] 믿음을 유지하고 비행기를 착륙시키라

Chapter 27. 밧줄을 점검하라
Chapter 28. 지면 효과
Chapter 29. 마음의 문제들
- 당신은 믿음과 관계에 단단히 묶여 있는가? 잘 생각해 보라. 절벽에 매달려 있을 때 당신이 진정으로 의지할 수 있는 것은 무엇인가? 하나님과의 관

계에서 매듭을 더 단단히 묶거나 카라비너로 고정해야 한다면 그렇게 하라. 당신이 의지하는 사람들과 더욱 견고한 관계를 맺어야 한다면 잠시도 지체하지 말라. 더 안전하게 이런 일들을 할 수 있는 세 가지 방법을 나열하라.

- 포부를 좇다 보면 미지의 영역에 발을 들여놓게 될 수도 있다. 당신이 이루고자 하는 일을 시도했던 사람이 아무도 없을 수도 있다. 만약 그런 경우라면 그것을 올바른 방향으로 가고 있다는 신호로 받아들여야 한다. 잠시 시간을 내어 포부를 당신의 비전과 다시 연결해 보라. 비전이 실현되었을 때 어떤 일이 일어날지 아주 자세하게 적어 보라. 이 비전은 누구에게 도움이 될 것 같은가? 꿈이 실현되는 평범한 화요일의 일상은 어떤 모습이고 어떤 느낌일지 상상해 보라.

- 좌절에 직면했을 때 슬럼프에 빠지는 것은 정상적이고 자연스러운 현상이다. 문제는 그 상태에 너무 오래 머물러 있을 때 발생한다. 당신의 성향은 어떠한가? 현재 처한 어려운 지점을 인정하고 앞으로 나아갈 방법을 찾을 수 있는가? 아니면 그곳이 당신의 새로운 복귀 주소가 되는가? 좌절을 극복하는 방법 중 내가 가장 좋아하는 것은 좌절이 닥쳤을 때 어떻게 대응할지 미리 계획해 두는 것이다. 당신도 이렇게 해 보라. 좌절에 직면했을 때 할 일 세 가지를 생각해 보라. 그것은 당신의 상황을 완전히 바꾸지는 못하더라도 당신에게 변화를 불러올 것이다. 그리고 그것이 앞으로 나아가기 위한 출발점이 될 것이다.

- 나는 참을성이 없는 사람이다. 내 친구들과 가족들 모두가 이 사실을 알고 있다. 그러나 몇 가지 꿈을 좇으면서 인내심이 여정에 얼마나 강력한 도구가 되는지 경험했다. 당신은 어떠한가? 포기와 기대 사이의 최적 지점을 아는

가? 때로는 인식하기 어렵겠지만 생각해 보라. 당신의 삶에서 목적 있는 기다림은 어떤 모습인가?
- 만약 당신이 이러한 발견과 자기 성찰의 과정에 전적으로 참여해 왔다면, 내 예감에 당신은 이미 상당한 거리를 걸어왔을 것이다. 잠시 시간을 내어 자신이 어디에서 시작하여 지금은 어디에 와 있는지 되돌아보라. 좀 더 명확해졌는가? 에너지가 더 넘치는가? 이 과정이 때때로 힘들다는 것을 알고 있다. 그러기에 지금은 잠시 멈추고 그동안 쏟아부은 모든 노력을 스스로 축하해 주어야 한다. 자신이 그만한 가치가 있다는 사실을 잊지 말라. 5분 정도 시간을 내어 당신이 이 과정에서 자랑스러워하는 것을 적어 보라.
- 우리가 가장 아름다운 포부를 추구하면서 빠지기 쉬운 착각 중 하나는 한 번의 큰 도약으로 1단계에서 23단계로 나아가야 한다고 생각하는 것이다. 그런 생각에 속지 말라. 책의 앞부분에 있는 탐색할 꿈과 기회 목록을 다시 한번 살펴보고, 작은 일이지만 큰일로 이어질 수 있다고 생각하는 항목에 별표를 표시하라.
- 본문의 내용과 이 파트의 프롬프트를 살펴보면서 아마 몇 가지 새로운 시도를 해보았을 것이다. 어떻게 되었는가? 어느 정도 성과를 거두었는가, 아니면 아직 시작 단계에 머물러 있는가? 지금이 중요한 순간이다. 본문으로 돌아가서 **Chapter 28**의 '기울이기, 선택하기, 가리키기' 부분을 다시 읽어 보라. 당신의 여정에서는 어떻게 같은 작업을 수행할 수 있는가?
- 아무것도 없는 것보다는 뭐라도 있는 것이 낫다. 그렇지 않은가? 나는 대부분 이 말이 맞다고 생각한다. 특히 꿈에 관해서는 항상 그렇다는 것을 알고

있다. 꿈을 향해 나아갈 때 작은 성공이나 반걸음의 진전도 축하하는 것을 잊지 말라. 당신이 축하할 수 있는 중간 단계에는 어떤 것들이 있는가? 스스로에게 메달을 사주거나 어느 정도 진전이 있을 때마다 열어볼 수 있도록 축하 메모를 직접 작성해 보라.

- 움직이는 물체는 계속 움직이려 하고 정지해 있는 물체는 계속 정지해 있으려는 경향이 있다는 것을 학교에서 배웠던 것을 기억하는가? <드림 빅> 프레임워크의 주요 목표는 당신이 정지 상태에서 움직이는 상태로 전환하도록 도움을 주는 것이다. 이 과정을 성공적으로 마무리할 때, 앞으로 나아가면서 얻게 되는 흥분과 추진력의 느낌을 잊지 말라. 이 책을 마치고 당신의 눈앞에 펼쳐진 삶을 바라보면서 잠시 멈추고 심호흡을 하라. "나는 이 일을 해낼 거야"라고 스스로에게 말하라. 당신이 행동으로 옮길 몇 가지 꿈을 찾았기를 바란다. 각각의 꿈에 다음 문구를 적어 보라.

"나는 [*당신의 꿈으로 빈칸을 채우라*]."

감사의 말

'러브더즈 & 밥' 팀인 대, 조디, 베키, 헤일리, 타타브, 제니퍼, 애쉬튼, 캐서린, 그레이스, 스콧 그리고 우리 멋진 인턴들에게 특별히 감사 인사를 전하고 싶다. 전쟁으로 폐허가 된 세계 각국에서 불가능한 일들을 해내느라 바쁜 것에 정말 고맙게 생각한다. 그들은 자신들이 지금 하는 일이 불가능해 보이는 일임에도 멈추지 않았다. 그들의 꿈과 포부, 능력은 나의 꿈을 왜소하게 만들고 동시에 성장시켰다.

스위트 마리아, 린지, 존, 리처드, 애슐리, 애덤, 케이틀린 그리고 그들이 사랑하는 모든 이에게 감사하고 싶다. 그들의 끊임없는 지지와 지혜 덕분에 이 책을 마무리할 수 있었다.

이 책에서 브라이언 노먼의 이야기도 들어보았을 것이다. 그는 내 모든 책에 등장하는 모든 단어를 만들어 내는 커튼 뒤의 사람이었으며, 이 책에 나오는 단어들의 철자가 대부분 정확하고 이치에 맞는 이유기도 하다. 그는 모든 스포트라이트를 피하려는 밝은 빛이지만, 당신은 내 최고의 아이디어 중 일부가 실제로는 그의 것이라는 것을 알아야 한다.

토머스 넬슨과 넬슨 북스 팀에도 감사의 말을 전한다. 그들은 내게 작가가 될 기회를 주었고 나를 과분하게 멋지게 만들어 주었다. 특별히 티모시 폴슨, 웹 욘스, 제이미 로카드, 제니 맥아이버, 레이첼 톡스타인, 카렌 잭슨, 벨린다 베이스 그리고 크리스틴 골든에게 감사의 말을 전하고 싶다.

오크스 팀인 제이미, 파울로, 스테파니, 저스틴, 하이디, 다렐, 마고 그리고 나의 친구인 마일스 애드콕스와 온사이트 팀, 페퍼다인 팀, 영 라이프 말리부 팀에도 감사하고 싶다. 다른 사람들을 위한 그들의 헌신과 그들의 탁월함을 알려주는 그들의 꿈은 매일 나에게 영감을 주고 있다.

마지막으로 우간다, 소말리아, 인도, 네팔, 아프가니스탄 및 아직 언급할 수 없는 몇몇 국가에 있는 전 세계 러브더즈 학교의 학생들에게 우리를 사랑으로 용기 있게 이끌어 주어서 감사하다고 말하고 싶다. 그들의 삶에 대한 포부는 이제 우리의 것이 되었다.

밥과 소통하는 방법

밥의 열정은 사람들이다. 당신이 그에게 이메일을 보낸다면 그는 기쁘게 받아들일 것이다. 이메일 주소는 info@bobgoff.com이다. 또한 인스타그램과 트위터에서 @bobgoff로 팔로우할 수 있다.

그에게 전화하고 싶은가? 그의 휴대 전화 번호는 다음과 같다.
(619) 985-4747

밥은 개인 코치로 활동하고 있다. 자세한 정보는 coachingwithbobgoff.com에서 더 많이 확인할 수 있다. 그는 당신의 팀과 조직 혹은 청중에게 영감을 주고 참여를 유도할 수 있다. 지금까지 그는 200만 명 이상의 사람들에게 자신만의 독특한 관점과 흥미로운 이야기를 나누었다. 밥을 당신의 행사에 초청하고 싶다면, bobgoff.com을 방문해 보라.